国家重点研发计划（2017YFA0605003）
自然资源部国土整治中心科研项目

耕地质量与土壤健康

——诊断与评价

赵 烨 编 著

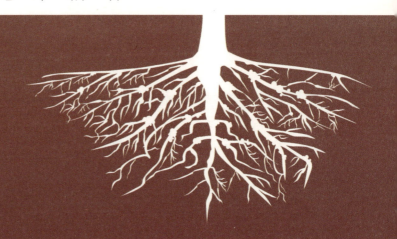

科学出版社

北京

内 容 简 介

本书全面阐述耕地质量等级调查评价、土壤健康诊断、被污染耕地土壤修复、边际耕地质量提升再利用的新理论和新方法。全书共分 10 章：第 1 章剖析耕地及其功能；第 2 章回顾中国古代劳动人民识土、用土、改土的经验；第 3 ～ 7 章介绍土地质量评价的原理、主要指标体系及其空间分异规律，阐明主要指标诊断与评价的方法；第 8 ～ 10 章阐述耕地土壤污染的特征、重金属污染耕地土壤的修复技术及实用性方法，以及边际耕地质量提升与再利用的途径。

本书可作为自然资源、土地管理、农业、环境、地理、生态等相关专业的研究生基础课教材，也可供土地整治、土地调查、土壤污染治理、环境保护、生态建设等研究领域的科技人员参考。

图书在版编目（CIP）数据

耕地质量与土壤健康：诊断与评价 / 赵烨编著 . —北京：科学出版社，2020.11
ISBN 978-7-03-053277-0

Ⅰ. ①耕… Ⅱ. ①赵… Ⅲ. ①耕地资源−资源评价−方法 Ⅳ. ①F301.21

中国版本图书馆 CIP 数据核字（2017）第 130211 号

责任编辑：周艳萍 / 责任校对：陶丽荣
责任印制：吕春珉 / 封面设计：东方人华设计部

科 学 出 版 社 出版
北京东黄城根北街 16 号
邮政编码：100717
http://www.sciencep.com

三河市骏杰印刷有限公司印刷
科学出版社发行　　各地新华书店经销
*
2020 年 11 月第 一 版　　开本：787×1092 1/16
2020 年 11 月第一次印刷　　印张：17
字数：400 000

定价：168.00 元
（如有印装质量问题，我社负责调换〈骏杰〉）
销售部电话 010-62136230 编辑部电话 010-62151061

前 言

PREFACE

　　耕地质量与土壤健康是当今国际社会关心的重要议题,联合国粮食及农业组织
(Food and Agriculture Organization of the United Nations,FAO)和国际土壤科学联合会
(International Union of Soil Sciences,IUSS)已确定 2015 年为"国际土壤年"(International
Year of Soils, IYS),其核心议题包括:健康的土壤是健康食品生产的基础;土壤是一
种不可更新的自然资源,为了全球的食品安全和我们可持续的未来必须保护土壤。中
国政府高度重视管护耕地面积数量、质量等级与生态/健康状况,2015 年习近平指出
"耕地是我国最为宝贵的资源";2016 年国务院颁布《土壤污染防治行动计划》(简称《土
十条》),以确保国家拥有足够数量的优质耕地能生产出足量的食品,健康的耕地/土壤
能生产出品质优良的食品,这正是贯彻落实《"健康中国 2030"规划纲要》的重要基础。
　　耕地质量与土壤健康的诊断与评价是涉及多个学科技术领域的系统工程,本书从
土壤地理学、土地资源学、生态学、环境地学与环境监测技术等学科的角度,总结耕
地质量评价与土壤污染诊断的相关技术方法。本书共 10 章,第 1 章综合分析耕地概念、
类型、功能及质量特征;第 2 章勾画人类识土、用土与改土的历程,以及新中国土壤地
理学发展概况及其未来发展趋势;第 3 ~ 7 章阐释耕地质量与土壤质量的概念、耕地
质量评价的指标体系及国家级耕地质量大数据,阐明耕地质量等级评价中 12 个指标和
耕地利用系数、经济系数在中国的空间分布规律,针对耕地质量调查评价之需要,重
点介绍这些指标的野外调查与诊断的实用性技术方法,基于《农用地质量分等规程》
(GB/T 28407—2012)和 Android 4.3 研发了区县级便携式耕地质量调查评价软件系统,
介绍该系统的结构框架、功能及使用方法,以及实际应用简介;第 8 ~ 10 章阐释耕地
土壤污染的概念、主要污染物与污染源和土壤污染特征及危害,从优化土地利用方式
角度提出重金属污染耕地土壤修复的主要原则,介绍几种实用性耕地土壤中重金属离
子的萃取方法,以及重金属污染耕地土壤的非食源性经济作物修复技术。本书采用多
种彩图、框图和表格展示相关内容和国家专利应用状况,增加学术内容的直观性、可
操作性、科普启发性。
　　本书能得以与广大读者见面,要衷心感谢北京师范大学李天杰教授和原国土资源
部副部长胡存智教授的持续指导和热情鼓励;中国工程院院士杨志峰教授、北京师范

大学环境学院沈珍瑶教授、崔保山教授给予热情的指导和环境生态科研教学团队的共同努力；自然资源部相关专家廖永林研究员、郑凌志研究员、吴海洋研究员、杨丽萍处长、关文荣处长、宋文杰处长和伍育鹏博士，以及自然资源部国土整治中心主任范树印研究员、副主任郧文聚研究员和青海省原国土资源厅杨汝坤厅长的热情指导；中国农业大学张凤荣教授，中国地质大学（北京）吴克宁教授，中国科学院陈百明研究员，加利福尼亚州立大学的 Gary Li 教授，华南农业大学戴军教授、胡月明教授，太原师范学院安祥生教授，首都经贸大学李强教授，河南大学陈志凡教授等，以及相关专家李尧、汤仁锋、刘鹏等的指导与大力协助；在试制与应用示范过程中，自然资源部农用地质量与监控、退化及未利用土地整治工程重点实验室和原北京市国土资源局、广东省土地开发整治中心、陕西省土地整治中心、内蒙古自治区土地整治中心、原环境保护部华南环境科学研究所专家给予了大力支持和指导；北京师范大学博士研究生袁顺全、孙雷、朱宇恩、闫冬、张桂香、徐东煜、王水锋、周凌云、金洁、邱梦怡、康明洁、高丽、刘媛媛、梁佳、李方方和硕士研究生杨玲、李文利、顾黎黎、乔捷娟、杨旭、呼红霞、韩莎莎、柳婧、毛格、袁静、陈刘芳、周文春和潘含岳参与了实验分析、文献整理与数据处理；原国土资源部公益性行业科研专项、环境模拟与污染控制国家联合重点实验室和中国土地学会给予的资助。另外，本书的出版也得益于科学出版社领导和周艳萍编辑对书稿的编辑及热情指导，在此一并致谢。

　　为了确保耕地质量等级野外调查监测与评定工作的顺利实施，论著内容依据《农用地质量分等规程》（GB/T 28407—2012）和《中国耕地质量等级调查与评定》各分省（市、自治区）卷中的技术方法标准，并选择性地借鉴了部分省市区及专家的好经验与好方法，限于篇幅没有一一列举致谢，特此说明。

　　限于笔者经验水平，本书不足之处在所难免，希望各位专家、读者给予批评指正，联络信箱 zhaoye@bnu.edu.cn。

赵　烨

2018 年 12 月于北京

目 录
CONTENTS

第 1 章

耕地及其功能剖析

1.1 土地及其类型

土地作为人类社会生存和发展的基础，是一切生产和经营活动不可缺少的基本要素。因此，人们都在利用土地和谈论土地，土地这个看似简单的概念，古今中外人们众说纷纭，赋予其不同的内涵。例如，《辞源》中土地有四种含义：其一是田地，土壤。《周礼·地官·小司徒》中讲道"乃经土地而井牧其田野"；《史记·平准书》中讲道"禹贡九州，各因其土地所宜，人民所多少而纳职焉"。其二是封疆，领土。《孟子·尽心下》中讲道"诸侯之宝三：土地、人民、政事"。《荀子·王霸》中讲道"彼其人苟壹，则其土地奚去我而适它？"其三是以土圭测量地形。《周礼·夏官司马·土方氏》中讲道"以土地相宅，而建邦国都鄙"。其四是神名，古称土地之神为社神，后世称为土地。再如在《辞海》中也有类似的四种含义：一是土壤。《汉书·晁错传》中讲道"审其土地之宜"。二是领土。三是旧时迷信传说，管理一个小地面的神，即古代的社神。四是测量地界。郑玄注中有"土地，犹度地，知东西南北之深，而相其可居者。宅，居也"的说法，《现代汉语词典》中也将土地解释为田地和疆域等。

近代地理学创始人亚历山大·洪堡，曾经定义土地为人类的环境，即星球的固体－流体交错核心与无尽宇宙之间的过渡空间。《牛津现代英汉双解词典》中对土地的解释包括：不动产所占据的空间；地面或土壤；地球表面的固体部分；领地或国土或王国；房地产或地产等。2008年出版的《土壤科学百科全书》（*Encyclopedia of Soil Science*）中明确指出"在最普遍的意义上，土地是指地球表面的固体部分，而不是大海"。2014年出版的《地质技术工程词典》（*Dictionary Geotechnical Engineering*）中对土地的解释包括：陆地或基地；地面或领地；概括为海平面之上的地球表面部分。

土地是地球陆地表面特定地段，由气候、土壤、水文、地貌、地质、动物、植物、微生物及人类活动的结果等要素所组成，其内部存在大量物质、能量、信息交换流通，空间连续，并且土地性质随时间不断变化，是一个自然和社会经济综合体。土地是人类生产、生活与社会活动的场地，也是整个生态系统的主要构成要素之一。《中华人民共和国土地管理法》第四条规定，国家实行土地用途管制制度。国家编制土地利用总体规划，规定土地用途，将土地分为农用地、建设用地和未利用地。其中农用地是指直接用于农业生产的土地，包括耕地、林地、草地、农田水利用地、养殖水面等；建设用地是指建造建筑物、构筑物的土地，包括城乡住宅和公共设施用地、工矿用地、交通水利设施用地、旅游用地、军事设施用地等；未利用地是指农用地和建设用地以外的土地。

土地是人类社会生存与发展不可替代的基础性资源，土地具有社会经济属性、时空差异性、公益性、脆弱性和不可移动性等特点。土地是地表自然-经济的综合体，处于地球大气圈、水圈、岩石圈、生物圈和智慧圈相互作用的核心位置，成为联系各环境要素与生态因子的纽带，也是其他自然资源的载体。土地资源的功能表现为两个方面：一方面是土地为农业、林业和牧业提供基本的生产资料；另一方面是土地为人们的生产和生活提供场所。由此可见，土地是地球陆地表层系统中物质能量迁移转化的节点，也是人类生存环境的骨架，同时又是人类劳动的对象。土地资源的利用与社会、经济的发展及生存环境的变化密不可分。我国社会经济持续快速发展，城镇化与工业化进程加快，再加上持续的基础设施建设、生态与环境建设，人口及经济社会发展给土地资源的压力日益加剧，土地资源的时空差异性、公益性、脆弱性和不可移动性表现得更加突出，并已成为统筹城乡发展、统筹区域发展、统筹经济社会发展、统筹人与自然和谐发展，以及解决"三农"问题的主要限制因素。因此，正确地处理经济社会发展与保护土地资源的关系，促进区域经济的持续发展、人民生活水平的提高与生态环境质量的改善已成为自然资源管理部门的重要任务。

1.2　耕地及其类型

耕地（arable land）是指种植农作物的土地。联合国粮食及农业组织及世界银行（World Bank，WB）所划定的耕地包括种植临时性农作物、牧草割草、商业花卉的土地及临时（不超过 5 年）休耕的土地。据《土地利用现状分类》（GB/T 21010—2017）规定，耕地包括熟地，新开发、复垦、整理地，休闲地（含轮歇地、休耕地）；以种植农作物（含蔬菜）为主，间有零星果树、桑树或其他树木的土地；平均每年能保证收获一季的已垦滩地和海涂。耕地中包括南方宽度 <1.0m，北方宽度 <2.0m 固定的沟、渠、路和地坎（埂）；临时种植药材、草皮、花卉、苗木等的耕地，临时种植果树、茶树和林木且耕作层未破坏的耕地，以及其他临时改变用途的耕地。从土地资源管理的角度来看，土地与农用地、耕地之间的相互关系如图 1-1 所示。

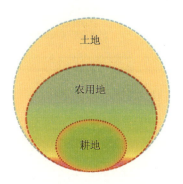

图 1-1　土地与农用地、耕地的相互关系

依据《土地利用现状分类》（GB/T 21010—2017），耕地类型分为水田、水浇地、旱地三大类，其利用状况及其景观如表 1-1 所示。

表 1-1　耕地利用状况及其景观

类型	耕地利用状况	耕地景观
水田	用于种植水稻、莲藕等水生农作物的耕地，包括实行水生、旱生农作物轮种的耕地	珠江三角洲北部的水田景观
水浇地	有水源保证和灌溉设施，在一般年景能正常灌溉，种植旱生农作物（含蔬菜）的耕地，包括非工厂化种植蔬菜的大棚用地	华北平原的水浇地景观
旱地	无灌溉设施，主要靠天然降水种植旱生农作物的耕地，包括没有灌溉设施，仅靠引洪淤灌的耕地	中国北方农牧交错区的旱地景观

1.3　耕地系统及其演化

耕地是农业（粮食）生产的基地，也是承载农作物自然再生产过程与经济再生产过程的重要载体。从地球表层系统中的物质循环过程来看，耕地经营者向耕地投入农作物种子、肥料、淡水、能源与劳动，以促进农作物的自然再生产过程；与此同时，周期性地从耕地收获食品、饲料、纤维、生物质燃料、中草药或者原材料等物品，以实现经济再生产过程并获取相应的经济收益与生态效益。由此可见，耕地及其经营属于一个人工调控的生态系统。

耕地生态系统的核心组成是土壤-农作物子系统，人类选择并适时地种植特定的农作物，并通过土地整治、耕作、施肥、灌溉、保育等措施加速并优化农作物生长发育。因此，可将耕地生态系统的组成划归为自然要素和社会经济要素两大类，前者包括耕地所在地的地理区位、气候、生物群落及土壤、地貌、地质水文等自然要素，这些是决定耕地质量等级的自然属性，农作物在自然再生产过程中会受这些自然因素及其时空变化的制约，因此耕地及其质量也与自然环境变化的节奏相适应；后者包括耕地基础设施状况（耕地平整程度、灌-排设施、电力设施、道路与防护林网等）、耕作技术与农业科技、经济投入与经营规模、农产品单产量、农产品市场化及其经济收益等耕地社会经济属性，这些也是决定耕地质量等级的土地利用及其社会经济因素，如图1-2所示。

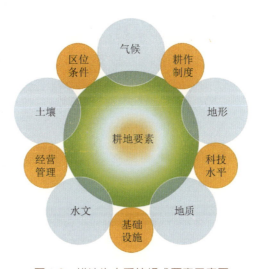

图 1-2　耕地生态系统组成要素示意图

从耕地生态系统的物质输入与输出平衡来看，传统耕地利用方式必将导致耕地生态系统中的物质，特别是营养物质的亏缺，致使耕地核心土壤耕作层的养分减少、营养元素比例失调及土壤性状恶化。为此，8～13世纪，欧洲部分国家就开始实行轮作、休耕的三圃制，通过撂荒制和休耕制，耕地及其土壤中被过量损耗的营养元素依靠自然力量得以自我恢复，这种撂荒与休耕的方式恢复耕地土壤肥力需较长的过程，但在人少地多、耕地利用程度低下的古代也是有效的。

从耕地生态系统的物质输入与输出平衡来看，以高投入、高产出为特征的能量集约式农业或石油农业，其耕地利用的结果：一是必将导致耕地系统中的物质特别是营养物质亏缺，耕地的核心土壤耕作层养分减少，营养元素之间比例失调及土壤性状恶化；二是向耕地土壤中输入大量有毒有害的持久性污染物，如重金属、持久性有机污染物等，这将导致耕地土壤物质组成异化和土壤健康状况恶化。例如，在中国东部城郊农业区，耕地承包者将耕地转租给外来农民工，农民工采取施用高效化肥、农药、地膜或城郊污水灌溉等方式，进行农业生产，其结果是导致耕地养分缺乏或比例失调、土壤结构恶化、土壤健康状况恶化，如图 1-3 所示。

图 1-3　城郊农业生产景观

20 世纪末期，欧美土壤学者综合观测发现，在一些平原农业区域，因人类持续耕作、施肥与收获，致使耕地土壤耕作层大量矿质元素缺乏或者比例失调，因此提出了耕地土壤再矿化（remineralization of soil）的建议。但在中国中东部已经持续耕作、施肥与收获数千年，并未出现大面积耕地土壤耕作层大量矿质元素缺乏或者比例失调的状况。究其原因，一是人为原因，中国劳动人民在土地利用过程中，长期持续不断施用农家肥及引用富含泥沙的河水灌溉农田，这是补偿耕地土壤大量矿质元素的重要途径；二是自然原因，即中国中东部地区大气干湿沉降物的补充。面对现代耕地土壤营养亏缺与营养元素比例失调、土壤性状恶化、土壤物质组成异化、土壤健康状况恶化等问题，依靠西方传统的撂荒-休闲措施难以奏效，只有在中国传统"地力常新壮"和"土脉论"思想指导下，实施必要的、适度的耕地土壤治理与修复，才能尽快恢复耕地质量等级及土壤的肥力与自净能力。

耕地生态系统具有以下特征：①系统性或整体性，即耕地生态系统是由各组成要素相互联系、相互作用构成的有机整体。②层次性与结构性，在垂直方向上耕地各组成要素具有相对稳定并相互渗透的层次性，如从下至上有地质基础、水文、土壤母质层 - 心土层 - 耕作层、微生物、农作物、气候条件等，农作物根系可深入土壤耕作层、心土层甚至母质层等；在水平方向上耕地及其要素则具有一定的结构性和变异性。③开放性与缓冲性，耕地及其组成要素与外部环境之间也存在着复杂的物质交换与能量传递过程，即耕地与其外部环境之间有密切的相互作用，但必须指出当外界环境向耕地施加适量的影响（如注入适量的物质或能量）时，耕地及其组成要素通过其内部物理、化学与生物学过程可以消解、同化、抵抗适量的外部影响，以维持耕地生态系统的基本稳定，当然耕地生态系统的缓冲性也是有限的。④社会性，耕地是人类食物的重要生产基地，是人类劳动的对象，因此耕地对人类社会经济发展具有多方面的保障作用，这些基础作用具有不可替代性（Mueller，2015；Ginzky et al.，2017）。

1.4　耕地的功能剖析

耕地作为人类赖以生存的基本资源，其多样性功能和服务价值通常与区域各种社会经济活动、自然环境过程交织在一起，一方面耕地生产的农产品/商品（如食物、饲料、纤维、生物质能源、中草药、原材料、开阔空间与基础设施等）对人类社会具有一定的经济效益；另一方面耕地的公益性服务/非商品（如栖息地、生物多样性、净化空气与水体、吸收温室气体、缓冲区域气候变化、洪水调控、文化遗产、娱乐与人类健康资产等）对人类社会具有显著的环境效益和社会效益。耕地的上述诸多功能和服务的组合取决于区域土地利用类型的相对份额、空间格局、利用方式及强度，这些因素将引起耕地生态系统的变化，既可能促进耕地土壤的发育和耕地生产能力的提升，也有可能导致耕地退化或者耕地及其外围环境恶化加剧（Braimoh and Vlek，2008）。

土地多功能利用的基本原理，其核心就是要综合考虑自然环境、社会经济活动和人们的意愿对耕地的影响，这些影响在任何土地利用活动中均呈现交互方式，即从区域景观层面上来看，这些影响与景观的社会文化条件、空间显式及自然环境条件密切相关，具体包括：一是耕地对区域各种生态条件（如景观、空气、淡水、土壤及生物群落整体性）的调节与保障作用；二是耕地向人类供给生物性资源（食品、饲料、纤维、生物质燃料、中草药和原材料）的功能；三是耕地对地表物质与能量的转化、缓冲和储存的功能（耕地在其自然再生产过程中可以消解、循环、同化适量的人类生活垃圾等，并净化区域环境）；四是耕地具有支撑人类健康、教育与精神价值（包括文化遗产、娱乐休养）的功能（Kapur and Ersahin，2014；Bouma，2010；赵烨，2012），如表 1-2 所示。

表 1-2　耕地及其利用的功能剖析

主要社会功能	提供劳动就业机会
	保障人类健康，提供自然与精神娱乐
	文化遗产

续表

主要经济价值	资产与独立生产能力
	农业生产的基地
	交通与开阔空间
主要环境功能	提供非生物性资源
	提供生物栖息地
	保障地表物质循环与维持生态过程

土壤是耕地的核心组成要素，从其对人类直接与间接价值方面将土壤功能归结如下：①土壤生产能力，支撑食品、饲料、纤维、燃料、中草药和原材料的生产能力。②土壤养分循环，通过储存、消纳与同化人类生活垃圾，给植物提供养分，储存有机质并改善土壤性状，储存氮碳并减少温室气体排放。③土壤维护生物多样性和栖息地，支持农作物、其他植物及微生物的生长，可增强生物群的抵抗力和恢复力；有助于维持遗传多样性，支持孕育野生物种并降低其灭绝率。④土壤优化区域气候与水文状况，通过表面蒸发-渗透-保持等途径支配调节区域大气-植物-土壤-水体之间的水分与热量交换过程，改善区域气候与水文状况，可减缓区域环境温度与湿度的变化幅度，以缓解地表水土流失，增进降水对溪流和池塘的补给，增强水对植物和动物的有效供给；缓解洪水的发生与河道的淤积，增进地下水的再补给。⑤土壤的过滤与缓冲性能，土壤及其成土过程有助于将盐分、金属和微量元素含量维持在动植物正常生理代谢的生态幅之内。⑥土壤维持自然环境稳定性，支撑植物生长发育，支撑建筑物与道路的建设。⑦保护历史文物；等等。土壤功能示意图如图1-4所示（李天杰等，2004；Wallander，2014）。

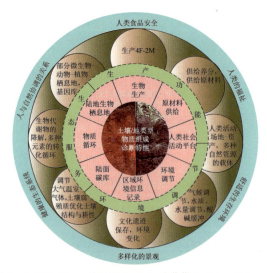

4F：食品/food，饲料/feed，纤维/fiber，燃料/fuel；2M：中草药/herbal medicine，原材料/raw material。

图1-4　土壤功能示意图

1.5　世界耕地资源状况

自 20 世纪中期以来，世界人口持续攀升，工业化与城镇化持续发展，再加上人类生活水平与人均资源消费量快速增长，一方面导致全球耕地面积总量的持续减少与人均耕地面积的急剧下降；另一方面导致耕地质量状况的恶化与单位面积耕地承载的压力急剧攀升。根据联合国粮食及农业组织统计数据，1960 年世界耕地总面积约为 12.80 亿 hm^2，人均耕地面积约为 0.42hm^2；到 2009 年世界人均耕地面积约为 1960 年的 49.5%；由于人口总量的增加和人均食品消费量的增长，单位耕地面积供养人口数量增加，约是 1960 年的 5 倍多（已适度扣除海洋食品量），如图 1-5 所示。为此，人们采取科技手段和增加耕地投入的方式以维持人类的生活需要，也导致局部耕地质量状况出现恶化的趋势。为此，联合国粮食及农业组织与国际土壤科学联合会共同倡导并于 2015 年建立了"国际土壤年"，其核心议题之一是"健康的土壤是健康食品生产的基地"（Healthy Soils are the Basis for Healthy Food Production），以唤醒国际社会对耕地面积数量、质量等级、健康状况的关注。

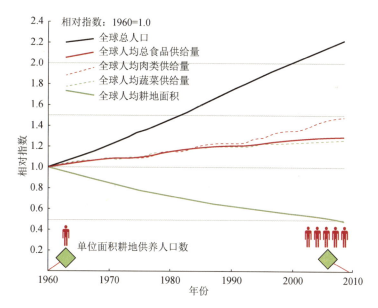

图 1-5　1960 ～ 2009 年世界人口、人均食品消费、人均耕地面积变化特征示意图

1.6　中国耕地资源状况

改革开放以来，中国工业化、城镇化进程快速推进，大面积耕地被非农化占用，再加上生态退耕，致使全国耕地面积不断减少。据蒋冬梅等（2015）的资料，1978 ～ 1989

年的年均建设占用耕地为 237 万亩（1 亩 ≈ 666.6m²）；1990 ～ 1999 年的年均建设占用耕地为 252 万亩；2000 ～ 2010 年的年均建设占用耕地为 313.5 万亩。据周建等（2014）的资料，2001 ～ 2011 年全国通过实施土地整治（包括土地整理、土地复垦与土地开发）累计新增耕地达 4815 万亩，国土资源部实施的各类土地整治措施，不仅促进了农村社会经济与农业生产的持续发展，也极大地缓解了我国因建设占用、生态退耕所引起的耕地面积减少的趋势。各类土地整治项目虽然极大地缓解了因建设占用、生态退耕所导致的耕地面积减少，但是建设占用耕地与土地整治补偿的耕地在空间分布上的巨大差异，导致全国耕地空间分布与耕地整体质量发生了显著变化。例如，根据《中国统计年鉴》（1990 ～ 2009 年）的相关资料，1989 年中国东部 10 省市（北京、天津、河北、山东、江苏、上海、浙江、福建、广东和海南）、中国中部 6 省（山西、河南、安徽、湖北、湖南、江西）的耕地面积占全国总耕地面积的比例分别为 24.23% 和 25.96%（合计 50.19%）；1989 年中国东北 3 省（黑龙江、吉林、辽宁）和西部 12 省市自治区（内蒙古、陕西、宁夏、甘肃、青海、新疆、四川、重庆、贵州、云南、广西和西藏）的耕地面积占全国总耕地面积的比例分别为 17.43% 和 32.38%（合计 49.81%）。2008 年中国东部 10 省市和中部 6 省的耕地面积占全国总耕地面积的比例分别为 21.63% 和 23.82%（合计 45.45%），2008 年中国东北 3 省和西部 12 省市自治区的耕地面积占全国总耕地面积的比例分别为 17.62% 和 36.93%（合计 54.55%），由此可见，全国耕地面积空间分布的格局已发生了显著的变化，如图 1-6 所示。

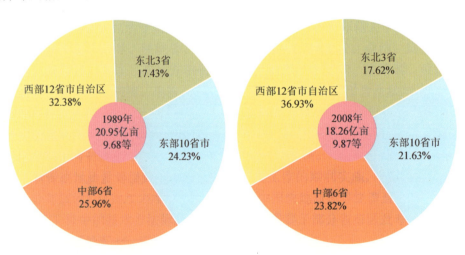

图 1-6　1989 ～ 2008 年中国耕地变化状况

中国地域辽阔，自然环境、土地利用状况与耕地质量、社会经济发展程度的区域性差异巨大，这种持续性非农建设占用耕地、土地整治补充耕地在空间上的相互脱节，必然造成国家整体耕地质量的变化。例如，根据《中国耕地质量等级调查与评定》和《中国农用地质量发展研究报告（2015）》及各大地区耕地面积比例，进行质量等级（未特别考虑耕地质量等级的变化）与面积比例的加权平均，得出 1989 年中国整体耕地质量等级为 9.68 等（国家级利用等，从优到差共分为 1 ～ 15 等），2008 年中国整体耕地质量等级为 9.87 等（图 1-6）。由此可见，1989 ～ 2008 年非农建设占用耕地与土地整治补充耕地的相互补充，已经导致全国整体耕地质量等级明显降低。

限于现有耕地及其土壤调查观测资料，以及有关土壤污染状况及其对耕地生产能力的影响机理尚未清晰，在全国耕地质量等级调查与评定耕地的过程中，并未顾及土壤污染对耕地质量等级的影响。近些年来的调查观测表明，在我国优等耕地（国家级利用等 1 ～ 4 等）、高等耕地（国家级利用等 5 ～ 8 等）集中分布的区域，其局部耕地土壤遭受严重的重金属污染，已对食品品质及安全、人群健康构成了潜在威胁。例如，在水热资源丰富、土壤肥沃的一年三熟制的华南低平原区［其耕地质量为国家级利用等 3 等，耕地粮食综合生产能力在 20000kg/（hm² · a）以上，属于国家优质耕地集中分布区］，耕地基本属性如表 1-3 所示。笔者在毗邻当地低端电子垃圾拆解场地外围的基本农田区，对土壤-晚稻进行了综合调查与采样分析，分析了低端电子垃圾拆解业生产状况、村庄外围地表水及其沉积物、农田土壤（耕作层-心土层-底土层）及地下水、水稻根系-茎叶-籽粒中生物非必需的重金属元素 Cd 和 Pb 含量，结果如图 1-7 所示。

表 1-3 华南低平原区某基本农田耕地属性

指标类型	耕地属性指标	指标类型	耕地属性指标
地貌类型	平缓冲积平原	年均气温	22.1℃
土壤类型	水稻土	年均降水量	2245mm
表土 pH	5.32 ～ 5.76	无霜期	365d
表土 OM 含量	18.5 ～ 27.5g/kg	土层厚度	135 ～ 150cm
表土 TP 含量	0.60 ～ 0.90g/kg	土壤质地	黏壤质
表土 TK 含量	12.0 ～ 25.0g/kg	耕地质量等	3 等
耕地类型	水田/基本农田	综合产能	20640kg/（hm² · a）

1）基本农田外围灌渠中渠底沉积物中 Cd 和 Pb 含量分别是 13.48 ～ 23.14μg/g、217.20 ～ 483.26μg/g，其值高于耕地表土层中 Cd 和 Pb 含量值，据此可推断低端电子垃圾拆解产业不定期排放的废液、废渣通过地表径流与灌渠已进入耕地之中，这是耕地土壤与水稻体中 Cd 和 Pb 的重要来源。

2）基本农田土壤（水稻土）的表土层（0 ～ 20cm）、心土层（30 ～ 50cm）、底土层（60 ～ 80cm）、母质（90 ～ 120cm）中，Cd 含量分别为 0.96 ～ 13.60μg/g、0.25 ～ 0.92μg/g、0.18 ～ 0.46μg/g、0.17 ～ 0.36μg/g，其平均值分别为 2.05μg/g、0.53μg/g、0.26μg/g、0.25μg/g。水稻土耕地层中 Cd 含量超过了《土壤环境质量 农用地土壤污染风险管控标准（试行）》（GB 15618—2018）中的风险筛选值和风险管制值，水稻土通体层中 Cd 含量（0.097μg/g）也超过了中国土壤元素背景值（0.024 ～ 0.029μg/g），因此该水稻土属于被 Cd

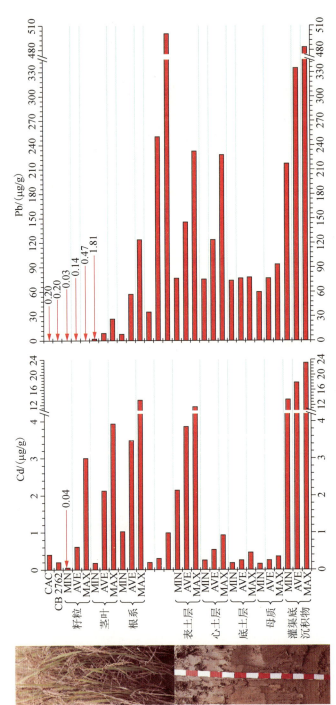

图 1-7 华南低平原区某些毗邻电子垃圾拆解场地的基本农田/水稻土-晚稻体中重金属 Cd 和 Pb 的含量分布状况

污染的土壤。

基本农田土壤（水稻土）的表土层（0～20cm）、心土层（30～50cm）、底土层（60～80cm）、母质（90～120cm）中，Pb 含量分别为 76.37～232.83μg/g、75.21～227.95μg/g、73.20～77.44μg/g、59.87～93.81μg/g，其平均值分别为 145.38μg/g、123.50μg/g、76.64μg/g、76.14μg/g。水稻土耕作层中 Pb 含量多数超过了《土壤环境质量农用地土壤污染风险管控标准》（GB 15618—2018）中的风险筛选值，但尚未超过其风险管制值，这表明该基本农田土壤中已经有明显的重金属 Pb 的聚集，只是尚未造成水稻土 Pb 污染的程度。

3）在基本农田中收获的晚稻籽粒、茎叶、根系中 Cd 含量分别为 0.04～3.02μg/g、0.16～3.94μg/g、1.02～13.30μg/g，其平均值分别为 0.61μg/g、2.12μg/g、3.68μg/g。该农田中水稻籽粒中 Cd 平均值含量（0.61μg/g）已超过了国际食品法典委员会（Codex Alimentarius Commission，CAC）制定的食品标准（0.40μg/g）（FAO/WHO，2001），也超过了《食品安全国家标准　食品中污染物限量》（GB 2762—2017）的标准；Kabata-Pendias Mukherjee 2007 年研究表明，全球谷物籽粒和小麦籽粒中 Cd 的含量范围分别为 0.006～0.032μg/g、0.020～0.070μg/g，比本书研究区域中 Cd 含量低 1～2 个数量级。

晚稻籽粒、茎叶、根系中 Pb 含量分别为 0.03～0.47μg/g、1.81～26.10μg/g、7.50～123.70μg/g，其平均值分别为 0.14μg/g、9.03μg/g、57.04μg/g。该农田中水稻籽粒中 Pb 平均值含量（0.14μg/g）尚未超过 CAC 制定的食品标准（0.20μg/g）和《食品安全国家标准　食品中污染物限量》（GB 2762—2017）（0.20μg/g），但仍然有超标的风险；与全球麦类籽粒 Pb 的含量范围（0.10～0.60μg/g）相当。

由此可见，中国耕地资源与国家粮食安全面临着三大威胁：一是非农建设占用耕地导致耕地面积数量的不断减少；二是区域发展方向与方式、农业生产效益的差异，导致耕地撂荒及耕地质量等级的下降；三是"三废"排放、污水灌溉、化肥农药的大量施用，导致耕地健康状况的恶化。

第 2 章

人类识土、用土与改土的历程

土壤是土地/耕地的核心组成要素，中国拥有持续数千年的土地利用历史，积累了丰富的识土、用土和改土的经验，这些经验对优化土地利用措施具有重要的参考价值。

2.1 原始社会先人对土壤的感知

在新石器时代，先民知识未开，见大自然各种现象而心生疑与恐怖，后经过观察、思考、分析等过程，便逐渐形成了各种古代朴素思想流派。中华传统文化就是上述思想流派的总结与升华，它在人地关系上倡导天-地-人的和谐统一；在物质观上坚持"金-木-水-火-土构成宇宙中万事万物"的五行学说，并阐明了土具长养、化生、承载、受纳的特征；在农业生产上追求天时-地利-人和的"三才论"；在求贤用人上坚持"上通天文，下晓地理"的通才论。人类离不开农业，农业也离不开土壤，在新石器时代，农业经历了火耕（或点耕）、耜耕、犁耕三个阶段，这也体现了人们识土、用土、改土的深化。土壤/土地是五行学说的核心要素，中国古代劳动人民从事识土农耕、制陶、构筑的历史悠久，这是古代土壤地理学知识积累的主要途径。

新石器时代是农业的萌芽时期，这标志着古人由攫取食物向生产食物的根本转变，也标志着古人开始识土、用土的活动。据考古资料，在湖南省道县发掘的距今 1 万年的玉蟾岩遗址表明，其文化层中就有栽培稻和原始陶器的遗迹；在江西省万年仙人洞和吊桶环的新石器时代遗址中，早期的吊桶环上层和仙人洞上层，仅发掘出少量的磨制石器和局部磨制石器，但有较多陶器和栽培稻遗迹；在浙江省浦江县上山遗址出土的夹炭陶胎中含大量稻谷壳和茎叶粉末，遗址内发现干栏式和基槽式两种房屋残迹。这表明在全新世之初古人就开始了识土培稻、识土制陶、识土筑宅等活动。

1977 年在河南省新郑市发掘的裴李岗遗址中出土了陶窑、锯齿石镰、两端有刃的条型石铲、石磨盘、石磨棒等 400 多件各种器物，其中陶器均为手制。这证明早在距今 8000 年前，黄河流域先民们已开始定居，从事以原始农业、手工业和家畜饲养业为主的氏族经济生产活动。1973 年在浙江省余姚市发掘的河姆渡遗址中就出土有大量稻谷、谷壳、稻叶、茎秆和木屑，以及夹炭黑陶器、骨器（耜、镞、鱼镖、哨、锥、针、管状针等）等，这表明长江流域在距今 7000～5000 年间稻作农业就已进入耜耕阶段。1921 年在河南省三门峡市渑池县发现的仰韶文化遗址，就包含大量陶塑艺术品、彩陶、木器和石器等，其中陶器以红陶为主，灰陶、黑陶次之，其主要原料是黏土，有的也掺杂少量砂粒；用于挖掘土地的木器（尖木棒）、石铲、石锄等的发现，表明以渭河、汾河、洛河诸黄河支流汇集的关中、豫西和晋南为中心的中原地区已处于原始的锄耕农业阶段。1953 年在西安市东郊浐河东岸的二级阶地上发现了半坡遗址，出土了 46 座房屋遗址、200 多个窖穴、6 座陶窑遗址、250 座墓葬，以及生产工具和生活用品约 1 万件，还有粟、菜籽遗存，另外半坡聚落中的居住区外围有壕沟环绕。这些展现了距今 7000～5000 年间母系氏族社会繁荣时期的先民生产与生活、识土耕作、识土制陶、识土筑宅的场景（练力华，2014；梦华，2014）。

位于中国四川省广汉市西北鸭子河南岸的三星堆遗址（距今 5000 ～ 3700 年），已出土了大量陶器、石器、玉器、铜器和金器；其中对遗址中长方形的大型祭祀坑的发掘发现，坑底西南高、东北低，坑内填黄色五花土，填土都经夯打。考古学家将三星堆遗址群的文化遗存分为四期，其中一期为早期堆积，属于新石器时代晚期文化，二～四期则属于青铜文化。遗址群年代上起新石器时代晚期，下至商末周初，上下延续近 2000 年，反映先人所使用的工具已从石器、木器、陶器发展到玉器、铜器和金器，对土壤的认识和利用也上升到新高度。1965 年山东省济南市章丘市发掘的龙山文化遗址（距今 4600 ～ 4000 年）中出土了大量的陶器、石器、骨器和蚌器等；陶器多由快轮制陶技术制成，陶器以黑陶为主，还有灰陶、红陶、黄陶和白陶，其中黑陶有细泥、泥质、夹砂三种，其烧成温度达 1000℃。这表明中国黄河中下游地区处于以农业为主，兼营狩猎、打鱼、畜养牲畜的阶段，历史上夏、商、周的文化渊源都与龙山文化有联系。

2.2　奴隶社会先人识土与用土简史

夏朝（公元前 2146 ～前 1675 年）是中国史书记载的第一个朝代，《国语·周语》中说鲧是夏族（黄河南岸嵩山的崇氏部落）之首领，当时河水泛滥，为了抵抗洪水，很多部落形成了部落联盟，鲧被推选领导治水，他主要用土木堵塞以屏障洪水的办法治水九年，鲧治水失败后被殛死于东方黄海海滨的羽山。禹是鲧之子，鲧死后，禹受命联合其他众多部落，在伊、洛、河、济一带，逐步展开治水的工作。禹弃鲧"堵"的治水而改为以疏导为主，就是依据地势的高下，疏导高地的川流积水，使肥沃的平原减少洪水泛滥的灾害。经过治理之后，原来大都集中在大平原边沿地势较高地区的居民，纷纷迁移到比较低平的原野中开垦肥沃的土地。那些草木茂盛、禽兽繁殖的薮泽地，成为人们乐于定居的地方。在河南省洛阳偃师二里头文化遗址出土了大量的石器、骨角器、蚌器和青铜器等生产工具，反映了在夏朝已具有一定规模的铸铜工艺，使农业和手工业得到了大的发展。商朝（公元前 1600 ～前 1046 年）是中国第一个有直接的同时期文字记载的王朝，考古学家从河南省安阳发掘的大量甲骨文显示：殷商时代文字已得到充分广泛的应用，发展得也比较成熟；对于天文天象的记载和干支纪时法的运用等在甲骨文上均有所反映；农业、畜牧养殖业、手工业发展较快，青铜器的冶炼与制造都相当成熟；在实行贡纳制的同时，还有劳役租"助"，就是要求农人助耕公田（籍田），收获皆为统治者所得，其比例约占农人收获的十分之一。周朝（公元前 1046 ～前 256 年)是中国历史上继商朝之后的一个世袭王朝，其实行四大制度：封建制、宗法制、井田制与礼乐制，其中井田制是中国古代社会的土地国有制度，在西周时盛行，即道路和渠道纵横交错，把土地分隔成方块，形状像"井"字。周王所有的井田被分配给庶民使用；庶民不得买卖和转让井田，还要交一定的贡赋。夏商周时期随着农业、牧业、手工业与文字的发展，先人认识、耕作、利用土壤的活动日益深化，已积累有初步的土壤知识。

2.3 封建社会古人识土、用土与改土状况

中国进入封建社会后，铁器取代了石器而与青铜器同时使用，牛耕得到推广，农业、手工业、商业进一步发展。各国争相进行以富国强兵为目标的变法运动：一是废除世卿世禄制度，建立郡县制官僚制度，其核心是将劳动者固定到土地上，以增加国家的赋税收入；二是废井田开阡陌封疆，鼓励人民扩大耕地面积发展农业生产；三是使用畜力耕田，耕作技术得到发展。先人识别土壤、农田施肥，种植多种粮食作物，积累了大量有关各地土壤的知识。《尚书·禹贡》[①] 是中国最早的一篇科学价值很高的地理著作，其全面论述了行政区域、山岳、河流、湖泊、土壤、物产、交通、民族等地理特征，《尚书·禹贡》根据土壤性状的差异，将九州的土壤划分为壤、坟、涂泥、垆、青黎等类型，并"任土作贡"制定田赋和土贡。《管子·地员》是战国时齐国稷下学者托名管仲所作，它论述了植物生长与土壤的关系：根据地形把土地分为平原、丘陵和山地，再依据植被与物产等划分出山麓林地、沼泽、农田等，其中将平原区的土壤划分为息土（冲积土）、赤垆（赤色垆土）、黄唐（黄色盐碱土）、斥埴（盐质黏土）和黑埴（黑色黏土）等，并根据土壤颜色、性状及其对作物的适宜性将土壤细分为"上土、中土、下土"三等、十八个大类；在土壤／土地利用方式上已从休闲制过渡到连种制。《管子·地员》和《尚书·禹贡》是我国先秦文献中较早记载土壤地理知识的著作，这标志着早在 2000 多年前朴素的土壤地理学就已经在中国诞生。秦庄襄王时期的吕不韦主持编纂了《吕氏春秋》，这是中国第一部有组织、按计划编写的文集，其包括十二纪、八览、六论，涉及上应天时、中察人情、下观地利等谋生治国的方略。《吕氏春秋》中《上农》《任地》《辩土》《审时》等，阐述了耕作土壤和栽培作物的具体技术方法。

汉朝时期（公元前 202 ～ 8 年，25 ～ 220 年）铁质农具是重要的生产工具，先进的农田耕作方式如犁地法（即二牛抬杠法，以及在耕犁上安装有翻土碎土的犁壁）、代田法、区田法相继诞生，再加上注重兴修水利工程，如在陕西省关中地区修建了著名的成国渠、六辅渠、白渠等，在东汉时期又出现了翻车（水排）和渴乌等水利工具，推广农田灌溉等，极大地促进了农业生产的发展。西汉末期著名农学家泛胜之编著了中国现存最早的一部农学专著——《泛胜之书》，总结了当时黄河流域劳动人民的农业生产经验，记述了耕作原则、作物栽培技术和农田灌溉等新经验，其中也阐述了依据土壤地理状况适时耕作的法则，如"凡耕之本，在于趣时、和土、务粪泽，早锄早获""春冻解，地气始通，土一和解"等。汉代对前人有关自然地理状况与人类耕作方面的经验进行了总结，形成了《山海经》《淮南子》等名著，其中《淮南子》中就有"坚

---

① 作者不详，成书年代有争议，近代多数学者认为约在战国时。

土人刚，弱土人肥，垆土人大，沙土人细，息土人美，耗土人丑"，这是对土壤地理与人类关系的最早描述。《汉书·沟洫志》中记载有"举臿为云，决渠为雨，泾水一石，其泥数斗；且溉且粪，长我禾黍。"这反映了古人改造土壤与利用土壤的场景。

魏晋南北朝时期（公元220～589年）中国江南地区得到迅速开发，南北经济趋于平衡。中国杰出农学家贾思勰所著的《齐民要术》，是一部综合性农学著作，也是世界农学史上较早的专著之一。《齐民要术》系统地总结了6世纪以前黄河中下游地区农牧业生产经验、食品的加工与储藏、野生植物的利用、治荒的方法，详细介绍了气候、季节、不同土壤与各种作物的关系，强调要因时制宜、因地制宜。《齐民要术》探讨了农田土壤抗旱保墒的方法，并论证了通过轮换作物品种、绿色植物的栽培、轮作套种等提高土壤肥力的办法；明确提出从事农业生产的原则应该是因时、因地、因作物品种而异，不能整齐划一。

隋唐五代十国时期（公元581～979年）是中国历史上最强盛的时期，隋唐时代的雕版印刷术、制造火药等技术、大地测量、医药、建筑技术等均处于世界领先位置。隋唐时期的农业、手工业和商业等经济生产部门有了较大的发展，农具，如锄、铲、镰、犁等都有了大的改进，农田水利设施得到修复和新的开凿，已有的犁地、播种、施肥、灌溉等农业生产经验和良种得到推广，经济作物得到发展；隋唐时期已形成了一整套耕地特别是水田耕耙整地技术，土壤翻耕日趋精细，积肥及土壤施肥得到重视，人工积造农家肥成为培肥的主要措施，并有肥料与农作物适宜性方面的考虑，如在韩鄂《四时纂要》中就有：种植葫芦宜用"油麻、绿豆秸及烂草"；种植木棉以用"牛粪"为佳；种植薯蓣要避免用"人粪"而要使用"牛粪"等，已经逐步发展到多熟种植以提升耕地的复种指数，使耕地粮食单产得以提高。上述地理学、农业科技、土壤地理的知识均已被记载于《诸郡物产土俗记》《括地志》《古今郡国县道四夷述》《元和郡县图志》等隋唐著名地理学著作之中。

宋元明时期（公元960～1644年）是中国古代科技发明、文化大发展的时期，如在宋朝就发明了活字印刷术，并改进了制作火药和指南针技术，出现了《梦溪笔谈》和《清明上河图》。随着瓷器制造技术的发展，人们对土壤质地与矿物组成有了初步的认识。在元朝，王祯（1271～1368）编著了中国古代农业及土壤学名著——《王祯农书》，该著作系统地总结了中国古代北方、南方各地多种农作物种植与土壤耕作的技术措施；阐述了自然土壤和农业土壤的本质区别，即自然土壤只具有自然肥力，而农业土壤不仅具有自然肥力，并且具有人工肥力，提出了北方与南方农田土壤培肥、沤肥、增积粪肥的新措施与农田灌溉-排水的方式。由此可见，数千年来中国传统农业并未实施大规模的耕地休耕制，也极少有耕地及土壤出现营养物质亏缺、营养失调和土壤性状恶化现象，反而多数耕地呈现了越种越肥的景象。究其原因是中国古代劳动人民创立了以"用养结合、人工改良和培肥土壤"为核心的"地力常新壮"理论。南宋学者陈旉指出"或谓土敝则草木不长，气衰则生物不遂，凡田土种三五年，其力已乏。斯语殆不然也，是未深思也。若能时加新沃之土壤，以粪治之，则益精熟肥美，其力当常新壮矣，抑何弊何衰之有"。例如，陕西关中平原延续数千年不断向耕地施用由原生黄土与牲畜粪便、人粪便、草木灰混合沤制而成的农家肥，这种耕种-施肥-收获方式不仅向耕地补充了适量的碳、氮、磷、钾、硫等养分元素，还向耕地补充了适量的矿质养分，使耕地肥力不断提升、耕地土壤性状得到优化，如图2-1所示。当然，中国北方中东部较多的大气沙尘沉降也会向耕地补充一些矿质养分。这种"地力常新壮"的思想，源于中国传统土壤学所特有的"土脉论"。起源于中国西周末年的"土脉论"，把土壤视为有血脉的活机体。例如，在《国语•周语上》就有"土气、土膏、土脉"，实际上"土气"表示土壤温度、湿度与通气状况的变化，即土壤中水分与气体流动的综合性状；"土膏"是指土壤中某种肥沃润泽的精华之物，即营养物质；"土脉"则是"土气"或"土膏"有规律地搏动和流通，这在一定意义上可理解为土壤肥力。

图2-1　陕西关中平原持续数千年地力常新壮的措施

　　明朝涌现出《本草纲目》《徐霞客游记》《天工开物》《农政全书》等中国古代医药学、地理学、农业与土壤利用方面的科技著作，其中《天工开物》是中国古代综合性的科学技术著作或百科全书式的著作，全书倡导人类要和自然相协调、人力要与自然力相配合，并明确指出"五行之内，土为万物之母"；《农政全书》在系统总结已有农田耕作经验的基础上，提出了"水利者，农之本也，无水则无田矣。水利莫急于西北，以其久废也；西北莫先于京东，以其事易兴而近于郊畿也"，即因地制宜兴修水利工程。

　　清朝时期（公元1644～1912年）是中国历史上最后一个封建王朝，清朝长期实行文化专制、闭关锁国、思想禁锢等政策，致使其科学技术的发展陷入徘徊不前的状态。但勤劳的人民在广泛的农业生产实践之中，还是在土壤地理学特别是土壤改良、土地利用等方面取得了显著的科技成就，如在土壤改良技术措施方面有：①集成研发了治理盐碱土的引水洗盐、放淤压盐、种稻洗盐、绿肥治盐、种树治盐和深翻窝盐等方法，如康熙年间天津总兵官蓝理，引海河水围垦稻田，取得了显著的水稻收益；雍正乾隆道光年间，在宁河、济宁、阜宁等地方志中就有改造盐碱地——"潟卤渐成膏腴"，盐碱地深翻换土二三年之后，周围方丈"皆变为好土矣；地顿饶沃，亩收数钟"的记载。②种树治理沙地土壤，《无极县志》中记载：乾隆年间知县黄可润教民种树治沙，即"家资稍裕者，限三十亩，中者二十亩，下者十亩"，四年后"一望青葱，且成树者，风沙不刮，中可播种杂粮，民生渐有起色"。③在中国西部干旱区有一种砂田耕作方法，即深耕土地，施足底肥、耙平墩实，然后铺设粗砂、卵石或石片的混合体，旱砂厚度为 8 ~ 12cm，水砂厚度为 6 ~ 9cm，可有效利用 30 年，老化后再重新起砂、铺砂和更新，可保水，防止土壤盐碱化及土壤遭受风蚀，促进农业生产的发展。④在新疆天山山前倾斜平原区，修建干渠 900 余条、支渠 2000 余条，灌溉农田百万亩以上，同时还因地制宜发明防止水分过度蒸发流失与水体矿化度增高的"坎儿井"农田灌溉系统，以充分利用渗漏进入砾石层的淡水资源。⑤针对华南山地丘陵区沟谷中酸性冷浸田的土壤在春季土壤温度低、磷钾养分缺乏时造成的低产劣质农田，清朝发展了宋朝改造冷浸田的"深耕冻垡"、熏土暖田等方法，如用石灰、煤灰、骨灰烤田，施麻姑、桐菇、牛骨灰于田，以及蓄水浸田等简便易行的措施，且费用不高，民众广泛使用，如在广东兴宁县就采用牛骨灰蘸秧根，以提高冷浸田的水稻产量。另外，清朝在土地利用、培肥土壤、农作物种植制度与种植区域等方面也有重要的进展。清朝末年，一批学堂或高等院校的创建，在一定程度上促进了土壤地理知识的传播，如在 1899 年流传有介绍土壤性状、土壤类型和不同地区土壤状况的《土壤学》教科书，如图 2-2 所示；又如 1901 年周天鹏在《普通学报》第 1 期上发表短文，阐述了土壤的种类及其物质组成，如图 2-3 所示。另外，1902 年创建的京师大学堂师范馆就开设有伦理、经学、教育学、中外舆地、博物等 14 门课程（据梁启超起草拟定的《总理衙门奏拟京师大学堂章程》），这些课程经过扩充归并为四大类（相当于四个专业）：第一类以国文外语为主，第二类以史地为主，第三类以数理化为主，第四类以植物、动物、矿物、生理学为主。1907 年京师大学堂师范馆第二类学生的毕业考试中就有"中国沿海之岸，自长江以北，大沽以南，唯登来（文登—莱阳）半岛为峭岸，余多浅沙，其故何也？"的试题，以考查学生对中国中东部地区的地形格局与土壤地理状况的掌握程度。刘应忠于 1908 年编撰了《荣城乡土地理志》线装本书籍，1908 年《大同报》第 16 期也刊登了美籍学者习青氏的原著《寰球土壤之性质》，用以传授相关土壤地理学知识。

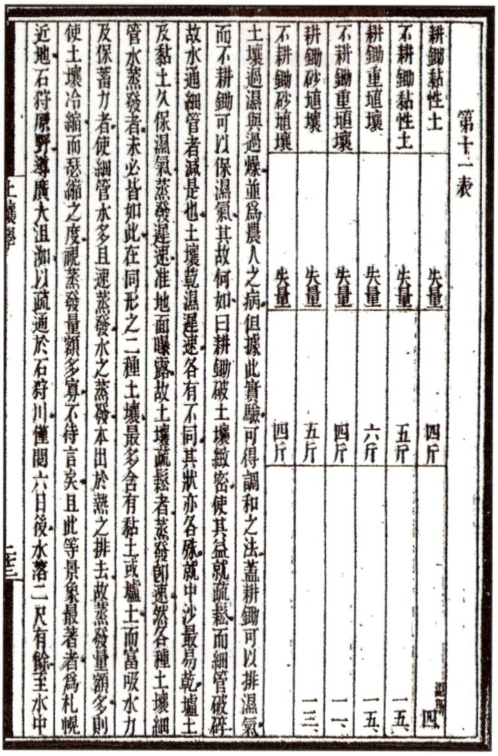

第十二表			
耕鋤黏性土	失量	四斤	四
不耕鋤黏性土	失量	五斤	一五、
耕鋤重埴壤	失量	六斤	一五、
不耕鋤重埴壤	失量	四斤	一一、
耕鋤砂埴壤	失量	五斤	一三、
不耕鋤砂埴壤	失量	四斤	

土壤過濕與過燥並爲農人之病但據此實驗可得調和之法蓋耕鋤可以排濕氣而不耕鋤可以保濕氣其故何如曰耕鋤破土壤緻密使其益就疏鬆而細管破碎故水通細管者減是也土壤乾濕遲速各有不同其狀亦各殊就中沙最易乾壚土及黏土久保濕氣蒸發遲速准地面曝露故土壤疏鬆者蒸發卽速然各種土壤細管水蒸發者未必皆如此在同形之二種土壤最多含有黏土或壚土而富吸水力及保蓄力者使細管水多且速蒸發水之蒸發本出於熱之排去故蒸發量額多則使土壤冷縮而懸縮之度視蒸發量額多寡不待言矣且此等景象最著者爲札幌近地石狩原野導廣大沮洳以疏通於石狩川僅閱六日後水落二尺有餘至水中

土壤學 二三

图 2-2 北京师范大学图书馆保存的 1899 年《土壤学》页图

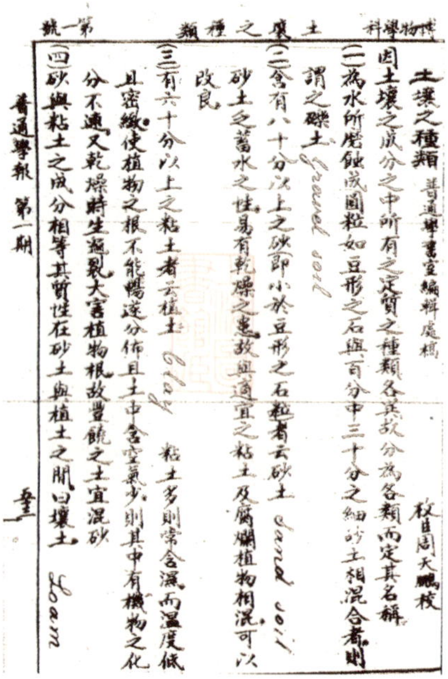

博物學科 土壤之種類 第一號

土壤之種類 普通學書室編輯處稿 校閱周天鵬校

因土壤之成分之中所有之定質之種類各異故分爲各類而定其名稱

(一)爲水所浸蝕成圓粒如豆形之石與百分中三十分之細砂土相混合者則謂之礫土 Gravel soil

(二)含有八十分以上之砂(即小於豆形之石粒者)云砂土 Sand soil 砂土乏蓄水之性易有乾燥之患故與適宜之粘土及腐爛植物相混可以改良

(三)有六十分以上之粘土者云植土 Clay 粘土多則常含濕而溫度低且密緻使植物之根不能暢遂分佈且土中含空氣少則其中有機物之化分不速又乾燥時生龜裂大害植物根故豐饒之土宜混砂

(四)砂與粘土之成分相等其質性在砂土與植土之間曰壤土 Loam

普通學報 第一期 壹

图 2-3 北京师范大学图书馆保存的 1901 年论著《土壤之种类》页图

2.4　民国时期土壤利用与改良研究概况

辛亥革命结束了中国两千多年的封建君主专制制度，传播了民主共和的理念，以巨大的震撼力和深刻的影响力推动了近代中国社会变革，推动了中华民族的思想解放，打开了中国进步潮流的闸门，为中华民族的发展进步指明了道路，并加速了现代科学及土壤地理学知识在中华大地的普及与传承。1913 年林振华在《农林公报》第 17 期上发表了译著《实用农学》的"第十章　土壤之改良"，从土壤与农作物生长关系的角度，详细阐述了土壤的消耗、耕耡、施肥和硝化，以指导人们进行土壤改良，如图 2-4 所示。

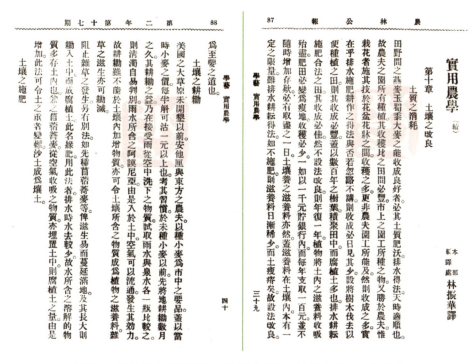

图 2-4　林振华 1913 年译著《实用农学》土壤改良部分内容图式

1915 年盘珠祁在《留美学生季报》第 2 卷第 1 期上撰文（《土壤学序》），简明扼要地阐述了中国自然地理特征、农业生产与土壤的相互关系，即"此民命之恃乎农也，是故农政之急，莫要于保地力；保地力，所以益物产；益物产，所以保民命也……当以吾国以有限之地，产有限之物，以供生齿日繁之民，若不亟思所以增益地力，将不免有人满物穷之患……吾友邓君植义笃学士也，蝉数年之力，以研究土壤学。爰将其目之所察，手之所验，与心之所得，而著是编……吾国农学家得此，其更知所以改良乎，泥土之培补法也，肥料之施用法也，禾稼之循环法也"。由此可见，早在 20 世纪初，中国农学界和土壤地理学界就已有了土壤-农作物系统物质循环的思想。随后中国学界还有"土壤之医士，土壤之疗治"，即指导人们进行土壤改良的短文。在 1917 年印制的《北京农业专门学校校友会杂志》上还刊登有农科三年级"本校土壤化学分析第二次成绩报告"，其中详细列举了水田土壤与旱田土壤组成的分析结果，如图 2-5 所示，也表明当时现代土壤学与土壤地理学已有一定的发展。

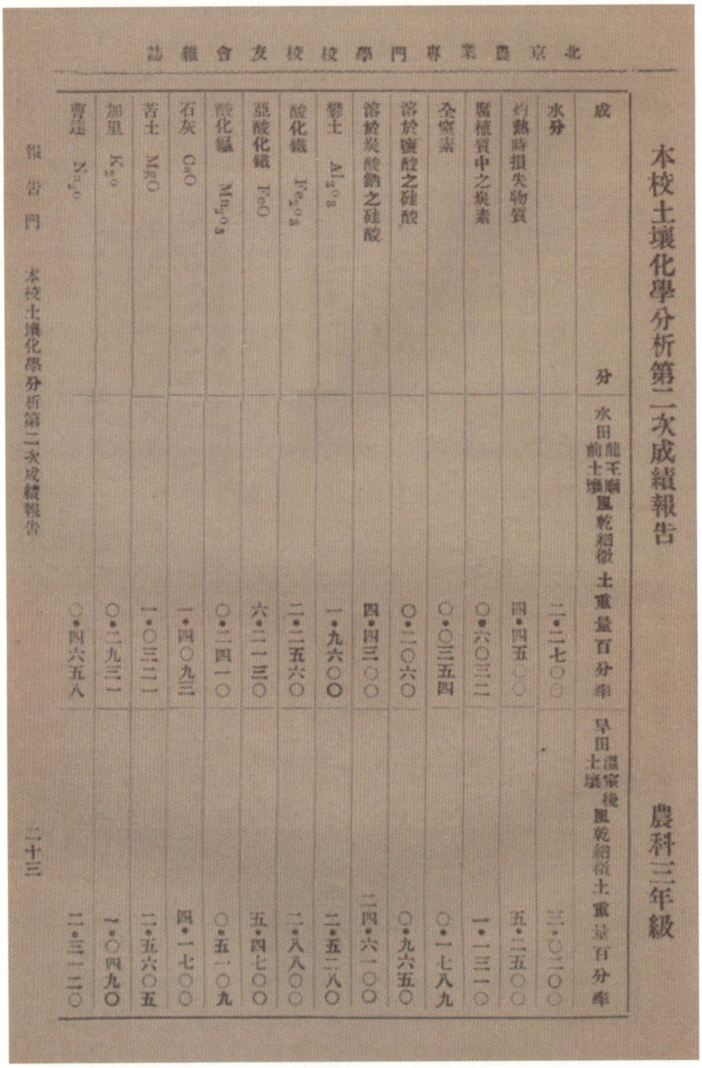

北京農業專門學校校友會雜誌

本校土壤化學分析第二次成績報告　農科三年級

成分	分　水田龍王廟乾細微土重量百分率	旱田溫室梭羅乾細絹微土重量百分率
水分	二•二七〇	三•〇二〇
灼熱時損失物質	四•四五〇	五•二五〇
腐植質中之炭素	〇•六〇三二	一•三一〇
全窒素	〇•〇三五四	〇•一七八九
溶於鹽酸之硅酸	〇•二〇六〇	〇•九六五〇
溶於鹽酸鉀之硅酸	〇•二一六〇	二•四六一〇
礬土 Al_2O_3	四•〇三〇	二•五二八〇
酸化鐵 Fe_2O_3	一•九六〇〇	二•八八〇〇
亞酸化鐵 FeO	二•二六六〇	五•四二七〇〇
酸化錳 Mn_2O_3	六•二三一〇	〇•五一〇九
石灰 CaO	一•四〇九三	四•一七〇〇
苦土 MgO	一•〇二三	二•五六六五
加里 K_2O	〇•二九三二	一•〇四九〇
曹達 Na_2O	〇•四六五八	二•二三二〇

報告門　本校土壤化學分析第二次成績報告　二十三

图 2-5　北京师范大学图书馆保存的 1917 年《土壤化学分析报告》页图

1914 年由商务印书馆在上海创办的《学生杂志》（1914 ～ 1931 年）是民国时期发行时间长、在青年学生中影响巨大的读物，也是宣传新思想、新文化并对青年进行现代全方位教育的阵地。1920 年印制的《学生杂志》第七卷第 12 号上刊登有南京高师农业科生吴济民撰写的《土壤分析法》，文中提到"土壤分析法可分为二：一曰物理的分析，二曰化学的分析。物理分析者究其土粒之大小及大小土粒之成分，而施以一种相当之土壤名词也；化学分析者分析土壤中各种原质之成分及测定各原质成分在土壤中所占之百分数也"。在北京农业专门学校毕业，先后留学于美国威斯康星大学、伊利诺伊大学的著名学者彭家元，1923 年在《科学》第 7 期上发表《土壤性质与农牧之关系》，文中详细阐述了"土壤何以能生产？土壤矿物质是不溶化的，植物何以能用为食料？耕种的影响"；为了缓解耕种对土壤的五种影响，即"五端"，他提出了"保持土壤的出产力，并且要使农产丰收，即永久耕种法是也：腐殖质之增加、豆科植物对氮素之关系、作物轮换法、石灰及盐基性矿物之功用、植物的食料"。文中针对"我国所需米、面、布巾等类，由本国供给与由外洋输入孰善？"的问题，彭家元明确地回答道"当然要本国的生产，供给本国的需要"。这些土壤地理学早期综合性思想对今天的中国也具有指导意义。1928 年翟振刚在《科学入门》专栏中撰写《土壤是怎样有的？》短文，他从四个方面论述了坚硬的岩石是怎样变成土壤的：一是空气的作用，二是水的作用，三是温度变化的作用，四是生物的作用。1929 年琴痕在《女师学生半月刊》上发表"土壤中有机物的效能"，短文详细阐述了土壤中三类有机物（完全分解的、局部分解的、未分解的）的效能，即"贮存水分的力量增大""有如氮素的来源""有吸收热力的功能""能增加土中可给的有机养分""改良土壤的组织""扶助微生物之发育"。这些中国早期的土壤地理发生学过程表述，与日本 1916 年出版的《土壤学讲义（上卷）》中阐述基本一致，也预示当时中国土壤地理学的发展已经达到一定水平。

在 1930 年发行的《新声》杂志上，彭家元发表了《土壤分类及中国土壤调查问题》，其包含"导言、土壤调查之内容及工作、中国古时之土壤调查、土壤调查之功用及利益、各国土壤调查考、土壤分类之标准、土壤之实地调查、土壤调查之种类及报告大纲、今后我国土壤调查应取方针之商榷、摘要–参考文献"共计 11 章。这应该是中国早期比较翔实的土壤地理学文献。1931 年王正在《土壤专报》发表《中国北部土壤内 pH 值之研究——中国北部土壤应采取之改良方法》论文，他在运用云杉、松属树木籽粒进行盆栽实验的基础上，研究了土壤 pH 对针叶树木生长的影响，探讨了中国北方碱土的改良方法，即"农家就有之改良法（施用石灰燃后之残渣而改良法、将地深耕后而行种植法）、利用科学之方法而改良之方法（用人造肥料以改良之法、行排水工事而冀碱度减小法）、选择耐碱性之树木、农作物之试验"，进一步开创了基于实验观察开展土壤改良研究的新领域。与此同时，著名学者谢家荣（1898～1966；1931～1932 年任北京师范大学地理系主任，后任清华大学地学系主任）发表了土壤学论著——《土壤分类及土壤调查》，随后在中华教育文化基金董事会委托之下，谢家荣与常隆庆等开展了河北省三河市平谷区土壤调查与预测，在陕西省渭水流域采集土壤标本，并编绘了中国北方部分地区土壤图和土壤断面图，这应该是中国土壤地理学区域研究的开拓之作，北京师范大学同时将上述土壤地理学研究成果引入教学之中，这些珍贵的区域土壤地理学调查研究成果自今仍然完好地保存于北京师范大学图书馆，如图 2-6 所示。

图2-6　北京师范大学图书馆保存的土壤地理学研究成果

1930年著名学者黄国璋出版了《社会的地理基础》（世界书局，1930），其中就从社会与土壤方面辩证地论述了人地关系。1933年在中华教育文化基金会和美国洛克菲勒基金赞助下，梭颇在侯光炯、李庆逵等人的协助下，利用两年半的时间，先后在山东、河北、陕西、甘肃、广西、广东及江西等17省，进行了行程达3万km的土壤考察，编写了大量土壤调查报告，绘制了百余幅区域土壤图，采集了万余个土壤标本。最后由梭颇、李庆逵、李连捷共同编制出版了英文版 *Geography of the Soils of China* 和中文版《中国之土壤》，该巨著包含绪言、地理背景、成土过程及主要土类、作物及土壤肥度、中国的土壤侵蚀、土壤与人民、结论等16章，在专著中梭颇引用马布特的美国土壤分类体系，对中国的土壤进行了系统的分类，这也是该专著的主体内容。这些成果奠定了中国近代土壤地理学的基础。1935～1944年，土壤学家朱莲青、李连捷、陈恩凤、余皓、宋达泉、马溶之、侯学煜、席连之等研究了中国地形与土壤分布；1940～1941年马溶之和刘海蓬研究了地质与土壤分布；1940年马溶之还翻译发表了《美国农部新订之土壤分类标准》；1941年熊毅、朱莲青、马溶之等代表经济部中央地质调查所土壤研究室暂拟"中国土壤分类方法草案";1940～1943 年王树嘉和侯学煜研究了植物与土壤分布;1941 年李庆逵在《土壤专报》发表了《四川之土壤》,从土壤与地理环境的角度剖析了四川土壤地理发生、土壤类型及其空间分布规律;1941 年马溶之、席承藩在《土壤季刊》上发表《紫色土分类之建议》,对紫色土的分类标准、土系类属、土系通性进行了深入细致的论述;1941～1942 年陈恩凤、刘培桐等在对汉中盆地土壤进行调查的基础上,发表了《汉渝公路暨渠江流域之土壤与土地利用》;1942 年刘培桐发表了《中国气候与土壤之关系》,全面论述了中国主要土壤发生类型的形成、发育特征、地理分布规律及其与气候的关系;1945 年马溶之在《土壤季刊》上发表了《新疆中部之土壤地理》;随后 1947 年马溶之在《地理》上发表《西北土壤地理》。这些成果均属于中国 20 世纪 40 年代具有代表性的土壤地理学研究成果,也奠定了中国土壤地理学的理论基础。

2.5　中华人民共和国成立后土壤利用与改良研究概况

2.5.1　1949～1959 年土壤开发利用与土壤地理学

中华人民共和国成立后,各级政府对科学教育事业的重视,使土壤地理学研究与教学获得了飞速发展。1950 年席承藩在众多学者实地调查研究的基础上发表了《黄泛区冲积土的层次排列与土壤生产力的关系》,论述了土壤剖面质地构型是影响土壤生产力的重要因素,提出了一些提高地力的方法:对于"雨淋蓬"式的土层排列,最好采用深耕法使表土与下面土层混合,这样形成质地中黏的"二合土";对土壤肥力较低、质地较轻的极细砂壤土,应采集附近低洼地的黏质土壤,添加至极细砂壤土中,即采用客土法逐渐改善土壤质地,并形成地力较高的"二合土";在风蚀较强的地段,尽早营造防护林加以防止,以及通过种植绿肥植物或牧草轮作法,以增加土壤有机质含量和地力。1950 年姚振镐在进行土壤实验观测的基础上发表了《陕西武功附近土壤之固氮作用》,阐明了不同土壤的固氮能力,并提出了通过施加马厩肥、麦麸粉、石灰及磷酸钙,以提高土壤固氮能力的方法。1953 年黄瑞采发表了《关于华南土壤发育和分布规律的认识》,论文阐述了华南地区不同发育阶段的土壤,植物群落与土壤环境间的相互作用,土壤发育与铁磐的生成,以及从地形地质寻求各种土壤间的联系。1956 年周廷儒和刘培桐编著出版了《中国的地形和土壤概述》,论著在剖析影响中国土壤发育的地理因素、土壤发育图式、土壤的分布型式、土壤带的基础上,建立了中国土壤的发育图式及与其相应的分布型式。1957 年马溶之发表了《中国土壤的地理分布规律》,勾画出了欧亚大陆的土壤水平分布图式和中国不同地区山地土壤的垂直分布带,以及耕种土壤的地理分布规律;在上述工作的基础上,按照土壤地理发生学原则,将全国土壤划分为 14 个区带和 54 个土区，并编绘中国土壤区划图。1958 年格拉西莫夫和马溶之发表了土壤地理学研究经典之作——《中国土壤发生类型及其地理分布》。1960 年由马溶之带领的 20 多位土壤科学家系统地总结了 1949～1959 年中国土壤学研究状况：①坚持土壤发生学，并依据土壤发生学发展的规律来利用土壤和改造土壤；②开展广泛的土壤地理调查与制图工作，进行人为成土因素和耕作土壤的研究，使土壤地理工作更密切地联系了农业生产实际；③开展土壤理化性质与生物特性的综合研究，并用于指导土壤耕作与施肥、土壤改良。上述研究成果为 1958～1960 年中国开展第一次土壤普查、全国第一个农业土壤分类系统的创建奠定了科学基础。

从 1950 年起，北京师范大学围绕国家建设和农业生产发展，组织教师开展土壤地理学教学与研究；1951 年陈恩凤出版了《中国土壤地理》（商务印书馆，1951），自此土壤地理学便成为新中国高等地理教育中的骨干课程。北京师范大学组织教师编写《土壤地理学讲义》，编绘了世界土壤分布图等教学挂图，采集研制了中国和苏联的主要土壤的教学标本，如图 2-7 和图 2-8 所示。1952～1957 年，刘培桐受国家教育部委托，参与制定了全国高等师范院校地理系新教学计划和教学大纲，并在北京师范大学地理系创办全国首个两年制土壤地理研究班，招收研究生 20 人和进修教师 3 人，为全国高等师范院校培养和输送了第一批土壤地理学骨干教师。与此同时，国内高校率先创建了土壤地理学实验室、土壤标本室和土壤地理学野外实习基地。在教育部支持下，1954 年北京师范大学组织举办了土壤地理学研究生班，培养土壤地理学教师，这些极大地促进了中国土壤地理学研究与教学工作的发展。

图 2-7　北京师范大学专家教授编绘的土壤地理教学挂图

图 2-8　北京师范大学专家教授 20 世纪 50 年代采集研制的土壤教学标本（部分）

2.5.2　1960～1977 年土壤地理学研究状况

1960 年马溶之等发表了《水稻丰产的土壤环境及其调节》，依据调查研究与定位观测资料，综合剖析了中国南方自然条件与人类活动对水稻土性质、肥力的影响，提出了培育肥沃土壤提升其生产能力的途径。1961 年朱蓬青发表了《论人类活动对于土壤生成发育的影响及其在土壤分类制中的反映》，同年侯学煜发表《试谈土壤地理学的理论性方向和土壤分类问题》。这些研究成果均秉持土壤地理学研究应服务于农业生产的目标，也标志着在土壤地理学界出现了"农业土壤学"研究的新方向。1961年南京大学、北京师范大学与华东师范大学合作编著了《土壤学基础与土壤地理学》（人民教育出版社，1961），促进了土壤地理学研究与人才培养的大发展。1962 年徐琪发表《长江中下游白土的地理分布规律及其形成过程的特点》，综合分析了长江中下游稻麦两熟地区主要的低产土壤——白土的成土条件、成土过程，揭示了在氧化还原交替过程、化学淋洗与机械淋洗作用下使土壤剖面上部养分、活性铁锰及黏粒流失，形成白土的原理。1973 年李天杰发表《土壤污染及其影响问题》，阐述了土壤的主要污染源和污染物、土壤污染的性质，以及土壤污染的影响，开辟了土壤地理学研究的新方向。

1963 年朱显谟运用土壤剖面形态学综合研究了陕西太白山岩生植物和原始成土过程；1964 年熊毅和许冀泉综合研究了中国土壤中黏土矿物的分布规律；1965 年邬国础综合分析了云贵高原影响土壤形成和分布的自然条件、土壤分布的特点、土壤水平与垂直分布，揭示了云贵高原土壤地理分布规律。1965 年马溶之发表《中国山地土壤的地理分布规律》，以图表文并重的方式展示了山地对土壤发生和分布的影响、山地土壤的地理分布规律、高原土壤的地理分布规律，以及不同地带山地土壤垂直分布带谱。同年，马溶之还编绘出版了《中国土壤图（1：1000 万)》，该图展示了中国主要土壤发生类型的地理分布规律，也反映了全国土壤利用状况，即地带性土壤的一般地理分布规律：由东南沿海湿润地区向西北内陆干旱地区逐渐变化和过渡，主要土壤为森林土壤、草原土壤和荒漠土壤，三者之间还有过渡类型的森林草原土、荒漠草原土。

20 世纪中后期，国家先后组织中国科学院及相关科研院校众多专家建立了中国科学院内蒙古宁夏综合考察队、新疆综合考察队和青藏高原综合科学考察队，分别对宁夏、内蒙古及其东北西北地区、新疆维吾尔自治区、青藏高原进行了深入细致的科学考察，揭示这些区域土壤地理分布规律及其开发利用途径，形成了众多的土壤地理学专著和图件成果，如《新疆土壤地理》（科学出版社，1965）、《内蒙古自治区与东北西部地区土壤地理》（科学出版社，1978），《西藏土壤》（科学出版社，1985），这些研究成果极大地丰富和发展了中国土壤地理学研究领域。

2.5.3　1978～2000 年土壤地理学研究状况

1978 年黄瑞采发表《从物质实体和生态系统来研究土壤》，倡导为了充分地和有效地利用与改良土壤，必须首先认识土壤并不断探索土壤的奥秘，土壤是可解剖的物质实体，以及开展以土壤为核心的"生态系统"研究。1978 年刘铮等发表《我国主要土壤中微量元素的含量与分布初步总结》，阐明了我国主要土壤中硼、钼、锰、锌、铜的含量及其分布特征，随后全国各地均开展区域土壤环境背景值调查研究。1979 年李天杰等出版了《土壤地理学》，将土壤污染与防治、土壤侵蚀与防治、土壤资源的合理利用和改造列为土壤地理学的重要研究与教学内容。1980 年高拯民发表了《土壤-植物系统的污染防治及净化功能》，论述了土壤-植物系统的特征，以及污水灌溉、放射性核素扩散、农业现代化对土壤-植物系统的潜在性影响。1983 年章申、王明远等综合研究了中国土壤铬的地理分异规律。1985 年胡存智、李天杰完成了"长江三峡库区土被结构及土壤环境重金属背景值研究"工作，其结合卫星遥感影像和实地考察采样分析，阐述了三峡库区土被组成、特点及分布概况，编绘了 1：50 万长江三峡库区土被结构图，综合剖析了土被结构与土壤环境背景值（Cu、Pb、Zn、Ni、As）的相互关系。1991 年魏复盛、陈静生、吴燕玉发表了《中国土壤环境背景值研究》，以图表文的形式揭示了中国土壤元素背景值及其特征、中国土壤元素背景值地域分异特征及影响因素。1995 年李天杰、宫世国等出版了《土壤环境学：土壤环境污染防治与土壤生态保护》（高等教育出版社，1995），其全面阐述了土壤环境的组成与特性、土壤环境背景值与环境容量、土壤环境污染及其防治、土壤生态保护与防治土壤退化、土壤环境评价-区划-规划-管理。这些研究成果为开展土壤-植物系统中化学元素迁移转化和污水灌溉对土壤环境质量的影响奠定了科学基础。

1978 年熊毅和李庆逵主编出版了《中国土壤》，全面阐述了中国土壤的类型与分布、土壤的基本性质和肥力特征、土壤的利用改良。该书成为指导土壤资源开发、利用改良、发展农业生产和进行土壤地理学交流的重要文献。1978 年在教育部高等学校遥感中心组织下，李天杰在实地考察观测的基础上，通过陆地卫星影像太原幅的目视解译，编绘出太原幅土壤类型图（科学出版社，1981），开辟了土壤调查的新方向。1981 年由中国科学院《中国自然地理》编辑委员会组织出版了《中国自然地理：土壤地理》，全面阐述了中国土壤的形成过程、主要土壤发生类型及其空间分布规律、土壤地理分区及其附图，实现了对中国土壤地理学研究的系统性总结。1982 年赵松乔发表了《中国荒漠地带土地类型分析——四个典型地区的地球资源卫星象片判读》，指出采用传统的野外实地考察与先进的遥感应用技术相结合的方法，对中国荒漠地带土地类型进行划分和制图是一个捷径，并可推广到其他自然地带。1979 年国务院批复了《关于在全国开展第二次土壤普查工作方案》，并成立全国土壤普查办公室，土壤普查业务技术由全国土壤肥料总站、中国科学院和中国农业科学院负责，百余名专家负责制定全国土壤普查统一技术规程、样区试点、技术指导和省级成果鉴定验收；全国历时 16 年（1979～1994 年）完成了全国第二次土壤普查工作，形成了《中国土壤》（中国农业出版社，1998 年）、1∶1000 万中华人民共和国土壤图、117 幅土壤剖面和景观彩图。众多学者还开展了西藏和横断山区的科学考察、三峡库区调查、黄淮海平原综合治理、内蒙古草场资源综合考察遥感制图及 1∶100 万全国土壤图集编制，做了大量土壤调查制图工作，1980 年出版了 1∶400 万中华人民共和国土壤图，完成了全国 1∶100 万土壤普查图部分图幅的编制，制定了 1∶100 万中国土壤图制图规范，还编纂和出版了我国第一部综合性与生产性相结合的《中国土壤图集》（地图出版社，1986）。1994 年周慧珍编辑出版了《海南岛土壤与土地数字化数据库及其制图》，1989 年赵其国、龚子同编辑出版了《土壤地理研究法》。与此同时，众多土壤地理学家借助遥感、地理信息系统、全球定位系统技术和现代测试分析技术，进一步强化土壤资源调查、土壤制图工作向定量化与信息化方向发展，土壤资源数据库，如 SOTER（Soil and Terrain Digital Database，土壤与地体数字化数据库）研究也在中国得到广泛应用。这些土壤地理学研究成果，经过众多学者的拓展与集成创新形成了区域土被结构图、土地资源评价图、土地利用现状图、土地资源评价图和土地退化图等。

1981 年陈鸿昭、高以信、吴志东发表了《青藏高原的隆起对高山土壤形成的影响》，将第三纪末期以来青藏高原隆起对高山土壤的影响归纳如下：土壤寒冻过程的加强；土壤脱沼泽过程的发展致使土壤有相互叠置的二元结构剖面；土壤盐渍化的出现和土壤多元发生特征的残存。1982 年彭补拙、黄瑞农发表了《试论新构造运动在土壤形成演化中的作用》，综合分析了新构造运动与土壤形成因素的关系，以及新构造运动对土壤形成演化的影响。1989 年龚子同、陈鸿昭、刘良梧发表了《中国古土壤与第四纪环境》，将中国古土壤划分为埋藏土和残余土两大类，并阐述了不同区域中国古土壤发生与性状。1992 年朱显谟、祝一志发表了《试论中国黄土高原土壤与环境》，揭示了黄土高原的土壤、古土壤与环境变迁的轨迹，并从黄土沉积和黄土层性质的特殊性入手剖析了土壤特性及其所能反映的生物-气候信息，以及土壤发生发育特征。1994 年赵烨、李容全在综合考察河南省渑池县班村考古遗址及其外围土壤特征的基础上，运用土壤发生学、土壤微形态学原理和现代测试分析技术，剖析了黄土地区古代农耕土与自然土壤的差异性，并将土壤地理学原理及古土壤研究方法应用于考古学研究之中，扩展了土壤地理学研究的领域。1999 年赵烨出版了《南极乔治王岛菲尔德斯半岛土壤与环境》，系统阐述了南极低温环境及其土壤发育特性、土壤发生类型-诊断特性-空间分布特征、土壤发育与环境演变的相互关系，并进行了南极土壤、北极沿岸土壤与青藏高原土壤的比较研究等。与此同时、陈杰、龚子同基于野外调查与采样分析，也开展了中国南极长城站地区以及南极洲的土壤发生发育过程的系统性研究，这些研究成果丰富了土壤地理学研究内容。从 1984 年起中国科学院南京土壤研究所龚子同组织国内数十家科研单位和高等院校合作开展"中国土壤系统分类研究"，先后创建并完善了《中国土壤系统分类》（首次方案）、《中国土壤系统分类》（修订方案）及《中国土壤系统分类：理论·方法·实践》。中国土壤系统分类创建了 33 个诊断层和 25 个诊断特征，并据此体系将全国土壤分为 14 个土纲、40 个亚纲和 137 个土类。中国土壤系统方案发表后，受到国内外同行专家的广泛赞誉。

2.5.4　21 世纪土壤地理研究及其发展趋势

2000 年石元春发表了《土壤学的数字化和信息化革命》，全面阐述了土壤调查、土壤分类与土壤制图研究向着模式化、数字化、智能化、精准化、网络化的发展趋势。2002 年潘贤章、史学正论述了土壤质量调查与数字制图的一般过程，并依据土壤制图原理确定了数字化制图的几个重要参数，以及数字化制图对野外土壤调查的要求和对传统图件的处理。2002 年周慧珍发表了《中国土壤信息共享研究——1∶400 万中国土壤分布式查询数据库》，论文利用世界上流行的客户端/服务器、分布式查询的网络通信模型，以标准化的土壤信息为基础，采用先进 的 Web GIS、ASP、FrontPage 等网页编辑和发布技术，实现了 1∶400 万中国土壤空间信息和属性信息的分布式动态查询、静态查询、远程用户图形查询与编辑。2007 年史学正、于东升等创建了包含中国土壤数据（数字化的土壤空间数据、土壤属性数据和土壤参比数据）、数字化土壤空间数据（基于原始纸质土壤图件，通过数字化编制而成的土壤类型与基本属性系列图件）、中国 1∶100 万土壤数据、土壤参比数据等模块的中国土壤信息系统。2011 年张甘霖与全球相关科学家联合启动开展"全球土壤数字制图计划"，以便提供高分辨率关键土壤信息的栅格数据，包括有效土层厚度、土壤酸碱度、有机碳含量、土壤机械组成、容重等基本土壤属性。这些成果不仅提升了土壤地理学的研究水平，还拓宽了土壤地理学研究的应用领域。

近 600 年来，人类对土壤资源先后进行了原始性开发、掠夺性开发和高强度开发，使全球陆地大量土壤物质流失，巨量工业三废和农业化学品浸入土壤，成片肥沃土壤被侵占毁灭，导致区域性土壤肥力及生产能力、生态服务与环境调节能力不断衰减，并对全球粮食安全和生态环境安全构成了现实的威胁。中国作为世界农业大国和人口大国，拥有丰富多样的土壤资源，改革开放使社会经济和人民生活得到了全面的发展，获得了举世瞩目的辉煌成就，然而众多的人口总量、粗放的发展模式、快速的工业化和城市化，使土壤退化和耕地紧缺成为社会经济持续发展的重要限制因素，也使土壤环境整治与土壤资源管护成为政府管理部门和科教界关注的重要议题。2004 年李天杰等编著出版的《土壤地理学》，从单个土体、聚合土体入手深入分析了土壤圈的组成、空间结构，以及在地球表层系统物质能量迁移转化过程中的作用。在分析土壤肥力及其生产性能的同时，重点阐述土壤的生态环境功能，并将土壤功能归纳为生产（生产食品、饲料、纤维、燃料、中草药与原材料）功能、生态服务（维持生物多样性、生物栖息地、养分循环与保持、缓冲性能）功能和环境调节（生物废弃物降解、调节水量与水质、调节近地大气温度-湿度及其变化）功能，如图 2-9 所示。2005 年刘敏超、

李迪强等运用网格法综合分析了三江源地区土壤保持功能及其空间分布规律。2006 年黄耀研究表明，自第二次全国土壤普查，我国 71% ～ 75% 的农田土壤有机碳储量呈增长趋势、22% ～ 25% 呈下降趋势、2% ～ 4% 基本持平；华北、华东、华中和西北大部分区域增加明显，东北黑土地区显著下降，西南和华南地区有升有降；土壤有机碳含量增加明显的土壤类型为水稻土和潮土，黑土下降显著；有机碳含量增加主要归因于秸秆还田与有机肥施用、化肥投入增加与合理的养分配比以及少（免）耕技术的推广。2015 年我国台湾中兴大学林耀东从土壤物质组成、土壤与成土环境之间相互作用的角度，综合分析了土壤净化和缓冲功能。

图 2-9 土壤多功能示意图

2015 年吴绍华等系统地总结了土壤生态系统服务定义、分类的发展过程，建立土壤生态系统服务定量化表征方法及其评价模型，并从供给服务、调节服务、文化服务和支持服务几个方面阐述了土壤生态系统服务对城市化的响应。

1997 年赵其国发表了《土壤圈在全球变化中的意义与研究内容》，剖析了土壤圈的概念及其内涵，指出了土壤圈在全球土壤变化中的研究内容：土壤圈与地图各圈层的物质循环、水土资源的时空变化、土壤肥力变化与农业持续发展、区域治理与环境建设等。2000 年郭正堂、刘东生从"整体地球系统"和多学科角度，综合剖析了中国黄土——古土壤序列与古全球变化的相互关系。2000 年刘良梧、周健民等在土壤调查分析的基础上，阐明了中国半干旱农牧交错带玄武岩和沙质沉积物上，形成于距今 6000 ～ 8000 年的典型草原土壤——栗钙土剖面中的有机质积累与分解、碳酸盐淀积与淋溶、元素

氧化物迁移与富集、风沙堆积等作用，以及半干旱农牧交错带栗钙土的发生与演变特征，提出了防治栗钙土退化的对策。2000年耿元波、董云社等综合分析了陆地生物圈、土壤圈和岩石圈的碳储量，以及大气中CO_2储量变化及其与土地利用-土地覆被变化的相互关系，建立了陆地碳循环的静态模型及动态模型。2002年唐克丽、贺秀斌在综合分析距今20万年以来洛川黄土剖面中的土样的物理、化学、矿物组成、孢粉分析及土壤微形态的基础上，揭示了在第四纪生物-气候环境演变过程中，通过黄土沉积、成壤的强弱交替演化，形成发育的由不同土壤类型组成的特殊的多元古土壤剖面体系。2004年龚子同、张甘霖等从古土壤性状及其成土环境信息、人类文明以来的土壤变化过程入手，综合剖析了环境演变中土壤的响应与反馈机理。2014年张旭博、孙楠、徐明岗等发表了《全球气候变化下中国农田土壤碳库未来变化》，从气候变化、农作物生产能力、农田土壤碳平衡等角度，综合阐述了农田土壤碳库对缓解气候变化、保证粮食安全的重要作用。

2000年张甘霖、龚子同发表《城市土壤与环境保护》，明确指出在城市生态系统中，强烈的人为活动正在改变着土壤自然功能，并产生大量新成土；城市土壤的污染和破坏，造成生态环境的恶化，城市居民需增强有关土壤的环保意识。2001年卢瑛、龚子同等在进行土壤调查与采样分析的基础上，综合分析了南京城市土壤的pH、磷素含量及土壤特性，建立了南京城市土壤分类初稿，提出了城市土壤管护、城市生态保护的对策。2003年汪权方、陈百明、李家永等发表了《城市土壤研究进展与中国城市土壤生态保护研究》，综合分析了在城市化进程中，大规模的工程建设、大量废弃物的排放和频繁的交通运输等使城市土壤结构被破坏、土壤剖面层次混乱、土壤化学性质恶化、土壤生物多样性降低和土壤肥力衰竭，提出了管护城市土壤的对策，即应在样点城市内通过"城-郊-乡"生态样带来开展城市化土壤环境效应的定量研究，重点进行城市土壤基础信息数据库的构建和城市土壤的分类与制图；加强城市土壤环境修复技术和城市废弃物处理技术的研究及应用。2005年张甘霖发表了《城市土壤的生态服务功能演变与城市生态环境保护》，论文阐述了城市土壤的生态服务功能、城市土壤的退化及其生态环境效应和城市生态系统物质循环障碍的土壤症结。2006年龚子同等介绍了在香港特别行政区开展土壤发生与系统分类、性状与特征、空间分布与变异规律的研究状况，以及建立的香港土壤基础数据库、土壤图和土壤信息与服务系统的功能。2007年龚子同、张甘霖、陈志诚出版的《土壤发生与系统分类》（科学出版社，2007）中列有"城市土壤形成过程"一章，专门阐述城市土壤与工业土壤、城市土壤形成过程、城市土壤的人为特性。2012年赵烨出版了《土壤环境科学与工程》，其中专设"城市土壤及其防护工程"一章，详细阐述了城市土壤概念、功能与特征，城市的物质组成与性状特征，城市土壤的分类与利用等内容。上述城市土壤研究成果为和谐城市建设、优化城市生态系统、建设海绵城市奠定了必要的科学基础。

早在1916年《中华童子界》第23号"土壤之医士"中在采用消毒法来去除土壤

中的有害细菌时，就提出了"绝他的病根，叫土地依然恢复他健康的本体"。2003 年曹志洪发表《施肥与土壤健康质量——论施肥对环境的影响》，论文阐述了施用肥料（有机肥与无机肥）对土壤健康质量的影响，提出了保障土壤健康的思路。2004 年李天杰、赵烨、张科利等编著出版了《土壤地理学（第二版）》，阐明了土壤质量或土壤健康的概念、指标体系及其评价方法。2006 年李志博、骆永明、宋静等发表了《土壤环境质量指导值与标准研究 II . 污染土壤的健康风险评估》，论文阐述了污染物进入土壤后，经水、气、生物等介质传输，通过饮水、呼吸、饮食、皮肤吸收等途径引起人体暴露，对人群健康构成了威胁；并基于污染物的迁移传输规律、污染物的剂量-效应关系和人群生活方式，构建了准确定量风险评估方法。2008 年李强、陈志凡、赵烨等从保障城郊农用地产能安全的角度，采用专家评分法对各类土壤健康指标建立了相应的评分函数图式及其阈值，构建了耕地土壤健康评价的指标体系与方法；还依据实地土壤调查采样分析资料，运用熵权模糊物元模型评价了上海市各区县农用地土壤健康状况及其空间分布。2012 年杨晓娟、王海燕等综合分析了森林土壤健康的概念、评价指标、评价方法，提出了强化森林土壤健康评价指标的标准化、综合化和应用化，以实现森林土壤的可持续发展。之后 2015 年联合国粮食及农业组织正式启动"国际土壤年"活动，其主题是"健康土壤带来健康生活"。2016 年朱保成、牛盾等倡议"实施健康土壤战略，夯实粮食安全基础"议案：一是建议国家加大耕地质量科研支持力度，开展不同区域耕地地力培肥、退化与污染耕地修复、农业面源污染防治技术研究；二是建议政府发起成立健康土壤基金，鼓励社会组织牵头，通过集成创新，以市场化、企业化的服务带动一家一户的健康土壤培育。

　　土壤作为人类生态系统食物链的首端，土壤遭受污染必将危害陆地生态系统安全和人群健康。1999 年骆永明综合阐述了金属污染土壤的植物吸取、植物稳定、植物挥发这三种植物修复技术国际研究与发展的态势，为推动我国在土壤生物修复方面的研究奠定了基础。2000 年孙铁珩等通过盆栽实验研究，阐明种植苜蓿草（*Medicago sativa*），促进了植物根际土壤环境的变化，能提高土壤中多环芳烃的降解能力。2000 年朱利中阐述了土壤及地下水污染的修复技术主要有化学修复、生物修复及化学与生物相结合的修复。2002 年陈同斌等通过野外调查和栽培实验，在中国境内发现砷超富集植物——蜈蚣草（*Pteris vittata L.*），其对土壤中的砷具有很强的富集能力，砷在蜈蚣草体内呈现羽叶＞叶柄＞根系的分布特征，使蜈蚣草在修复被砷污染土壤方面具有良好的应用前景。2006 年李培军、孙铁珩等综合分析了我国土壤污染的突出特点及其危害，回顾了污染土壤从清洁技术研究到物理、化学和生物修复研究的历程，提出了污染土壤修复的实质和系统技术方法。2007 年林玉锁综合分析了我国土壤污染的特点和土壤环境管理状况，提出了开展全国土壤污染状况调查，加快建立健全我国土壤污染防治体系，开展土壤污染修复与综合治理试点示范，加强土壤环境保护的宣传与国际合作等土壤污染防治的对策措施。2008 年苏绍玮、陈尊贤等通过土壤调查与采样分析，综合阐述了台北市北投区阴渡平原农田土壤中砷含量及其存在形态，指出了土壤中砷的主要来源。2008年赵烨等在开展田间调查与盆栽实验研究的基础上，综合分析了全球广泛种植的非食源性经济作物——陆地棉（*G. hirsutum L.*）对土壤中重金属元素的忍耐性和吸附性，提出了通过改变农作物种植结构，即通过种植陆地棉修复被重金属污染土壤的新思路。2012年赵烨等在《土壤环境科学与工程》中，从土壤发生学角度阐述了被污染耕地土壤修复的主要原则：确保农业土壤的生物多样性及其活性不受损坏；确保农业土壤正常物质组分、结构和物理化学性状的稳定性；有效控制农业土壤中的重金属元素随地表径流或地下径流进入水环境系统，以防水体污染的发生；对于农业土壤重金属污染的生物修复必须采用非食源性生物（或永不作为食源性物质使用）修复，防止土壤中的重金属元素随修复植物体进入生态系统的食物链并对人群健康构成潜在性危害。《土壤环境科学与工程》中提出了被污染土壤修复的主要机理：一是将局部过度聚集的污染物通过适当的途径扩散到广阔的环境之中（环境要素中污染物含量均在其高端阈值之下）；二是通过各种物理化学手段固化、钝化或净化土壤中的污染物，或者使土壤中重金属元素的生物有效性、毒性、移动性降低以减轻其对农作物的危害；三是通过种植非食源性经济作物萃取土壤中的重金属元素，其核心是筛选和培育对重（类）金属元素具有超累积型植物。与此同时，赵烨等对中国京津冀接壤区和广东省部分农田土壤-农作物进行了系统调查采样，在野外调查观测和室内盆栽试验的基础上，研究了土壤-植物系统中重金属迁移转化的规律，研发了从土壤中萃取重金属离子的方法及其装置——土壤中重金属离子萃取胶囊。2016年5月28日，国务院印发了《土壤污染防治行动计划》，对今后一个时期我国土壤污染防治工作做出了全面战略部署，也为新世纪中国土壤地理学研究指明了发展方向：一是基于土壤地理调查与土壤环境监测，开展土壤污染状况详查工作，查明农用地土壤污染的面积、分布及其对农产品质量的影响，掌握重点行业企业用地中的污染地块分布及其环境风险情况，摸清土壤污染家底。二是在强化土壤地理学特别是土壤发生学理论的基础上，通过制修订土壤污染防治相关法律法规、部门规章、标准体系等，使土壤污染防治法律法规标准体系基本建立健全。三是运用土壤地理学综合比较研究法，通过开展土壤污染治理与修复试点示范，在土壤污染源头预防、风险管控、治理与修复、监管能力建设等方面探索土壤污染综合防治模式，逐步建立我国土壤污染防治技术体系。四是在强化土壤地理学教育培训的基础上，通过规范土壤污染治理与修复从业单位和人员管理，明确治理与修复责任主体，实行土壤污染治理与修复终身责任制，充分发挥市场作用等措施，推动土壤污染治理与修复产业发展；通过明确各方责任，采取信息公开、宣传教育等措施，形成政府主导、企业担责、公众参与、社会监督的土壤污染防治体系。

第 3 章

耕地质量评价概论

3.1 耕地质量的概念

自 2009 年国土资源部颁布全国统一可比的农用地（耕地）分等成果以来，耕地质量及其粮食综合能力、耕地土壤重金属污染等议题备受社会各界的关注，国土资源部于 2010 年开始创建了包含全国约 6200 万块耕地的质量等级信息系统，为实施耕地面积数量与质量等级并重管理奠定了必要的基础。在回顾耕地质量等级评定工作经验和原国土资源部相关科研工作实践的基础上，综合分析了耕地质量概念，依据《农用地质量分等规程》（GB/T 28407—2012），研发了便携式县级耕地质量等级监测评定技术装备，并进行了应用示范，以期服务于基层耕地质量管理工作。

《辞海》中耕地是指能够种植农作物、经常进行耕锄的田地。根据《土地利用现状分类》（GB/T 21010—2017），耕地是指种植农作物的土地，包括熟地，新开发、复垦、整理地，休闲地（含轮歇地、休耕地）；以种植农作物（含蔬菜）为主，间有零星果树、桑树或其他树木的土地；平均每年能保证收获一季的已垦滩地和海涂。耕地质量属于一个大概念，尚无统一的定义，随着社会经济与科技的发展，人类对耕地质量的认识也日趋完善。耕地作为人类赖以生存的基本资源，从耕地在人类社会-生态系统中的功能来看，耕地质量应包括：①由耕地适宜性、土壤肥力和人类经营管理所决定的耕地生产能力；②由耕地的区位、社会经济条件所决定的耕地经济价值和社会功能（提供劳动就业等）；③由耕地物质循环过程、人类利用-投入产出等所确定的耕地健康状况（如耕地培肥、耕地遭受退化、耕地被污染以及相联系的环境问题）。由于耕地上述三方面功能具有相对独立性、不可替代性、复杂性与时空多变性，因此形成了耕地质量的多层次体系。由于人类认识的滞后性，当今国内外均十分关注耕地生产能力、耕地经济价值等耕地质量问题，并创建了耕地生产能力的多种评价方法，如联合国粮食及农业组织的农业生态区法（Agricultural Ecology Zone，AEZ）、美国农业部的固有土地质量评价（Inherent Land Quality Assessment）、原国土资源部的《农用地质量分等规程》（GB/T 28407—2012)和原农业部的《全国耕地类型区、耕地地力等级划分》（NY/T 309—1996)，其中《农用地质量分等规程》（GB/T 28407—2012）首次创建了涵盖七大自然地理带耕地生产能力的统一可比的等级体系，为从大尺度方面管控耕地质量奠定了科学基础，备受学术界关注。我国目前实行的占用耕地补偿制度也是关注耕地经济价值与社会功能的重要体现。

随着社会经济的发展，耕地健康状况（如区域大气-水体-土壤污染、耕地土壤板结-侵蚀-风蚀沙化-盐碱化、生态退化等）和耕地在区域环境之中的生态服务功能（物质循环与转化、温度-湿度调节、景观美化等）已成为近期及未来世界各国政府和学术界关注的热点。

3.2 国际土壤质量与耕地质量剖析

3.2.1 土壤与土地

土壤是地球陆地表面（包括海、湖浅水区底部）具有肥力、能够生长植物的疏松层。自然界的土壤是一个时间上处于动态、空间上垂直和水平方向上各异的三维连续体，其垂直厚度从几厘米至 300cm 不等。土壤是一个复杂的物质与能量系统，它是由固体物质（包括矿物质、有机质、活性有机体）、液体（水分和溶液）、气体（空气）等多相物质和多土层结构组成的复杂并具有"活性"的物质与结构系统。它不仅是自然环境的基本组成要素，还是人类社会生存发展的基本自然资源；土壤处于地圈与生物圈、智慧圈相互作用的枢纽环节，是人类劳动的对象和社会活动的场所。1972 年，欧洲理事会颁布了《欧洲土壤宪章》（The European Charter on Soil），其核心内容是：土壤是人类宝贵的财产之一，是维持植物、动物和人类在地球表面生活的物质基础；土壤是一种有限的且极易被破坏的资源；现代工业化社会之中的农业生产、工业生产、生态建设和其他行业均需要利用土壤，故区域规划政策必须考虑土壤性质及其对当前和未来社会的需求。

土地是地球陆地表面特定地段，由气候、生物群落、土壤、地貌、地质水文及人类活动结果等要素所组成的，内部存在大量物质、能量、信息交换流通，空间连续，性质随时间不断变化的一个自然和社会经济综合体。需要指出的是，一些土地，如沙漠和冰雪覆盖的土地（区）并不包含土壤，只有在有土壤的区域，才能有丰富的生物群落，如森林、灌丛、草地、苔原或农田；在许多地区的自然植被已经被人类去除或损坏，利用土壤种植农作物或其他用途（包括城市建设、工矿建设和交通建设），并使某些地区的土壤裸露并遭受降水或风力的侵蚀。这就需要人类采取必要的土地利用管理措施、工程技术与生物学措施对土壤加以有效地保护。

土壤并非是土地，但土壤是土地的核心组成要素。整个地球上陆地/土地总面积估算为 1.3058 亿 km^2，包括基岩裸露地、荒漠、冰雪覆盖地及有土壤覆盖的土地；约有 3850 万 km^2 或者约占全球无冰区总面积 29.45% 的土地因极端干旱而不适宜人类定居（Beinroth et al.，1994）；约有 2020 万 km^2 或者 15.46% 的土地位于寒冷的苔原地带，不适宜进行正常的农业生产；还有其他制约性因素降低了土地对农业生产的适宜性，如地球表面约有 2.40%（约 311 万 km^2）的陆地/土地遭受盐碱化的威胁，约有 14.10%（约 1842 万 km^2）的陆地/土地遭受酸化的威胁（Eswaran et al.，2003）。只有不足 4965 万 km^2 的土地基本适宜农耕、放牧、造林、营造湿地或自然公园，以及人类定居和建设使用。

根据荷兰瓦赫宁恩大学 Buringh 教授 1989 年的调查研究资料，全球陆地总面积只有 11%～12% 的土地是比较适宜农业生产的，24% 的土地被作为草场供畜牧业利用，约31%的土地被森林及灌丛占据，另有约33%的土地因太多的制约性因素而难以利用。需要特别指出的是，并非所有的农用地土壤都是肥沃的、生产性能强的，一些农用地土壤原本就不具有生产能力，有的是干旱土壤或盐碱土，有的是极端干旱的砂质土壤，有的是在大部分生长期内经常处于湿渍状态的沼泽化土壤，还有的土壤因人类排放的持久性污染物在局部土壤聚集致使其良性生产功能丧失。现代先进的水分调控管理技术（如节水型灌溉或排水设施）、土地整治技术（盐碱治理与被污染土壤的修复技术）等则能够消除或者弱化这些障碍性因素对土地生产性能的制约程度。但是某些坡地土壤、沙地土壤，保持养分、水分能力低下的土壤的开发利用需要特别技术措施，否则可能面临土壤退化的风险，如在许多干旱、半干旱地区实施大水漫灌可以激发土壤的生产能力，但这些土地利用措施也可能导致淡水资源紧缺与土壤的次生盐碱化，被认为是非持续性的土地利用方式。

3.2.2 土壤持续管理的法则

在借鉴国际相关研究成果的基础上，依据土壤地理发生学、土地科学、环境科学、生态科学相关理论，集成为"可持续利用土地／土壤资源的十大定律"（Ten Laws of Sustainable Soil Management），基本要义汇总如下。

1）土壤资源的非均一性。在地理区域与生物群落地带内土壤资源的分布是不均匀的，即土壤资源及其组成与性状具有空间上的非均一性，这不仅包括土壤空间分布的地带性与非地带性，还包括在土壤剖面之中物质组成与性状的差异性。

2）土壤的有限缓冲性和脆弱性。土地的滥用与不良的土壤管理措施极易导致大多数土壤资源的退化，即土壤资源的脆弱性。依据土壤发生学原理，土壤属于复杂多变的开放系统，土壤与成土环境之间时刻不停地进行着物质、能量的迁移与转化，这使土壤具有一定的缓冲性能，在稳定的自然条件下土壤不会出现退化现象，但是在人类的直接与间接作用下，土壤与成土环境、人类社会系统之间的物质能量过程发生变异，导致土壤缓冲性能的衰竭，并使土壤物质过度流失及理化性状恶化的加剧，这不仅加速了土壤的退化过程，还引起了区域生态破坏和环境污染。

3）土壤管理措施的精明性。精明的土壤（如原位或异位）管理方式通过消除或抑制其退化过程，以提升土壤质量，保持土壤生产潜力的长久不衰；而粗放的土壤利用方式则是激发其退化过程，导致土壤加速侵蚀和土壤质量加速降低，如不加区分和过度耕作、灌溉、施用化肥与农药，会加剧土壤退化与区域环境质量的恶化。

4）土壤退化的敏感性。土壤对退化速率的敏感性在一般情况下是随着年平均气温的升高而降低，平均年降水量减少而增强的，因此在所有其他因素保持不变的情况下，在炎热、干旱气候区的土壤比在凉爽、潮湿气候区的土壤更容易退化和荒漠化。

5）土壤对温室气体的调控性。精明的土地利用与土壤管理措施，可加速土壤腐殖质化并使土壤可能成为大气中的温室气体如 CO_2、CH_4 和 N_2O 等的汇，增加土壤碳储量；而粗放的土地利用措施，常可导致土壤水侵蚀、风蚀沙化的加剧，使土壤成为温室气体的释放源，减少土壤碳储量。

6）土壤资源的不可再生性。从地球表层系统中物质能量迁移转化过程和土壤发生学角度来看，土壤属于地球陆地表面可以再生的自然资源，但这种再生的速率是较为缓慢的，在暖温带湿润条件下依靠自然成土过程形成一个典型棕壤（淋溶土）剖面，需持续的时间在 1000 年以上，人类经济社会的发展不能依靠这种缓慢的自然成土过程再造新的土壤，因此从人类利用角度来看，土壤属于不可再生的自然资源。

7）土壤资源的自我恢复性能。土壤对外域自然过程和人为扰动影响具有一定的恢复能力，土壤的这种恢复能力一方面取决于土壤之中的物理、化学与生物学过程，这是土壤恢复能力的内因，只有在最佳土壤物理性质及其动态变化存在时，良好的化学过程和生物过程才能增强土壤的应变能力与恢复能力；另一方面取决于外域自然过程与人为扰动的方式、强度与持续的时间，这些也对土壤恢复能力具有重要影响。

8）土壤有机质／腐殖质的相对稳定性。土壤有机质／腐殖质的恢复速率极为缓慢，但其在粗放利用措施作用下被消耗的速度往往很快。在一般情况下，土壤中有机质／腐殖质恢复过程及其效果在百年时间尺度才可显现；而土壤中有机质／腐殖质被流失或被消耗的效果在几年至十几年间就可显现。

9）土壤的结构性。土壤颗粒（包括团聚体）的排列与组合形式即土壤结构，它与土体中大孔隙、中孔隙和微孔隙的稳定性与延续性密切相关，这些多样的土壤孔隙之中存在复杂的物理过程、化学过程和生物学过程，这是土壤生命支持功能的本质所在，精明或持续性的土地利用措施能够增强土壤孔隙及其土壤过程的稳定性和延续性。

10）土壤资源的持续有效性。具有农、林、牧业生产性能的土壤类型，即土壤资源是人类生活和生产最基本、最广泛、最重要、不可替代的自然资源。作为农业生态系统的重要基质与物质能量转换的枢纽，通过持续性的土壤管理措施优化土壤质量，提高周年内单位面积土壤之中无机物与有机质之间相互良性转化的通量，这是维持农业生态系统净初级生产能力提升的关键，也是提升土壤生态系统服务功能，如土壤碳储量，调控与优化地表水资源数量与水质，缓解区域近地层大气的温度与湿度变化的幅度，增加生物多样性的基础性保障措施。

3.2.3　土壤质量与土地质量

在土壤科学调查研究与土地资源管理领域为了避免混淆，我们不仅要厘清土壤与土地的概念及其相互关系，还要了解土壤肥力、土壤生产能力、土壤健康、土壤质量与土地质量之间的相互关系。

1）土壤肥力（soil fertility）。土壤肥力是衡量土壤能够提供植物生长所需各种养分与协调植物生长条件的能力。植物在生长发育过程中需要从土壤中吸取大量的水溶态的营养元素和矿质元素，如C、H、O、N、P、K、S、Mg、Ca、Fe、Cl、Mn、Zn、B、Cu、Mo、As、Se、Si、Cr、Co、F、Ni等元素，这些元素都是维持植物生命活动和正常生长发育所必需的，除了C、O和H主要来自土壤-水体-大气系统之外，其他元素都来自土壤、成土母质及地下水。已知在地壳及土壤中有90多种元素，但它们质量分数相差很大，其中O、Si、Al、Fe、Ca、K、Na、Mg 8种元素占98%左右，其他元素总共不到2%，它们的质量分数在$10^{-9} \sim 10^{-6}$，称为微量元素。这90多种元素几乎都在植物体中发现过，但并不是所有的元素都是植物生活所必需的，只有其中一些元素为植物生活所必需，包括需要量大的N、P、K、S、Ca、Mg、Fe等大量元素，以及需要量小的Mn、Zn、Cu、Mo、B、Cl、Se等微量元素；另外还有许多化学元素是生物生长发育所非必需的，如Cd、Hg、Pb、Tl等，它们常会对生物产生各种毒害作用，有关化学元素周期表中各个元素对生物的作用至今尚未完全确定。土壤还可为植物生长发育协调根际的温度、湿度、通气状况、pH、Eh等基本条件。

李比希（Liebig）最小因子定律：如果土壤中含有的任何一个或多个营养物质（有效态）的量不足够时，即低于植物最小需求量时，植物的生长和繁殖将受到限制。如果土壤具有充足营养元素，那么土壤对植物生长发育程度的影响，还受控于土壤的理化性状，如植物根际的温度、湿度、通气状况、pH与Eh状况。植物的生长、发育和繁殖取决于处在最少量的必需物质，即一种植物必须有不可缺少的物质提供其生长和繁殖，这些基本的必需物质随植物种类的不同而异。当植物所能利用的量接近于所需的最低量时，就会对植物生长和繁殖起限制作用，成为限制因子。针对肥沃的土壤，如果利用措施不适当，肥沃土壤上生长的农作物产量可能是较低的。因此，肥沃土壤可能会或可能不会具有较高的生产能力，这取决于其他土地属性和土壤管理，精明的土壤管理措施也可能会使贫瘠土壤的肥力与生产力得以提升。

2）土壤生产能力（soil productivity）。土壤生产能力是指在标准规定的管理条件下，周年内单位面积土壤上生产的初级生物量或经济生物量（如谷物、蔬菜、木材、纤维或其他产品——树脂、蔗糖、中草药、油料等）。通过施肥等耕作措施也可提升贫瘠土壤的生产能力，如通过适度的引水灌溉可将原来贫瘠的干旱土改造成为高产稳产的绿洲土壤；另外特定的土壤对不同的农作物具有不同的适宜性，如滞水的沼泽土适宜种植水稻，而不适于种植马铃薯等，但通过排水并改造，这些土壤也会适宜种植马铃薯、小麦等作物。

3）土壤健康（soil health）。土壤健康是指土壤具有维持生态系统生产力和动植物健康而不发生土壤退化、区域生态破坏、环境质量恶化的能力。其具体包括三个方面：①土壤维持陆地生态系统的生产能力的功能；②土壤保持周围空气、水环境质量及调节环境变化（调节温室气体、区域气温、湿度及地表水循环过程）等方面的功能；③土壤促进植物、动物和人类健康及保护生物多样性等方面的功能。土壤健康概念一般为农学家、生产者及大众媒体所采用，它强调土壤的生产性能，即健康的土壤能够持续生产出品质优良、数量丰富的农产品（李天杰等，2004；赵烨，2012）。联合国粮食及农业组织和国际土壤科学联合会将 2015 年设定为"国际土壤年"，其议题之一是"健康的世界需要健康的土壤"（The Needs of Healthy Soils for a Healthy World），以使国际社会重视土壤这一不可更新的基础性资源，重视其在维持植物和动物的生产力、世界粮食安全和保持生物多样性，保持环境质量并支持人类健康生活和居住等方面的功能。

4）土壤质量（soil quality）。土壤质量是指在自然或人为调控的生态系统中，土壤具有维持植物和动物的生产力，保持或提高水和空气质量，支持人类健康的生活和居住的能力。自 20 世纪 90 年代以来，随着地球表层系统的兴起，人们对土壤的认识不再仅局限于农业生产方面，土壤也是人类生存环境系统的重要组成部分，土壤质量 / 土壤健康不仅对农作物生产有影响，而且对水体质量、大气质量、环境质量及人类食品安全均有重要影响。土壤质量等同于土壤健康，而环境学家、土壤学家更偏向于运用土壤质量的概念来替代土壤健康，以唤起人们对土壤质量的重视与关注（李天杰等，2004；Wang，2015）。

5）土地质量（land quality）。土地是指地表某一地段包括由气候、生物群落、土壤、地貌、地质水文、人类劳动凝结物等所组成的历史自然综合体，土地质量是指土地所具有的维持农业可持续生产的功能，以及土地响应可持续的土地利用与管理措施的难易程度。美国农业部自然资源保护中心的土壤学专家 Eswaran 等（2000）综合分析了全球土壤质量状况，并提出了土壤弹性（soil resilience，SR）（恢复能力）和土壤生产性能（soil performance，SP）的指标，前者是指利用管理不善导致已退化的土地恢复到其原有生产水平状态的能力，即低弹性的土地一旦受损将长久处于退化状态；后者是指在中等的保护技术、肥料、病虫害、疾病控制等的水平下，土地所具有的生产能力。其基于以下假设条件：①该土地质量分类侧重于土壤可以持续性粮食作物生产的固有能力，而不包括对湿地、寒冷苔原、荒漠等脆弱生态系统区的土地质量的评价；②重视与土壤、气候条件密切相关的土地粮食生产性能及土地对利用管理措施的响应，在土地质量评价过程中暂未考虑灌溉与农作物种类的影响；③土地利用管理措施是影响土地生产力的重要因素，因此该土地质量评价依据联合国粮食及农业组织 1976年所定义的投入水平条件下评估土地固有的质量等级；④由于缺少一些可测量性的土壤恢复力或弹性指标，对土壤恢复力等级的评估属于经验性评估；⑤该土地质量重点考虑了环境整体性、农业利用和环境管理之间的合理平衡性，并预估了其潜在的风险幅度。全球土壤的弹性与生产性能分为低等、中等和高等，即 SR1、SR2、SR3 和 SP1、SP2、SP3，它们组合形成了全球土地九个质量等级（在这里土地和土壤同义），如表 3-1 和图 3-1 所示。

表 3-1　全球土地质量等级

等级	SP 与 SR	土地主要属性
一等	SP1 与 SR1	土地肥沃、土壤生产力高且少有限制性因素；水分和温度条件完全满足一年生作物生长发育需求；土地利用与管理包括适当的保护措施以减少侵蚀，适当施肥和使用可用的植物材料。可持续粮食作物生产的风险通常小于 20%
二等	SP1 与 SR2	土地生产力较高，土壤较好但有少量持续生产的问题，在粗放的粮食生产过程中有较大的土壤侵蚀风险；保护性耕作、缓冲带和适当的施肥都是需要的。可持续粮食作物生产的风险一般为 20%～40%，但适当的保护措施可以减少其风险
三等	SP2 与 SR1	
四等	SP1 与 SR3	土地生产力中等，其土壤对粮食生产的适宜性较差且需要保护性措施；因土壤中养分不足需适当施肥，土壤退化需连续监测；这些土地可被规划放置在国家公园或生物多样性区外围。在半干旱区应退耕还牧，可持续粮食作物生产的风险一般为 40%～60%
五等	SP2 与 SR2	
六等	SP3 与 SR1	
七等	SP2 与 SR3	土地基本不适宜粗放型农业，只有在特殊情况下其土壤可只用于粮食生产，且极易引起土地退化，应实施退耕还牧还草，局部土地可用于生态旅游用途；应强化生物多样性管护。可持续粮食作物生产的风险一般为 60%～80%
八等	SP3 与 SR2	土地属于极脆弱的生态区的边际耕地，应尽量保持其自然状态；在具有严密控制措施的条件下局部地区可用于生态旅游与观光，可持续粮食作物生产的风险大于 80%
九等	SP3 与 SR3	

资料来源：Eswaran et al., 2000。

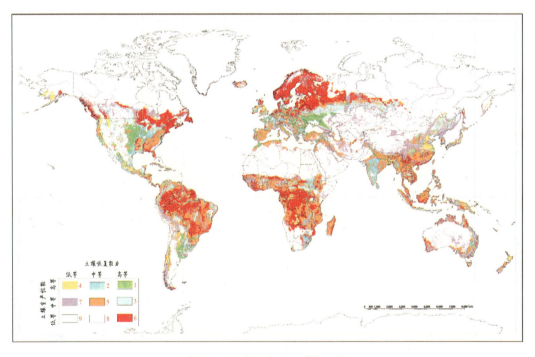

图 3-1　全球固有土地质量评价

固有土地质量一等地约占全球陆地面积的 3.1%，主要分布于美国、阿根廷、乌拉圭、巴西南部、欧洲大部、中国局部和南非局部地区；固有土地质量二等和三等地约占全球陆地面积的 12.6%，广泛分布于热带与温带地区，在半干旱区多为灌溉农业区；全球陆地大多数属于固有土地质量四等～六等地，集中分布于亚马孙湾沿岸、非洲中部、东南亚等地区，其总面积约为 3680 万 km^2，这些土地供养着全世界超过 50% 的人口；固有土地质量七等～九等地在一般情况属于不适宜农业生产的土地。

3.3　耕地质量评价的主要指标

由于耕地质量涉及物质生产、资产增值、社会保障、环境调节与生态服务等多层次的功能，其评价也涉及自然环境、社会经济与文化传统多方面的指标。依据《农用地质量分等规程》（GB/T 28407—2012），耕地质量等级评价的核心是耕地的持续性生产能力，即在保障不发生土地退化和环境污染的条件下，人们利用耕地获得粮食、纤维、油料等农产品的能力。具体耕地的持续性生产能力／质量等级，必然涉及与耕地-作物系统自然再生产和经济再生产过程密切相关的相对稳定的自然因素、耕地基础设施和社会经济因素的综合作用，即《农用地质量分等规程》（GB/T 28407—2012）列举的耕地质量等级评价主要指标，如表 3-2 所示。

表 3-2　耕地质量等级评价主要指标

因素类		具体因素	备注
自然因素	气候	月均气温与降水量、无霜期、耕作制度、作物播种和收获日期，计算得出的光温／气候生产潜力	国家统一计算认定
	地貌	地貌类型、海拔、坡度、坡向、坡型、地形部位	田间调查观测-资料分析获得
	土壤	土壤类型、耕作层有机质含量、pH、质地、有效土层厚度、盐碱状况、剖面构型、障碍层特征、土壤侵蚀及污染状况、保水供水状况、砾石含量等	
	水文	耕地灌溉水源类型（地表水、地下水）、水量、水质等	
耕地基础设施		灌溉条件（水源保证率、灌溉保证率）、排水条件、田间道路条件、田块大小、平整度及破碎程度等	田间调查观测
社会经济因素		耕地经营规模与水平、作物单产与总产、农业科技、农业投入产出状况等	田间调查

3.4　耕地质量评价的流程

土地质量是指土地维持生态系统生产力和动植物健康而不发生土壤退化及其他生态环境问题的能力，包括与人类需求有关的土壤、水及生物特性，关系到以生产、保护及环境管理为目的的土地环境条件。它是反映土地组成、性状优劣及其对特定土地利用方式适宜程度的综合评价。因此，在不同时期、不同社会经济条件下针对不同土地使用者而言，土地质量评价的内涵也是有差异的。联合国粮食及农业组织认为土地评价是当土地用于特定目的时，对土地组成与性状进行评估的过程，它包括按照可供选择的土地要求，在气候、土壤、植被和土地的其他方面进行基础调查和分析说明。

耕地质量等级则是围绕耕地-农作物生产能力这个核心，依据农作物生产力原理，并综合考虑耕地土壤发生学、土地生态学和土地经济学原理，系统地评价影响耕地-农作物自然再生产过程的光照、温度、水分、土壤、地形、地质水文等耕地的自然属性，以获得刻画耕地-农作物自然再生产能力的耕地自然质量等别；系统地评价影响耕地-农作物经济再生产过程的区位、基础设施、经营管理与相关科技水平等耕地的社会经济属性，以获得刻画耕地农作物经济再生产能力的耕地利用等别、经济等别，并实现了对耕地质量等级逐级多参数的修正，如图3-2所示。为了确保全国范围内耕地质量等级的统一可比性，原国土资源部组织专家组，综合计算全国各县主要农作物光温潜力值和气候生产潜力值，综合划定全国标准耕作制度分区，提出各分区影响耕地质量等级的重要指标，以及逐级评价的方法，并以国家标准《农用地质量分等规程》（GB/T 28407—2012）的方式指导各地开展耕地质量等级调查观测与评价工作。

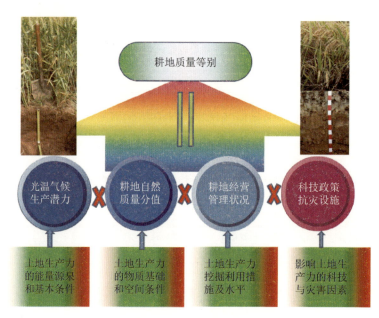

图 3-2　耕地质量等级影响因素示意图

各省市自治区组织地方相关专家，进一步细化标准耕作制度分区，确定耕作制度、熟制、基准作物与指定作物种类，查阅耕地指定作物 j 的光温-气候生产潜力 α_j，确定不同农作物之间的产量比系数 β_j，确定各区域影响耕地质量等级的重要指标赋值方法及其权重，测算耕地自然质量分 C_{Lij}、利用系数 K_{Lij} 和经济系数 K_{Cij}，并按照耕地类型（土地利用现状图斑 i）、国标进行各种类型耕地的质量等级主要指标调查观测与评价，具体流程如图 3-3 所示。

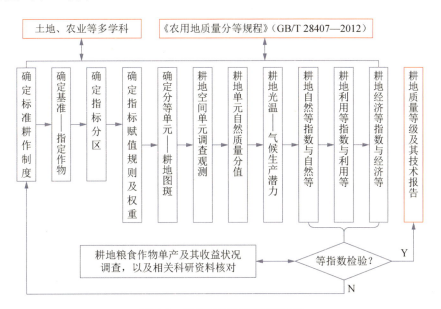

图 3-3　耕地质量等级评价流程

耕地地块 i 的自然等指数 R_i 为

$$R_{ij}=\alpha_{ij}\times C_{Lij}\times\beta_j$$
$$R_i=\Sigma R_{ij}（一年一熟、两熟、三熟）$$
$$R_i=\Sigma R_{ij}/2（两年三熟）$$

耕地地块 i 的利用等指数 Y_i 为

$$Y_{ij}=R_{ij}\times K_{Lij}$$
$$Y_i=\Sigma Y_{ij}（一年一熟、两熟、三熟）$$
$$Y_i=\Sigma Y_{ij}/2（两年三熟）$$

耕地地块 i 的经济等指数 G_{ij} 为

$$G_{ij}=Y_{ij}\times K_{Cij}$$
$$G_i=\Sigma G_{ij}（一年一熟、两熟、三熟）$$
$$G_i=\Sigma G_{ij}/2（两年三熟、两年五熟）$$

3.5　耕地质量评价的基本原理

与当今国内外已有相关土地质量评价，如联合国粮食及农业组织的农业生态区法、原农业部耕地地力等级《全国耕地类型区、耕地地力等级划分》（NY/T 309—1996）评定、美国农业部的固有土地质量评价相比较，原国土资源部耕地质量等级评价具有以下特征。

1）系统综合性原理。土地/耕地质量的构成因素众多，耕地质量等级评价在参考借鉴农业生态区法相关经验的基础上，按照土地/耕地–作物自然再生产与经济再生产过程中主要的且稳定的影响因素（包括自然因素，如气候、地貌、土壤、水文因素；耕地基础设施，如灌–排条件、田间道路、耕地平整度、破碎程度等；社会经济因素，如耕地经营规模与水平、作物单产与总产、农业科技、农业投入产出状况等）评价耕地质量等级。上述因素之间存在复杂多变的相互联系与相互影响，因此在评价土地/耕地质量时，采用综合、全面分析的方法，从作用–反馈–再作用的角度全面考察各种因素之间的关系及其对土地/耕地质量的影响。

2）李比希最小限制因子原理。在评价各种因素对作物生长/土地/耕地质量等级影响时，耕地质量等级评价、农业生态区法、美国固有土地质量评价、原农业部耕地地力等级评价，在评价指标的选择及其各指标权重的设定方面均考虑最小限制性因子对土地/耕地质量的限制性影响。耕地作为人类食物生产的物质重要来源地，在国际学术界普遍认为耕地及其土壤污染已不属于耕地质量高低的量化问题，而是耕地质量的质变问题，即凡是被污染的耕地及其土壤多被排除在耕地范畴之外，即耕地及其土壤污染的一票否决制。

3）统一可比性原理。土地/耕地质量等级评价的结果，是对所评价区域土地/耕地质量好坏程度的综合反映，应该具有可比性。原国土资源部耕地质量等级评价已经建立了统一的评价标准或指标体系，并以国家标准形式颁布和实施，国家级专家组指导调查观测评价，从而构建了全国范围统一可比的15级耕地质量等级体系及其相应耕地属性与质量信息数据库。

随着耕地面积数量、质量等级、生态健康一体化精细化管理的推进，依据耕地的诸多功能、国家相关政策和耕地质量等级评价成果，人们提出了30个便于调查观测、"又红又专"的耕地质量指标体系或者信息系统，其中"红"是指耕地–农产品品质与耕地环境质量优良，"专"是指耕地具有较高的粮食产能和较好的耕地利用效益。其综合性具体指标如表3-3所示。

表3-3　综合性耕地质量指标列表

耕地质量指标		调查诊断方法	原国土资源部耕地质量等级数据库
耕地大环境状况	所在区位	查阅地籍资料/GPS观测	有相关信息
	耕地类型	查阅地籍资料	有相关信息
	土壤类型	查阅专业资料/专家诊断	有相关信息
	地貌类型	查阅专业资料/专家诊断	有相关信息
	农业区划区或标准耕作制度分区	查阅专业资料/专家诊断	有相关信息
	粮食综合生产能力	查阅农调或统计资料	有相关信息

耕地质量指标		调查诊断方法	原国土资源部耕地质量等级数据库
耕地基础设施状况	耕地平整程度	现场调查观测	有相关信息
	灌溉排水设施	现场调查观测	有相关信息
	防护林网	现场调查观测	有相关信息
	农业机械装备	现场调查观测	有相关信息
	道路与电力设施	现场调查观测	有相关信息
土壤物理性状	土层厚度	专家现场观测	有相关信息
	土壤质地	专家现场观测 / 器测	有相关信息
	土壤孔隙度 / 紧实度	专家现场观测 / 器测	无
	土壤蒙氏颜色	专家现场调查观测	无
土壤化学性状	耕作层有机质含量	实验室化验分析	有相关信息
	土壤 pH	专家现场观测 / 器测	有相关信息
	阳离子代换量	实验室化验分析	无
	速效磷含量	实验室化验分析	无
	速效钾含量	实验室化验分析	无
土壤生物学性状	耕作层细菌生物量	实验室培养观测	无
	耕作层 C/N 比值	实验室化验分析	无
	蚯蚓活动状况	专家现场调查观测	无
	作物根系状况	专家现场调查观测	无
	作物生长状况	专家现场调查观测	无
耕地健康状况	耕地土壤中污染物含量 / 超背景值程度	专家采样实验室化验分析	无
	农作物品质	专家采样实验室化验分析	无
	地表水-地下水水质	专家采样实验室化验分析	无
	受水蚀或风蚀状况	专家调查观测	无
	盐碱化或酸化状况	专家调查观测 / 器测	无

注：阳离子代换量（cation exchange capacity，CEC）。

3.6　国家级耕地质量大数据的构建

随着全球及大区域耕地数量、质量、生态的集成化管护的推进，以及现代互联网及信息技术的飞速发展，以全球及大区域性高密度地理空间数据为特征的耕地质量数据储量迅猛增长，人类社会已步入大数据（big data）的时代，大数据的涌现不仅改变着人们的生活与工作方式、企业的运作模式，还引起社会管理、资源环境管理、科学研究模式的根本性方式。国务院 2015 年颁布的《促进大数据发展行动纲要》要求，将大数据作为提升政府治理能力的重要手段，以打造精准治理、多方协作的社会治理新模式。耕地作为人类社会赖以生存的基本资源和条件，耕地的面积数量、质量等级、生态健康状况及其空间分布格局与人类社会可持续发展密切相关。为此国土资源部 2016 年已经提出计划在"十三五"时期，汇聚整合土地（包括耕地及其质量信息）、不动产、地质矿产等各类数据，建立完善且内容全面、标准统一的国土资源大数据资源体系。在国际上，美国普渡大学 Pijanowski 等（2002）在研究土地转换模型的基础上，构建了美国国家尺度上土地利用数据高分辨率（30m×30m）的城市扩展模拟的大数据，并提供可视化未来选择情景帮助决策者优化相关城市规划方案。荷兰学者 Lokers 等（2016）综合研究了在农业环境科学领域大数据的理论框架及其运用途径。中国学者郭华东等（2014）运用现代地球观测技术提供了全球尺度的地表生物、物理与化学参数，这些具有大数据特征的数据对于研究气候变化具有重要的作用。随着新时代数据驱动的决策机制的到来，许多行业管理者跟踪大数据的浪潮，使大数据及其分析方法成为产业界、学术界、政府管理界、医疗卫生界实施管理的重要方法。本书结合耕地质量及其信息特征与大数据的理论框架，探讨了国家耕地质量大数据的构建方法。

3.6.1 大数据理论框架与土地质量的相关性

大数据作为一个初期的概念并无确切的起源，Tilly 于 1984 年最早提出了大数据术语，但他并未论述大数据现象，也未明确其概念，随后在 20 世纪 90 年代中期美国硅谷图形公司（Silicon Graphics Inc.，SGI）的餐桌交谈之中得到了应用。1996 年 SGI 刊登了一篇名为 *Big Data in Black Enterprise*（黑色企业中的大数据）的文稿；1998 年 SGI 首席科学家 John Mashey 在一个幻灯片中列举了 Big Data and the Next Wave of Infra Stress（大数据下一波超应力），这表示人们对大数据及其现象已有了清晰的认识。在此基础上，2015 年加拿大瑞尔森大学 Amir Gandomi 将大数据的概念汇总为：符合成本效益、具有增强洞察力和决策信息处理的创新形式的大容量、高速度和高储量的各种信息集合体；大数据是一个需用先进的技术体系捕获、存储、分发、管理和分析的大量高速、复杂和可变的数据集合。随后 2016 年西班牙学者与美国学者联合阐述大数据的 5V，即 volume（体量）、velocity（高速）、variety（多样性）、value（价值性）、veracity（准确性）及其组合特征，如图 3-4 所示。

从基础理论与监测方法上看，全球或国家耕地质量信息与大数据理论框架具有一致性：①体量巨大是大数据的基本特征，随着现代高新技术的发展，为适应全球或国家耕地面积数量、质量等级、生态健康状况的集成化与精细化管理需求，耕地质量监测的时空精度不断提高，监测耕地要素及其指标日益丰富。例如，程锋等（2014）研究指出，在全国耕地质量等级评定中，共调查了 1000 多万个单元、村级调查样点 600 多万个耕地质量信息。这些海量的全球或国家耕地质量信息已到达了大数据的体量与数据类型。②数据更新与产生的速度快也是大数据的重要特征，耕地作为人类社会生存与发展的基本资源，在社会经济快速发展的时代，实现了应用移动互联网、智能传感器和遥感技术获取、更新与应用耕地质量信息，并结合大数据促进耕地质量信息的实时分析与应用水平。③大数据的集合体具有显著的多样性与结构异质性，耕地作为特定地段各自然要素与人类社会劳动凝结形成的自然社会综合体，如中国农用地分等定级就包含耕地地块空间位置、经营权、耕地类型及其气候、土壤、地形、地质水文、农作物、耕地基础设施、耕地利用及其经济效益等多样性的耕地要素，其调查评价的参数也具有一定的结构异质性。④大数据集合体中的数据具有准确性，大数据集合体涉及时空多变性的复杂性，这就要求数据的获取、产生、储存、处理过程及其方法的准确性。耕地质量作为人类社会的基本资源，其质量信息准确性是保障土地利用与社会经济持续发展的重要条件，为此原国土资源部以《农用地质量分等规程》（GB/T 28407—2012）指导耕地质量等级调查评价，这就从根本上保障了耕地质量信息的准确性。⑤大数据与其信息体量相比，其信息的价值性相对较低，但通过处理-分析-应用这些信息可获得显著的经济效益和社会效益，这就是大数据所具有的公益性特征，也与全球或国家耕地质量信息的特征相一致。由此可见，探索构建国家耕地质量大数据也是贯彻落实 2016 年国土资源部《关于促进国土资源大数据应用发展的实施意见》的重要内容。

图 3-4 大数据理论框架示意图

（资料来源：Gil and Song，2016。）

3.6.2 耕地质量大数据的构建

耕地属于土地的一种类型，只有了解土地概念才可准确地把握耕地质量。从地理科学角度来看，土地是地球陆地表面特定地段由相互联系的自然环境要素以及人类劳动凝结物所组成的历史-自然综合体；联合国粮食及农业组织1976年制定的《土地评价纲要》中对土地的定义是：土地由影响土地利用潜力的自然因素所组成，包括气候、地形、土壤、水文和植被等，还包括人类过去和现在活动的结果。在综合众多专家研究成果的基础上，土地质量可归结为：在持续性土地利用措施（无土壤退化、无相关环境污染、无动植物健康受损风险的条件）下土地所呈现的生产能力。与土地质量相关的研究大致可归结为以下阶段：20世纪70年代之前的土地适宜性调查与评价研究、20世纪70～90年代末期的土地生产（潜）力调查与评价研究、21世纪初以来的土地质量或健康诊断与评价研究。在1999年国土资源部启动实施的全国耕地质量等级调查与评定过程中，采用依据作物生产力原理来划分耕地质量等级，即根据影响作物生长发育的光照、温度、水分、土壤、地形等自然因素和人类利用状况综合评定耕地质量，因受相关监测资料与分析条件所限，中国耕地质量等级调查与评定着重从耕地生产能力角度评价耕地质量，尚未顾及农田土壤污染与水体污染对耕地质量的影响。

在综合借鉴国内外相关研究成果的基础上，依据大数据理论框架拟定出耕地质量大数据的框架，具体包括：①耕地组件结构信息集合体，这是耕地的固有属性（inherent properties），也是反映耕地质量的相对稳定的信息。这类信息是综合决定耕地适宜性、生产潜力、遭受物理性退化风险的重要条件。②耕地核心组件（水-土壤-作物）基因信息载体，这是耕地内涵的微观组分与诊断特性（microscopic compositions and diagnostic characteristics），也是反映耕地质量时空易变性的信息。这类信息是决定耕地健康状况、生产能力、耕地遭受化学退化风险的基本因素，如图3-5和表3-4所示。

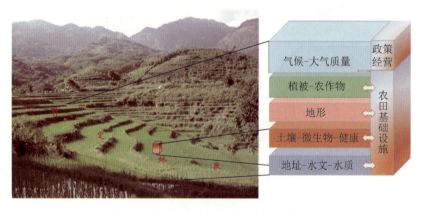

图3-5 耕地质量大数据的框架示意图

表 3-4 耕地质量大数据的具体内涵指标

耕地质量大数据框架组件			
组件结构信息集合体		核心组件的基因信息载体	
组件要素	信息获取方式	基因信息集合体	获取方式
地理区位组件	查阅地籍与观测	作物生产的品质	依据相关技术标准进行实地调查-观测-采样-化验分析
气候要素组件	查阅气候资料与专家推演	耕作层土壤养分状况	
地形要素组件	查阅地貌图、观测与专家推演	耕地土壤无机污染物含量及形态	
植被-农作物组件	查阅植被-农业区划与专家推演	耕地土壤持久性有机污染物含量	
土壤要素组件	查阅土壤图、调查与专家推演	耕地土壤生物多样性	
地质水文组件	查阅地质水文图与专家推演	耕地地下水及灌溉水水质状况	
基础设施组件	调查观测		
社会经济组件	统计资料查阅调查		

　　耕地组件结构信息集合体是从特定地段或田块尺度上剖析耕地的组件：①确定耕地所在时空特征的地理区位组件，包括耕地质量调查观测与采样的空间单元、耕地承包权属、空间密度及其时间频度，该组件与大数据的体量和速度相关；②驱动耕地生产力及物质循环形成的气候要素组件，包括光照、温度、降水、无霜期、生长期、日照时数、大气质量状况等；③耕地生产力形成的主体——植被-农作物组件，包括农作物、种植制度及其外围区自然植被类型等；④支配特定地段水分、热量、养分再分配的地形要素组件，包括地形类型、地表坡度、坡向、坡形及坡长等；⑤耕地生产力形成的枢纽——土壤要素组件，包括土壤类型、土层厚度、表土质地、有机质含量、土壤剖面构型、障碍层厚度等；⑥耕地的基础——地质水文组件，包括近地风化物类型、基岩或砾石露头度、地下水位及其水质等；⑦人类耕作改良耕地的劳动凝结物，包括平整土地、修建梯田、改良土壤、兴修水利灌溉设施、农田防护设施、农田电网及道路等；⑧区域政策、农业科技、耕作技术水平、耕地粮食产量与纯收益、市场及其农业生产规模等。耕地质量组件②～⑧与大数据的多样性和结构异质性密切相关。在实际耕地质量的组件结构信息调查观测过程中，应由土地科学、农学、土壤学、地理学、信息科学等多学科专家集体研究决定，以确保耕地质量大数据的准确性和价值的公益性。

　　耕地核心组件的基因信息载体是在特定地段或田块尺度上，通过布设调查-观测-采样-化验分析获得地中水体-土壤-作物系统的点位信息，这是应对实施耕地数量-质量-生态健康三位一体精细化管理的需求，是对耕地质量大数据多样性的拓展与延伸。其具体包括：①耕地生产食品-饲料品质，参阅相关食品/饲料品质标准进行实地调查、观测、采样与化验分析；②耕作层土壤养分及其水分、养分保持状况，如耕作层的孔隙度、土壤蒙氏颜色、全氮含量、速效磷含量、全钾含量、阳离子代换量、土壤

pH 和 Eh、盐基饱和度、全盐含量、碳酸钙含量，以及适量生物必需的微量元素，如 Se、Mo、B 等含量；③耕作层土壤无机污染物含量，生命非必需的元素，如 Cd、Hg、Pb、Sb、Tl，人工放射性核素 ^{137}Cs、^{131}I、^{90}Sr 等，生命必需元素 As、Co、Cr、Cu、F、Mn、Ni、Zn 含量；④耕作层土壤的持久性有机污染物含量，如抗生素、杀虫剂、多氯联苯、二噁英和呋喃，均能够持久地存在于土壤中，并且通过生物食物链累积，对人类健康造成有害影响的化学物质；⑤耕地层土壤的生物多样性状况，如土壤中蚯蚓、线虫、小型蚂蚁和甲虫的生长状况；耕地地下水及灌溉水水质状况，参阅农田灌溉水质标准《农田灌溉水质标准》（GB 5084—2005）进行实地调查、观测、采样与化验分析。

耕地质量大数据属于涉及多学科技术领域的复杂工程，这与耕地及其质量信息服务广泛的对象与领域相一致。依据耕地概念的内涵，构建了国家级耕地质量大数据，包括田块尺度上耕地自然要素、社会经济要素及其固有属性为主体的耕地组件结构信息集合体，以及以耕地核心要素水体-土壤-作物组分及其诊断属性为核心的组件基因信息载体。国家级耕地质量大数据具有大数据的 5V 特性，故国家或区域耕地质量大数据构建中需要多学科理论指导与多种技术的集成应用，并运用规范性标准化的调查-观察-采样-化验分析获取耕地质量信息。国家级耕地质量大数据包含众多信息，唯有根据特定的耕地管理与研究主题，通过科学有效的方法选择并应用其中关键性的信息子集，才能有效地挖掘耕地质量大数据中所蕴藏的巨大价值。

第 4 章

中国耕地质量指标及其空间分异规律

4.1 影响耕地质量的气候因素及其空间分异

4.1.1 气候因素与光温／气候生产潜力

大气及气候条件是耕地-农作物自然再生产的物质能量源泉和必要条件，耕地-农作物系统与大气之间经常进行水分、气体和热量的交换。气候直接影响耕地及其土壤的水热状况，影响耕地土壤中矿物质、有机质及营养物质的迁移转化过程，并决定母岩风化与耕作层土壤发育的方向和强度。在气候因素中，辐射量、日照时数、气温、降水量、无霜期、风速等均是确定耕地质量等级评价的基本指标，它们是确定耕作制度与熟制、基准农作物种类、耕地光温／气候生产潜力的重要依据。

光温生产潜力是指在一定的光照与温度条件下，其他环境因素（水分、二氧化碳、养分等）和作物群体因素均处于最适宜状态，作物利用当地的光、温资源的潜在生产力；气候生产潜力则是在农作物光温生产潜力基础上，考虑降水限制作用后农作物可能达到的产量。2014 年邱维理等系统地研究了国内外作物生产潜力模型，基于全国各县 1961～1990 年 30 年整编地面气候资料，包括日照百分率、气温、水汽压、降水量、风速等的各月平均值，构建了适宜于全国农用地分等从总太阳辐射到光合生产潜力，再到光温生产潜力与气候生产潜力指数的模型。

1）太阳辐射能。它是维持耕地-作物系统的基本能量，作物生长季内各月总辐射量 Q_i [单位为 4.187J/（$cm^2 \cdot$ 月）] 为

$$Q_i = 59Q_{Ai}D_i(a+bS_i) \qquad (4-1)$$

$$Q = \sum_{i=1}^{n} Q_i \qquad (4-2)$$

式中，Q_{Ai} 为生长季内第 i 月平均大气上界日辐射量（用当量蒸发值表示，单位 mm/d，1mm 当量蒸发相当于 59×4.186J/cm^2）；D_i 为生长季内各月实际天数；a、b 为因地区而异的辐射回归系数（如华南地区 a=0.130、b=0.625，华中／西南地区 a=0.205、b=0.475，华北／东北地区 a=0.105、b=0.708，西北地区 a=0.344、b=0.390）；S_i 为 i 月平均日照百分率；i=1，2，3，…，n，为农作物生长季内的各月；Q 为农作物生长季总辐射量。

2）光合生产潜力。光合生产潜力是指在环境因子、作物因子，以及农业技术措施均处于最佳状态时，由作物群体光合效率所决定的单位面积生物学产量。农作物生长季内各月光合生产速率和农作物生长季光合生产潜力分别为 Y_{pi} 和 Y_p，即

$$Y_{pi} = (EQ)/[h(1-C_A)] \qquad (4-3)$$

$$Y_p = C_H \sum_{i=1}^{n} Y_{pi} \qquad (4-4)$$

式中，E 为理论光能利用率（一般为 6.0%～8.0%）；Q_i 为生长季内第 i 月平均大气上

界日辐射量；h 为每形成 1g 农作物干物质所需的热量（取值范围在 4000 ～ 6874，其中小麦为 4064，水稻为 4127，玉米为 4240，大豆为 5148，其单位为 4.186 J/cm^2）；C_A 为农作物灰分含量（取值 0.08）；C_H 为农作物收获指数校正系数（取值范围在 0.10 ～ 0.50，其中小麦为 0.37，水稻为 0.43，玉米为 0.44，大豆为 0.35）。

3）光温生产潜力。光温生产潜力是耕地质量等级评价的基本参数，农作物生长季内光温生产潜力 Y_{PT} 采用下列公式计算得出

$$Y_{PTi} = Y_{Pi} \times f(T_i) \tag{4-5}$$

$$f_{(T_i)} = \begin{cases} 0 & T < T_{min} \\ \dfrac{T - T_{min}}{a} & T_{min} < T < T_{s1} \\ 1 & T_{s1} < T < T_{s2} \\ \dfrac{T_{max} - T}{b} & T_{s2} < T < T_{max} \\ 0 & T > T_{max} \end{cases} \tag{4-6}$$

$$Y_{PT} = C_H \times \sum_{i=1}^{n} Y_{PTi} \tag{4-7}$$

式中，Y_{PTi} 为农作物生长季内各月光温生产潜力；T 为农作物生长季各月平均气温（℃）；$T_{s1} \sim T_{s2}$ 为农作物最适宜温度区间（℃），T_{min} 和 T_{max} 分别为农作物耐受的最低和最高温度（℃）；a 和 b 为因农作物种类而异的系数。

4）气候生产潜力。气候生产潜力是耕地质量等级评价的基本参数，农作物生长季内气候生产潜力 Y_C 采用下列公式计算得出

$$Y_{Ci} = Y_{PTi} \times f(W_i) \tag{4-8}$$

$f(W_i)$ 具体分两种情况计算。

非灌溉条件下：

$$f(W_i) = P_i / ET_{Mi}$$

灌溉条件下：

$$f(W_i) = \begin{cases} \dfrac{P_i + I_i}{ET_{Mi}} \\ C_{Ii} \end{cases}$$

$$Y_c = C_H \times \sum_{i=1}^{n} Y_{Ci} \tag{4-9}$$

式中，Y_{Ci} 为农作物生长季内各月气候生产潜力；$f(W_i)$ 为水分影响函数；P_i 和 I_i 分别为农作物生长季内各月降水量和灌溉水量（mm）；ET_{Mi} 为农作物生长季内各月最大蒸散量（mm），由 Penman 公式计算得出；C_{Ii} 为农作物生长季内各月完全灌溉面积占有效灌溉面积的比例（农田灌溉保证率）。

当计算的 $f(W_i)>1$ 时取值为 1 时，农作物生长不受水分限制，因此气候生产潜力等于光温生产潜力。

各县耕地光温生产潜力和气候生产潜力均是依据县气象站 1961～1990 年的平均气候资料计算获得的，具有显著的稳定性和可靠性，在基层耕地质量等级评价过程中可以查阅《农用地质量分等规程》（GB/T 28407—2012）获得其数值。

需要特别指出：耕地-农作物自然再生产过程属于一个持续时间较长且连续性的生理代谢过程，传统地依据耕地所在地多年平均气温、多年平均降水量，单纯从理论上测算耕地的气候生产潜力，其结果与耕地实际生产能力常有较大差异。例如，黑龙江省五常市与青海省玛沁县均位于湿润气候区，两地年均气温均在 3.5℃ 左右，但两地的耕地适宜性、农作物种植制度、农作物光温 / 气候生产潜力巨大。

黑龙江省五常市位于 44°04′～45°26′ N，126°33′～128°14′ E，海拔为 150～350m 的东北平原，其气候类型为温带大陆性季风性气候，多年平均气温为 3～4℃，多年 7 月平均气温为 23℃，多年 1 月平均气温为 -19.1℃，多年平均无霜期 130d 左右，多年平均降水量为 625mm；其土壤类型以黑土 / 均腐土为主。

青海省东南部的玛沁县位于 33°43′～35°16′ N、98°00′～100°56′ E，海拔 2900～4020m 的国家级“三江源”生态保护区。在玛沁县海拔 2900～3600m 的较宽阔平缓谷地，其气候类型为高原温带森林草原气候，多年平均气温 3.5℃，多年 7 月平均气温约为 12℃，多年 1 月平均气温约为 -10℃，多年平均无霜期不足 95d，多年平均降水量为 450mm；其地表水资源丰富，形成了大面积的沼泽，其土壤类型以沼泽土 / 有机土为主。

综上所述，造成黑龙江省五常市与青海省玛沁县耕地气候生产潜力巨大的主要原因有：五常市耕地的无霜期长、农作物生长期内气温高（7 月平均气温可达 23℃）、日照时间长（因所在地纬度高，农作物生长期内日均日照时数超过 14h）、农作物生长期内气温日较差较小，这些均是维持耕地-农作物自然再生产过程的有利因素；玛沁县耕地的无霜期短、农作物生长期内气温低（7 月平均气温仅为 12℃ 左右）、日照时间相对较短、气温日较差巨大（因所在地海拔高、相对高差大、山谷风大等），这些是影响耕地-农作物自然再生产过程的主要限制性因素。在玛沁县东南部宽旷的谷地中零星种植有小面积的青稞、春小麦、油菜籽等。

4.1.2 耕作制度分区与指定农作物

全国农业区划委员会 1987 年根据发展种植业的自然条件、社会经济条件、农作物结构-布局-种植制度，以及种植业发展方向与关键措施的一致性，将全国划分为 10 个种植业一级区和 32 个二级区，其 10 个种植业一级区及其特征如表 4-1 所示。

表 4-1 中国种植业一级区及其特征

种植业一级区	具体地域范围	主要特征
东北大豆-春麦-玉米-甜菜-水稻区	黑龙江和吉林全部地区、辽宁大部分地区、内蒙古东部边缘地区	夏季温和湿润，无霜期 100～160d，≥10℃积温 1500～3000℃，年均降水量 400～800mm
北部高原小杂粮甜菜区	内蒙古东部地区、辽宁西部地区、河北和陕西北部地区、山西大部分地区、甘肃、青海东部地区、宁夏南部地区	夏季温和多雨，无霜期 120～180d，≥10℃积温 2200～3800℃，年均降水量 400～700mm
黄淮海棉-麦-油-烟-果区	北京、天津、山东全部地区，河北、河南大部分地区，江苏、安徽、山西、陕西局部地区	热量光照充足，无霜期 170～220d，≥10℃积温 3400～4700℃，年均降水量 500～950mm
长江中下游稻-棉-油-茶区	上海、江苏、安徽、湖北大部分地区，浙江、江西、湖南北部地区	气候温和湿润，无霜期 210～280d，≥10℃积温 4500～5600℃，年均降水量 800～1600mm
南方丘陵双季稻-茶-柑橘区	湖南、江西、浙江、福建大部分地区，湖北、安徽南部地区，广东、广西北部地区	气候温和湿润，无霜期 235～340d，≥10℃积温 5300～6500℃，年均降水量 1300～2000mm
华南双季稻-热带作物-甘蔗区	台湾、海南、香港、澳门全部地区，福建、广东、广西、云南局部地区	终年暖热，无雪多雨，无霜期 320～365d，≥10℃积温 ≥6500℃，年均降水量 ≥1500mm
川陕盆地稻-玉米-薯类-柑橘-桑区	重庆全部地区，陕西、四川、湖北、河南、甘肃部分地区	热量丰富，降水充沛，无霜期 240～280d，≥10℃积温 4500～5500℃，年均降水量 800～1600mm
云贵高原稻-玉米-烟草区	贵州、云南大部分地区，湖南、广西、四川局部地区	温和多雨，有干湿季，无霜期 240～310d，≥10℃积温 4800～5800℃，年均降水量 900～1500mm
西北麦-棉-甜菜-葡萄区	新疆全部地区，甘肃、青海、内蒙古、宁夏局部地区	光热足而降水少，无霜期 120～240d，≥10℃积温 2400～3600℃，年均降水量不足 400mm（无灌溉，则无种植业）
青藏高原青稞-麦-油菜区	西藏全部地区，青海东部地区，四川、甘肃、云南局部地区	光照足，气温日较差大，无霜期 90～300d，≥10℃积温 500～5000℃，年均降水量 50～4200mm

在《农用地质量分等规程》（GB/T 28407—2012）中确定的基准作物指小麦、玉米、水稻三种主要粮食作物中的一种，这三种农作物是理论标准粮的折算基准。根据种植日期，本标准又将基准作物进一步区分为春小麦、冬小麦、春玉米、夏玉米、一季稻、早稻和晚稻七种，由省级土地行政主管部门负责从中选择一种，作为本行政区的基准作物。

4.1.3 各地农作物间产量比系数

为了确保耕地质量调查观测评价的统一可比性，《农用地质量分等规程》（GB/T 28407—2012）规定，产量比系数是以国家指定的基准作物为基础，按当地各种作物单位面积实际产量与基准作物实际产量之比，即将农作物单位面积产量换算成标准粮单位面积产量的折算比率，现将全国 31 个省（市、自治区）（不含港澳台地区）的农作物间产量比系数汇总，如表 4-2 所示。

表 4-2 全国农作物间产量比系数汇总表

省（市、自治区）	基准作物	产量比系数
北京	小麦	玉米（平原）0.73、玉米（山区）0.77
天津	小麦	玉米 0.81、水稻 0.87
河北	小麦	春小麦 1.30、春玉米 0.54、夏玉米 0.70、甘薯 1.41、水稻 0.64、莜麦 1.75
山东	小麦	夏玉米 0.62、水稻 0.77、甘薯 0.20
江苏	水稻	小麦 1.30
上海	水稻	小麦 1.625
浙江	水稻	小麦 1.71
福建	晚稻	早稻 0.88～0.98、单季稻 0.87～0.90、甘薯 0.23～0.25、花生 2.54～2.66
广东	水稻	甘薯 0.594～0.686、花生 1.635～2.255、油菜 3.249～3.494
海南	晚稻	早稻 0.996、春甘薯 0.590、秋甘薯 0.589
湖南	水稻	春玉米 1.55、甘薯 0.23、花生 3.48、大豆 3.20、油菜 3.03
江西	早稻	晚稻 0.879～0.954、油菜 2.60～3.45、花生 1.52～1.68、棉花 2.67
湖北	中稻	小麦 2.56～4.65、油菜 4.13～7.36
安徽	水稻	小麦 1.08、油菜 3.52、花生 1.56、棉花 6.62、薯类 0.33、豆类 2.82、玉米 1.09
河南	小麦	玉米 0.89、水稻 0.75～0.96
山西	春玉米	小麦 1.32～1.96、谷子 1.70～3.10、大豆 1.59～4.01
辽宁	玉米	水稻 1.25～1.32、谷子 2.33
吉林	水稻	春玉米 0.580～0.644、大豆 1.401～1.605
黑龙江	水稻	大豆 1.30～2.50、玉米 0.76～1.30
内蒙古	春小麦	春玉米 0.61、马铃薯 0.15、谷子 0.84
陕西	小麦	春玉米 0.60～078、夏玉米 0.92、水稻 0.62～0.64、油菜 2.00、马铃薯 0.20～0.23
甘肃	小麦	春玉米 0.53～0.67、马铃薯 0.11～0.25、水稻 0.63～0.83
青海	春小麦	油菜 1.78、马铃薯 0.20
宁夏	春小麦	水稻 0.625、春玉米 0.40～0.58、马铃薯 0.29
新疆	水稻	小麦 1.5、玉米 0.8、棉花 5.2
重庆	水稻	小麦 1.50、玉米 0.94、甘薯 0.20、油菜 2.29
四川	水稻	小麦 1.55～1.88、玉米 0.79～1.26、油菜 3.40～4.45、青稞 1.45
贵州	水稻	小麦 0.91～0.95、玉米 0.84～0.94、油菜 1.50～1.58、马铃薯 0.21
云南	水稻	小麦 1.30、玉米 0.80
广西	早稻	晚稻 0.99～1.22、中稻 0.88、春玉米 0.71～0.73、夏玉米 0.67～0.79、甘蔗 0.33～0.39
西藏	青稞	小麦 0.91、油菜 2.00

4.2 影响耕地质量的地貌因素及其空间分异

地貌是地表形态发生、发展、成因及其演化趋势的综合，地形是地表形态及地势高低，包括海拔、坡度、坡形等形态特征。地貌是支撑耕地景观的骨架，也是决定耕地地表物质、能量迁移与再分配的决定性因素，如图 4-1 和图 4-2 所示。

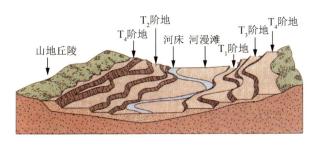

图 4-1　河流地貌模型及其对土地影响示意图

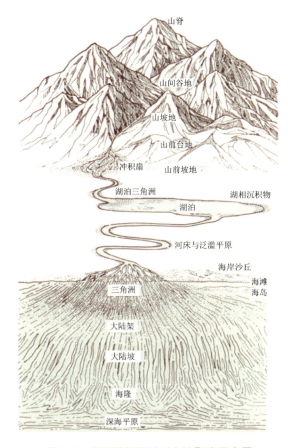

图 4-2　地貌模型及其对土地影响示意图

耕地质量等级评价涉的地貌因素有地貌类型、海拔、坡度、坡向、坡型、地形部位等，这些指标一般通过查阅相关文献与图件资料或野外调查观测获得。中国境内土地辽阔，土地以山地丘陵及崎岖高原面积居多，地貌类型、海拔高度、地表坡度与坡形不仅是决定耕地类型（水田、水浇地、旱地）的主要因素，而且是决定耕地质量等级与区域环境质量的重要因素。在实际耕地质量等级评定过程中，一般将水田、水浇地、望天田和菜地均作为平地处理，只对旱地进行坡度分级。地貌因素不仅是影响耕地自然属性及其质量的重要因素，还是影响人们实施土地改良、耕作利用方式与强度的主要因素。地貌及其地表形态由地质内营力和外营力相互作用而成，一般内营力形成大的地貌类型并控制着地球表面的基本轮廓；外营力则塑造地貌的细节并力图使地表展缓夷平。地貌按形态划分为山地、丘陵、高原、平原、盆地等，如表 4-3 所示；按成因可划分为构造地貌、气候地貌、侵蚀地貌、堆积地貌等；根据形成地貌的主要外营力的差异，也可分成流水地貌、岩溶地貌、冰川地貌、风沙地貌、海岸地貌等。

表 4-3　中国地貌、地形分类基本指标

类型	海拔 /m	相对高度 /m	地貌特征
极高山	≥ 5000	>1000	位于现代冰川和雪线以上
高山	3500 ～ 5000	100 ～ 1000	峰尖、坡陡、谷深、山体遭受不同程度切割
中山	1000 ～ 3500	100 ～ 1000	有山脉形体，山体遭受不同程度切割
低山	500 ～ 1000	浅切 100 ～ 500、无切割低山	山体支离破碎，但有规律性
丘陵	—	≤ 200	低岭宽谷、或聚或散
高原	≥ 1000	≥ 500（比临近地貌体高）	大部分地貌面起伏平缓
平原	多数≤ 200		地面平坦，偶有残丘谷孤山
盆地	—	盆底与盆周高差大于 500	内流盆地地貌面平衡，外流盆地地貌面有丘陵分布

中国科学院地理科学与资源研究所李炳元等 2013 年系统地总结了国内外地貌区划相关研究成果，据中国境内基本地貌类型、外营力及区域性地表组成物质差异所形成地貌类型及其组合差异，将中国境内陆地划分为 6 个地貌大区和 38 个地貌区，为调查耕地所在区域地貌状况提供了科学依据，如表 4-4 所示。

表 4-4　中国地貌分区表

地貌大区	具体地域范围	地貌区
东部低山平原 （14.61%）	包括吉林、辽宁、山东、江苏和天津全部地区，黑龙江、河北、河南、安徽和北京大部分地区，浙江、内蒙古小部分地区	完达山三江平原
		长白山中低山地
		鲁东低山丘陵
		小兴安岭中低山
		松辽平原
		燕山-辽西中低山
		华北华东平原
		宁镇平原丘陵

续表

地貌大区	具体地域范围	地貌区
东南低中山 （11.99%）	包括福建、台湾、广东、香港、澳门、海南、江西全部地区，湖北、湖南、广西、浙江、安徽部分地区	浙闽低中山
		淮阳低山
		长江中游低山平原
		华南低山平原
		台湾平原山地
		三沙南海诸岛屿
中北中山高原 （14.84%）	包括山西、宁夏全部地区，陕西中北部地区，内蒙古、甘肃、黑龙江、河北、北京与河南部分地区	大兴安岭低山中山
		山西中山盆地
		内蒙古高原
		鄂尔多斯高原河套平原
		黄土高原
西北高中山盆地 （18.62%）	包括新疆大部分地区、内蒙古和甘肃西部地区	新甘蒙丘陵平原
		阿尔泰高山
		准噶尔盆地
		天山高山盆地
		塔里木盆地
西南亚高山中山 （12.64%）	包括贵州和重庆全部地区，四川和云南大部分地区，陕西、河南、湖北、湖南和广西部分地区	秦岭大巴亚高山
		鄂黔滇中山
		四川盆地
		川西南滇中亚高山盆地
		滇西南亚高山
青藏高原 （27.30%）	包括西藏、青海绝大部分地区，四川、云南、新疆和甘肃部分地区	阿尔金山祁连山高山
		柴达木-黄湟亚高盆地
		昆仑山极高山高山
		横断山高山峡谷
		江河上游高山谷地
		江河源丘状山原
		羌塘高原湖盆
		喜马拉雅山高山极高山
		喀喇昆仑山极高山

资料来源：李炳元等，2013。

4.3　影响耕地质量的土壤发生类型及其空间分异

土壤是耕地的核心组成要素和生产能力的源泉，土壤类型、物质组成和性状是决定耕地质量等级的重要因素。耕地质量等级评价涉及的土壤因素包括土壤类型、土壤表层有机质含量、表层土壤质地、有效土层厚度、土壤盐碱状况、剖面构型、障碍层特征、保水供水状况、砾石含量等。中国地域辽阔，地势西高东低且地貌类型多样，地质新构造运动强烈，气候类型多样且季风影响显著，再加上人类农耕历史悠久，在上述成土因素综合作用下，形成有显著的纬度地带性、干湿度地带性、垂直地带性和区域性分布规律的多样土壤资源，如图 4-3 所示。

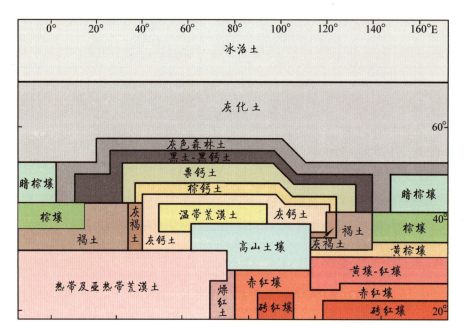

图 4-3　中国所在亚洲东部土壤发生类型分布图式

4.3.1　土壤发生类型土类的纬度地带性分布

在中国大兴安岭—太行山—巫山—武陵山—雪峰山一线以东地区，其主要土类空间分布呈现：①寒温带针叶林-灰化土、漂灰土地带，主要分布于北纬 49°以北的大兴安岭北部地区，这里属于中国寒冷区域，且有多年冻土分布。②中温带针叶阔叶混交林-暗棕壤、白浆土地带，地带性土壤主要分布在长白山与小兴安岭地区，在广阔的东北平原地区受地形与河流的共同影响则发育形成了大面积的黑土、暗色草甸土和沼泽土。③暖温带落叶阔叶林-棕壤、褐土地带，主要分布于辽东半岛、胶东半岛和华北的山地丘陵区，在广阔的华北平原区受地形与河流的共同影响则发育形成了大面积的潮土，以及小面积的盐碱土、砂姜黑土。④北亚热带落叶、常绿阔叶混交林-黄棕壤地带，多分布于秦岭-淮河以南、长江以北低山丘陵区，在低平原区受地形、河流和人类活动的共同影响，则发育形成了水稻土、灰潮土和砂姜黑土。⑤中亚热带常绿阔叶林 - 红壤、黄壤地带，主要分布于江南丘陵和云贵高原东部地区，在低平原区受地形、河流和人类活动的共同影响，则发育形成了大面积的水稻土和沼泽土。⑥南亚热带季风常绿阔叶林-赤红壤地带，主要分布于云南、广西、广东、福建和台湾的局部地区，在低平原区受人类活动的长期影响，则发育形成了大面积的水稻土和沼泽土。⑦热带季雨林、雨林-砖红壤地带，主要分布于广东、广西、云南、台湾、海南和西藏东南部地区，在低平原区受人类活动的长期影响，则发育形成了大面积的水稻土和沼泽土；在滨海区和南海诸岛地区，受海洋及其生物的影响则发育形成了红树林土和磷质石灰土等。

4.3.2　土壤发生类型土类的经度／干湿性地带性分布

在中国广阔的中温带和暖温带地区，受地理位置、地形、季风与西风带的共同影响，致使生物气候条件出现从东向西近乎经度方向更替，以及主要土类空间分布呈现为显著的干湿度地带性分布规律：①湿润区白桦山杨小叶林-灰色森林土地带，主要位于呼伦贝尔大兴安岭西侧中低山区。②半湿润区桦林草甸、草甸草原、森林灌丛草原－黑钙土、灰黑土地带，其中桦林草甸、草甸草原主要分布于大兴安岭西侧北段的低山丘陵区，森林灌丛草原则分布于大兴安岭西侧南段的低山丘陵。③半干旱区大针茅羊草草原、本氏针茅百里香草原-栗钙土地带，主要分布于内蒙古高原中东部地区，在新疆北部的额尔齐斯、布克谷地等区域也有分布。受人为活动与中地形影响则有斑块状的盐化草甸土，受地貌条件与人类活动影响，该地带内镶嵌有科尔沁沙地、毛乌素沙地、小腾格里沙地、库布齐沙地，以及西辽河灌溉农业区和土默特灌溉农业区，这里则分布连片风沙土、盐碱土和灌淤土。④干旱区荒漠化草原-棕钙土、灰钙土地带，棕钙土主要分布于内蒙古中西部、新疆准噶尔盆地的两河流域，天山北坡山前洪积扇上部，灰钙土则多分布于黄土高原西部，河西走廊东段、祁连山与贺兰山山麓，以及新疆伊犁谷地两侧。受地貌、地质水文条件与人类活动影响，在棕钙土与灰钙土区常有斑块状风沙土和盐碱土分布，且在河套平原有大面积灌淤土和斑点状盐碱土分布。⑤极干旱区草原化荒漠-灰漠土地带，主要分布于新疆准噶尔盆地南部、天山北麓山前倾斜平原与古老洪冲积平原，以及北部乌伦古河南岸的第三纪剥蚀高原；在甘肃、宁夏、内蒙古西部也有灰漠土分布，灰漠土属于温带荒漠边缘带的土壤，在灰漠土区常有斑块状风沙土、石质土、盐碱土、龟裂土分布；受地貌、地质水文条件与人类活动影响，在银川平原、河西走廊等区域有大面积灌淤土和斑点状盐碱土分布。⑥超干旱区荒漠-灰棕漠土与棕漠土地带，分布于新疆、甘肃、宁夏、青海等地，灰棕漠土和棕漠土区植被以耐旱、深根和肉质灌木和小灌木为主，其覆盖度多不足10%，表土及裸露砾石表面常有黑褐色漆皮砾幂或包状结皮，土壤质地粗骨性强。在一些山前低平原区域受人类活动影响，有大面积灌淤土（绿洲土壤）和斑点状盐碱土分布。

4.3.3　土壤发生类型土类的垂直地带性分布

土壤类型随地形高低自基带向上（或向下）依次更替的现象称为土壤分布垂直地

带性。土壤自基带随海拔高度向上依次更替的现象称为正向垂直地带性；反之，称为负向垂直地带性。正向垂直地带性具有普遍意义，负向垂直地带性只是在我国青藏高原等具体条件下所特有现象。土壤（正向）垂直地带性主要是指山麓至山顶，在不同海拔高度处分布着不同类型的土壤。土壤分布的垂直地带性是在水平地带性的基础上发展起来的，因此各个水平地带都有相应的垂直地带谱，我国土壤垂直地带谱具有以下特征：①一般说来，在相似的经度上自南而北，带谱组成趋于简单，同类土壤分布高度逐渐降低。②在近似的纬度上自东（沿海）向西（内陆），带谱组成趋于复杂，同类土壤分布高度逐渐增高。③在东部湿润区，从热带到温带土壤垂直地带谱组成皆属湿润型。④中国土壤垂直地带谱随经度的变化规律，以温带和暖温带比较明显，如在我国温带范围内可分出湿润型、半湿润型、半干旱型和干旱型四种垂直地带谱式。⑤山体越高相对高差越大，土壤垂直地带谱越完整，如陕西省秦岭主峰太白山属于暖温带与北亚热带的分界线，其北坡土壤垂直地带谱由基带塿土与褐土起，经山地棕壤、山地暗棕壤、山地草甸土到山顶原始土壤组成；其南坡土壤垂直地带谱则由黄棕壤，经山地黄棕壤、山地暗棕壤、山地草甸土到山顶原始土壤组成。再如，我国台湾玉山也有典型土壤垂直地带谱，如热带季雨林砖红壤-南亚热带常绿阔叶林赤红壤-中北亚热带常绿阔叶林红壤、黄壤、黄棕壤-温带针阔混交林棕壤、暗棕壤-寒温带针叶林漂灰土-寒带灌丛草甸土-高山草甸土等，并形成丰富多样的南亚热带垂直型农业体系，如图4-4所示。

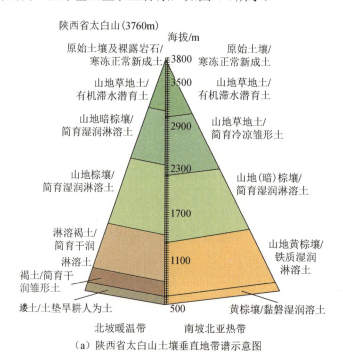

（a）陕西省太白山土壤垂直地带谱示意图

图4-4 土壤垂直地带谱示意图

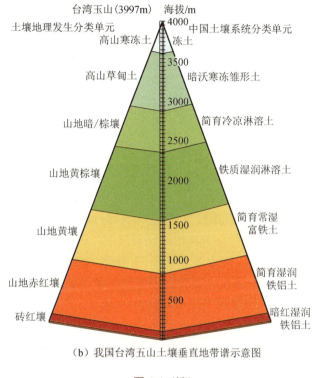

（b）我国台湾五山土壤垂直地带谱示意图

图 4-4（续）

4.3.4　青藏高原土壤垂直-水平复合分布

青藏高原是中国最大、世界上海拔最高的高原，其平均海拔约 4500m，有"世界屋脊"和"第三极"之称。在奇特的自然环境与频繁新构造运动的作用下，孕育了世界上特有的土壤垂直-水平复合型地带性分布规律。郑度 1996 年将青藏高原划分为高原亚寒带、高原温带和山地亚热带 3 个温度带。在上述自然地域系统的基础上，据中国科学院青藏高原综合科学考察队等相关研究成果，总结了青藏高原土壤垂直-水平复合分布规律。

1）山地热带季雨林-砖红壤-黄壤-黄棕壤垂直带，集中分布于喜马拉雅山南侧和察隅曲流域，这里为典型的高山峡谷，地表垂直高差巨大，因迎阻南来印度洋暖湿气流，其气候温暖多雨。其垂直地带的基带土壤为砖红壤或赤红壤，向上向北依次为黄壤、黄棕壤、棕壤、漂灰土等，在局部地段也有棕毡土、黑毡土、草毡土和寒冻土分布。

2）高原温带森林灌丛-褐土-棕壤-暗棕壤地带，集中分布于东喜马拉雅山北侧和三江并流区域，这里河谷近于南北走向，利于南来温暖气流向北深入，形成了典型干湿季分明的高原温带湿润-半湿润气候。其垂直地带的基带土壤为棕壤，部分深切河谷底部因受焚风作用影响，形成了干暖灌丛草原-褐土景观；向上向北依次为暗棕壤、漂灰土等，在局部地段也有草甸土、沼泽土、棕毡土、黑毡土、草毡土和寒冻土分布。

3）高原温带灌丛草原-栗钙土-灰褐土地带，集中分布于东祁连山地和大通河、徨水、黄河谷地，青海湖盆地及黄南山地等区域，这里浓缩有荒漠草原、干草原、草甸草原和森林、高山草甸、冰川等多种自然景观。其垂直地带的基带土壤为灰钙土或栗钙土，向上依次为黑钙土（灰褐土）、腐棕土、寒毡土和冻薄层土等。

4）高原温带荒漠-冷漠土-冻漠土地带，集中分布于青海柴达木盆地及盆周群山区，这里属于典型的高原大陆性干旱气候，年降水量多在 200 mm 以下，气温变化剧烈，风力强盛。地表以高寒荒漠草原-棕钙土、高寒荒漠-冷漠土-冻漠土为主，自山麓向盆地依次分布有潜育盐土、风沙土、暗潮盐土、普通干盐土、洪积干盐土或者盐壳荒滩等。

5）高原温带荒漠-冻漠土地带，集中分布于西北部昆仑山和喀喇昆仑山区，属于高山／山地荒漠、半荒漠地带，受西风气流的影响，区域内有自西向东渐趋干旱的分异特点，西昆仑山北翼及喀喇昆仑山南翼相对比较湿润，但山系之间宽谷、盆地和高原极为干旱。其地表景观简单，以高山荒漠草原-冻漠土、高寒荒漠-冻薄层土为主。

6）高原亚寒带灌丛草甸-寒毡土地带，主要位于黄河及大渡河、雅砻江、金沙江、澜沧江和怒江的上游地区，这里属于丘状高原与山地河谷的过渡地带，属于典型的高原亚寒带半湿润气候，其地表景观以高山草甸-寒毡土为主，在山地上部常有寒冻毡土和冻薄层土分布，在河谷则有低湿沼泽-潮土与潜育土等分布。

7）高寒亚寒带灌丛草甸-寒冻毡土地带，位于雅砻江、澜沧江、怒江的河源及长江上游地区，地表海拔多在 4500m 以上，地表局部有大面积连续多年冻土分布。其地表景观以高山草甸-寒冻毡土或冻薄层土为主，局部有斑块状沼泽土分布。

8）高原亚寒带草甸草原-寒冻钙土地带，多位于羌塘高原及青南高原部分地区，地表海拔多在 4000m 以上，属于高原亚寒带半干旱大陆性气候区，地表景观以高山草甸草原-寒冻钙土、冻薄层土或冻粗骨土为主，在局部滨河滨湖有沼泽土、潮土、潜育土与盐土分布。

9）高原温带荒漠-冻漠土地带，主要位于西藏高原西部阿里地区的班公湖及森格藏布中下游和嘎尔藏布流域，这里地表以高原宽谷为主，其谷底海拔为 4100～4400m，山地平均海拔为 6000m 左右，属高原大陆性温带极端干旱气候。地表土壤垂直带谱结构较简单，以冻漠土、寒冻钙土和冻薄层土为主。

10）高原温带灌丛草原-阿嘎土-寒钙土地带，主要位于雅鲁藏布江中游河谷和中、西喜马拉雅山北麓湖盆宽谷区，该区南侧有喜马拉雅山脉起屏障作用，因此区域气候较干旱，且年均降水量由东部约 500mm 向西递减至 200mm 以下。其地表景观以山地灌丛草原、亚高山草甸、亚高山草原和高山草甸草原为主，土壤垂直带谱结构较复杂，基带有阿嘎土或寒钙土，也有寒毡土或寒冻钙土，向上可出现灰寒冻钙土或寒冻钙土，高峰地段普遍有寒性粗骨土和薄层冻土出现。

4.3.5　土壤发生类型区域性分布

土壤发生类型除前述主要受大气候和生物等因素制约呈连续的地带性分布规律外，还受地区性或局地的地形、母岩和母质分布模式、水文地质条件、时间和人为活动等因素的影响，而这些因素往往是决定性因素，从而使土壤在地带的空间范围内呈现不同的土壤类型系列组合和分布模式。一般称为土壤区域性或地方性分布规律。

1）土壤的中域性分布规律，是指在中尺度地区范围内，主要受中地形条件影响，地带性土类（亚类）和非地带性土类（亚类）按确定的方向有规律地依次更替的现象。位于山前地带的土壤类型及土壤性状则表现了明显的区域性分异特征，如图4-5所示。一般情况下，在不同土壤地带，虽具有不同系列的土壤分布形式，但在任何地带内，地带性土壤与非地带性土壤之间都存在着这样的依次更替关系，从而表现为地带内中域性分布特征。除受中地形的影响之外，往往还表现出地质因素是决定性因素。中国四川东部平行岭谷区的土壤分布模式就是一个典型的地质土壤景观模式。石灰岩或普通砂岩上代表性土壤类型是黄壤，或简育常湿雏形土；在紫色砂页岩发育的多为各种紫色土，或紫色湿润雏形土。从上述可知，需要从地形、地质和母质、气候、时间和人为活动等多因素综合分析研究入手，以掌握土壤的区域性分布规律。

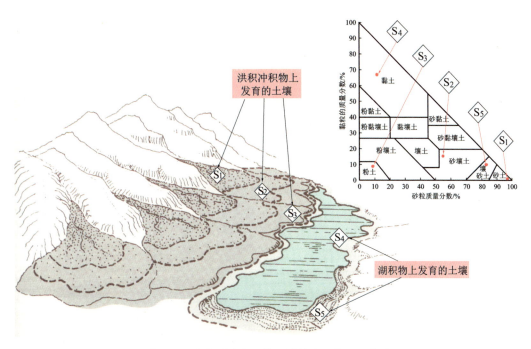

图 4-5　土壤质地类型的区域性分异状况示意图

2）土壤的微域性分布规律，是指在小地形影响下短距离内土种、变种，甚至土类、亚类，既重复出现又依次更替的现象。例如，黑钙土地带的高地上，随着小地形的变化，往往可在相邻的平浅洼地、平地和稍微隆起的小高地上，相应地见到碳酸盐黑钙土、黑钙土、淋溶黑钙土；在黑钙土地带的低平地上，常常可以看到随着小地形的变化而出现的草甸土和盐渍土相间分布的情况在鄂尔多斯中西部的棕钙土地带，由于受黄河、湖泊及人类引黄灌溉活动的影响，发育形成了不同类型的盐碱土和盐化土壤，如图 4-6 所示。

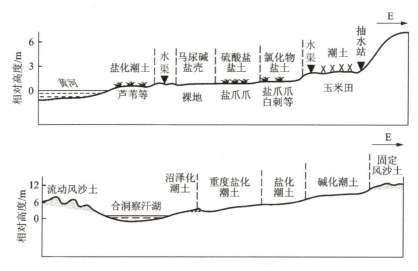

图 4-6　鄂尔多斯高原局部地区土壤的微域性分异示意图

3）耕作土壤的分布规律，农田土壤一方面受到自然条件的影响，另一方面还受到人类活动的制约。后者大致有以下几种规律性的表现：同心圆式分布，即耕种土壤的分布与居民点的远近有关。一般以居民点为中心，越靠近居民点，受人为影响越强烈，土壤熟化度越高。阶梯式分布，一般情况下，在山岭和丘陵地土壤上垦殖时都要修筑梯田，并在不同地形部位采取不同措施，从而形成不同的耕种土壤。例如，长江中、下游低山丘陵区，由丘顶到沟底，人们依次建成"岗地""田"和"冲田"，并相应地形成死黄土（属黄棕壤类）、板浆白土（属水稻土类）、马肝土或青泥土（属水稻土类）等。棋盘式分布，在平原地区随着农田基本建设的开展，平整土地，开挖灌排沟渠，使土地逐步方整化与规格化，进而调整了原有的土壤分布，形成棋盘式分布，其土壤成分因地区不同而异。例如，华北平原，随着开沟排水，发展灌溉与培肥，盐碱土及盐化土壤面积迅速减少，而耕作层土壤质地通过翻沙压淤或翻淤压沙，不断地壤质化，土壤肥力不断提高，不同种类土壤分布呈现棋盘状。

4.4　影响耕地质量的中国土壤系统分类类型

1996 年中国科学院南京土壤研究所龚子同等综合分析了中国土壤系统分类高级单

元（土纲与亚纲）的分布规律，认为中国是显著的季风性气候国家，冬季在西北气流控制下，广大地区干燥而寒冷；夏季受东南季风和西南季风的共同影响，中部及东部地区高温而多雨。中国东部地区出现一个由北向南呈现纬度地带性的由灰土、淋溶土、铁铝土和富铁土构成的湿润土壤系列；中部地区形成由东北向西南延伸的由均腐土、干润淋溶土、新成土和雏形土为主体的干润土壤系列；西部因地处大陆内部再加受青藏高原大地形影响，其土壤主要是由正常干旱土、正常盐成土、寒性干旱土和寒冻雏形土为主的干旱、寒冻土壤系列，如图 4-7 所示。

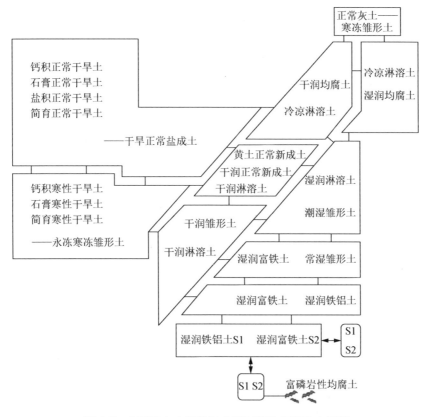

图 4-7　中国境内土纲及其主要亚纲的空间分布格局

　　1）中国东部湿润土壤系列，位于大兴安岭—太行山—青藏高原东部边缘一线以东的广大地区，其地形以平原、低山丘陵、高原和盆地为主，即包括由东北平原、黄淮海平原、江南丘陵、四川盆地和云贵高原，以及台湾、海南岛等岛屿。这里临近海洋，气候湿润，年干燥度（年最大可能蒸发量与年均降水量之比）小于 1，但温度由南向北递减，发育为各类森林土壤类型，自北而南依次出现的主要土壤组合是寒冻雏形土-正常灰土、冷冻淋溶土-湿润均腐土、湿润淋溶土-潮湿雏形土、湿润淋溶土-水耕人为土、湿润富铁土-常湿雏形土、湿润富铁土-湿润铁铝土、湿润铁铝土-湿润富铁土。在这个土壤系列分布范围内，还夹杂大面积的水耕人为土（水稻土）。这里是中国人口集中、社会经济发展程度较高、农业林业生产高度发达的区域，既有水田又有旱地，有一整套农业生产技术和管理制度。故这些土壤资源为中国提供了绝大多数的粮食、蔬菜，又是中国主要的林区。在中国南方沿海台湾岛、海南岛和南海诸岛，还形成了独特的海岛型土壤系列。

2）中国中部干润土壤系列，包括内蒙古高原东南部、黄土高原大部和青藏高原东部边缘部分地区，从东北向西南延伸，跨越接近 20 个纬度。这里属于温带半干旱、暖温带半湿润至半干旱气候类型，在夏季东南季风可深入这里，形成集中的降雨，使土壤遭受短暂的淋溶过程，多年平均降水量为 250～500mm，干燥度为 1.0～3.5；自然植被景观以草原、森林草原或灌丛森林为主，其土地利用方式以畜牧业、旱耕农业为主，即在东北段表现为农牧交错，在西南段则以旱作农业为主；其成土母质以黄土、沙黄土以及砂质风化残积物为主。在上述成土因素的综合作用下，形成了具有中国自然环境特色的干润土壤系列，即自东北向西南依次分布的主要土壤类型组合为干润均腐土-冷凉淋溶土、干润正常新成土-干润淋溶土、干润淋溶土-干润雏形土，并夹杂旱耕人为土和灌淤人为土。

3）中国西部干旱土壤系列，位于内蒙古西部—贺兰山—念青唐古拉山一线以西广大地区，包括内蒙古高原西部、宁夏、甘肃大部，新疆、青海和西藏大部分地区。根据中国自然地理（气候）中的气候区划，该地区所涵盖的气候类型区有中温带干旱极干旱气候、暖温带干旱极干旱气候、高原寒带干旱气候、高原温带干旱极干旱气候，年平均降水量一般不足 250mm，年干燥度大于 3.5；其植被景观以草原化荒漠、荒漠和沙漠、高寒灌丛荒漠等为主，土地绝大部分处于难加以利用状态，部分土地利用以畜牧业和绿洲农业为特色。在上述自然成土因素的综合作用下，形成的主要土壤类型组合由北向南依次是正常干旱土-干旱正常盐成土、寒性干旱土-永冻寒冻雏形土，其中还夹杂灌淤人为土。由于淡水资源的限制，主要依靠灌溉发展"绿洲农业"，没有灌溉条件的草地，以发展畜牧业为宜。

上述为土壤水平分布的基本规律和模式，但是，不同土壤类型组合之间总是由量变到质变逐渐地过渡，它们之间过渡的形式可归纳为以下特点：①不同土壤类型带之间出现过渡土类，如黑钙土与栗钙土之间，出现腐殖质含量相对典型黑钙土较少的黑钙土，即淡黑钙土，也出现腐殖质含量相对栗钙土较多、钙化过程较弱的栗钙土或暗栗钙土。在中亚热带红壤与长江中、下游黄棕壤之间可以有黄红壤。②不同土壤类型带过渡区，不同土壤类型在空间上常呈交错分布，相互渗透。③与土壤地带中心相比，土壤地带边缘的土壤性状受母质和地形条件的影响显著，可以在不同母质和地形部位上分布不同的土壤类型。

4.5　中国土壤分区状况

4.5.1　中国土壤类型的参比

鉴于当前国内定量的中国土壤系统分类和定性为主的土壤地理发生分类并存的现状，国内已有的大量土壤资料是在长期应用土壤地理发生分类体系下积累起来的。在中国土壤地理发生分类发展长达半个世纪的历史中，在第二次全国土壤普查基础上拟订的《全国土壤分类暂行草案（1978）》不但丰富了土壤地理发生分类，还吸收了系统分类的一些内容，故对这两个分类系统的参比具有现实意义。

因为中国土壤系统分类和土壤地理发生分类的理论基础和依据不同，即前者依据土壤诊断学理论、诊断层和诊断特性，后者依据土壤地理发生学理论、成土因素、成土过程和土壤性状，所以从严格意义上对这两个分类系统很难做简单、一对一的比较，只能做近似的参比。参比时应注意下列各点：①把握特点，中国土壤系统分类高级分类单元包括土纲、亚纲、土类和亚类，但重点是土纲；中国土壤地理发生分类中的高级基本单元则是土类，有的没有土纲和亚纲，或只有土纲，没有亚纲，而土类是相对稳定的。因此，主要以发生分类的土类和系统分类的亚纲或土类进行参比。②占有资料，尽管两个土壤分类系统的分类原则和方法有很大不同，但只要占有充分的土壤调查与资料，就可进行参比，资料越充足，参比就越具体和准确。如果只有名称而无具体土壤调查与化验分析资料，则只能抽象参比。③要着眼典型土壤，中国土壤发生分类中心概念虽较明确，但边界模糊。有些未成熟的幼年亚类（如红壤性土、褐土性土等）与典型亚类在性质上相差甚远。从系统分类观点看，这种差异可能是土纲级别。因此，两个系统在土类水平上参比时，只能以反映中心概念进行参比，否则会因涉及范围太广而无从下手。在具体参比时，仍应根据土壤诊断层和诊断特性，按次序检索。表 4-5 列出了中国两个土壤分类系统中常见的土类，可供参考。

表 4-5　中国土壤发生分类（1992）和中国土壤系统分类（CST，1999）的近似参比

中国土壤发生分类（1992）单元	中国土壤系统分类（CST，1999）类型
砖红壤	暗红湿润铁铝土
	简育湿润铁铝土
	富铝湿润富铁土
	黏化湿润富铁土
	铝质湿润雏形土
	铁质湿润雏形土

中国土壤发生分类（1992）单元	中国土壤系统分类（CST，1999）类型
赤红壤	强育湿润富铁土
	富铝湿润富铁土
	简育湿润铁铝土
红壤	富铝湿润富铁土
	黏化湿润富铁土
	铝质湿润淋溶土
	铝质湿润雏形土
	简育湿润雏形土
黄壤	铝质常湿淋溶土
	铝质常湿雏形土
	富铝常湿富铁土
燥红土	铁质干润淋溶土
	铁质干润雏形土
	简育干润富铁土
	简育干润变性土
黄棕壤	铁质湿润淋溶土
	铁质湿润雏形土
	铝质常湿雏形土
黄褐土	黏磐湿润淋溶土
	铁质湿润淋溶土
棕壤	简育湿润淋溶土
	简育正常干旱土
	灌淤干润雏形土
褐土	简育干润淋溶土
	简育干润雏形土
暗棕壤	冷凉湿润雏形土
	暗沃冷凉淋溶土

中国土壤发生分类（1992）单元	中国土壤系统分类（CST，1999）类型
白浆土	漂白滞水湿润均腐土
	漂白冷凉淋溶土
灰棕壤	冷凉常湿雏形土
	简育冷凉淋溶土
棕色针叶林土	暗瘠寒冻雏形土
漂灰土	暗瘠寒冻雏形土
	漂白冷凉淋溶土
	正常灰土
灰化土	腐殖灰土
	正常灰土
灰黑土	正常灰土
	黏化暗厚干润均腐土
	暗厚黏化湿润均腐土
	暗沃冷凉淋溶土
灰褐土	简育干润淋溶土
	钙积干润淋溶土
	黏化简育干润均腐土
黑土	简育湿润均腐土
	黏化湿润均腐土
黑钙土	暗厚干润均腐土
	钙积干润均腐土
栗钙土	简育干润雏形土
	钙积干润均腐土
	简育干润雏形土
黑垆土	堆垫干润均腐土
	简育干润均腐土
棕钙土	钙积正常干旱土
	简育正常干旱土

续表

中国土壤发生分类（1992）单元	中国土壤系统分类（CST，1999）类型
灰钙土	钙积正常干旱土
	黏化正常干旱土
灰漠土	钙积正常干旱土
灰棕漠土	石膏正常干旱土
	简育正常干旱土
	灌淤干润雏形土
棕漠土	石膏正常干旱土
	盐积正常干旱土
盐土	盐积正常干旱土
	干旱正常盐成土
	潮湿正常盐成土
碱土	潮湿碱积盐成土
	简育碱积盐成土
	龟裂碱积盐成土
紫色土	紫色湿润雏形土
	紫色正常新成土
火山灰土	简育湿润火山灰土
	火山渣湿润正常新成土
黑色石灰土	黑色岩性均腐土
	腐殖钙质湿润淋溶土
红色石灰土	钙质湿润淋溶土
	钙质湿润雏形土
	钙质湿润富铁土
磷质石灰土	富磷岩性均腐土
	磷质钙质湿润雏形土
黄绵土	黄土正常新成土
	简育干润雏形土

续表

中国土壤发生分类（1992）单元	中国土壤系统分类（CST，1999）类型
风砂土	干旱砂质新成土
	干润砂质新成土
粗骨土	石质湿润正常新成土
	石质干润正常新成土
	弱盐干旱正常新成土
草甸土	暗色潮湿雏形土
	潮湿寒冻雏形土
	简育湿润雏形土
沼泽土	有机正常潜育土
	暗沃正常潜育土
	简育正常潜育土
泥炭土	正常有机土
潮土	淡色潮湿雏形土
	底锈干润雏形土
砂姜黑土	砂姜钙积潮湿变性土
亚高山草甸土和高山草甸土	砂姜潮湿雏形土
	草毡寒冻雏形土
	暗沃寒冻雏形土
亚高山草原土和高山草原土	钙积寒性干旱土
	黏化寒性干旱土
	简育寒性干旱土
高山漠土	石膏寒性干旱土
	简育寒性干旱土
高山寒漠土	寒冻正常新成土

中国土壤发生分类（1992）单元	中国土壤系统分类（CST，1999）类型
水稻土	潜育水耕人为土
	铁渗水耕人为土
	铁聚水耕人为土
	简育水耕人为土
	除水耕人为土以外其他类别中的水耕亚类
塿土	土垫旱耕人为土
灌淤土	寒性灌淤旱耕人为土
	灌淤干润雏形土
	灌淤湿润砂质新成土
	淤积人为新成土
菜园土	肥熟旱耕人为土
	肥熟灌淤旱耕人为土
	肥熟土垫旱耕人为土
	肥熟富磷岩性均腐土

注：CST 为 the Chinese Soil Taxonomy。

联合国粮食及农业组织在 20 世纪后期创建农业生态区法，该法是以土地资源清查为基础，针对一定的土地利用方式，评价一定农业生态条件下的一定土地单元土地适宜性和生产潜力的一套应用模型，即将影响土地生产潜力的气候、土壤类型及其性状、地形和管理等作为土地生产潜力综合评价的主要因素。为便于耕地质量评价方面的研究成果交流，特别将目前国际与中国土壤分类系统单元参比，如表 4-6 所示。

表 4-6　国际与中国土壤分类系统单元参比

国际土壤分类参比基础（WRB，2006）	中国土壤发生分类（1992）	中国土壤系统分类（CST，1999）	美国土壤系统分类（ST，1999）
有机土（histosols）	泥炭土	有机土	有机土
人为土（anthrosols）	水稻土、塿土、灌淤土*、菜园土◎	人为土	—
灰土（podosols）	漂灰土、灰化土、灰黑	灰土	灰土
冷冻土（cryosols）	冰沼土	—	冻土（gelisols）
火山灰土（andosols）	火山灰土	火山灰土	火山灰土

续表

国际土壤分类参比基础（WRB，2006）	中国土壤发生分类（1992）	中国土壤系统分类（CST，1999）	美国土壤系统分类（ST，1999）
铁铝土（ferralosols）、聚铁网纹土（plinthosols）、低活性强酸土（acrisols）、低活性淋溶土（lixisols）	砖红壤、赤红壤⊙	铁铝土	氧化土（oxisols）
变性土（vertosols）	砂姜黑土、燥红土⊙	变性土	变性土
钙积土（calcisols）、石膏土（gypsisols）	棕钙土、灰钙土、灰漠土、灰棕漠土、棕漠土、盐土⊙	干旱土（aridosols）	干旱土
盐土（solonchaks）、碱土（solonetz）	盐土、碱土	盐成土（halosols）	干旱土、淋溶土（alfisols）、始成土（inceptisols）
潜育土（gleyosols）、冷冻土（cryosols）	沼泽土、冰沼土	潜育土	始成土（inceptisols）、冻土（gelisols）、新成土（entisols）
黑钙土（chemozems）、栗钙土（kastanozems）、黑土（phacozems）	黑土、黑钙土、黑垆土、黑色石灰土、栗钙土＊、磷质石灰土＊、白浆土⊙、菜园土⊙	均腐土（isohumosols）	软土（mollisols）
低活性强酸土（acrisols）、低活性淋溶土（lixisols）、聚铁网纹土（plinthosols）、黏绨土（nitisols）	赤红壤、红壤、黄壤、红色石灰土⊙、砖红壤⊙、燥红土⊙	富铁土（ferrosols）	老成土（ultisols）、淋溶土（alfisols）、始成土
高活性淋溶土（luvisols）、高活性强酸土（alisols）、其他有黏化层或黏磐的土壤	黄棕壤、棕壤、灰棕壤、灰褐土、褐土⊙、红壤⊙、黄壤⊙	淋溶土（argosols）	淋溶土（alfisols）、老成土、软土
雏形土（cambisols）、其他有雏形层的土壤	棕色针叶林土、紫色土、草甸土、潮土、砂姜黑土、灰棕壤、黄棕壤等	雏形土	始成土、软土、冻土
冲积土（fluvisols）、薄层土（leptisols）、砂性土（arenosols）、疏松岩性土（regosols）、冷冻土（cryosols）	灌淤土、风砂土、粗骨土、黄绵土	新成土	新成土、冻土

资料来源：赵烨，2012。

＊指部分属于，⊙指少部分属于。

4.5.2　中国土壤的分区

依据中国科学院南京土壤研究所龚子同（2014）提出的中国土壤分区方案，并运用中国科学院地理科学与资源研究所郑景云等（2010）提出的气候区划方案和相关资料，对中国土壤分区方案内容进行丰富与拓展，以适用于基层耕地质量等级调查观测的需要，如表 4-7 所示。

表 4-7 中国土壤分区表

土壤区域	土壤地区	具体地域范围	1～7月均温；日均气温稳定 ≥10℃的日数；干燥度；年均降水量	自然植被类型	熟制-耕作制度	与耕地质量等级评价相关的土壤性状
东部湿润土壤区域	寒温带正常灰土-寒冻雏形土-永冻潜育土	黑龙江大兴安岭地区和内蒙古呼伦贝尔市	-29～-25 ℃；15～17 ℃；83～93d；0.8～1.0；450～475mm	寒温带针叶林	一年一熟、特早熟作物，如马铃薯、春小麦、燕麦等	土壤表土层有机质含量≥30g/kg；有效土层薄（多不足40cm）；土壤呈强酸性；土壤质地多为含砾石砂质等
	中温带湿润淋溶土-干润淋溶土-干润均腐土	吉林全部地区、黑龙江中南部地区、辽宁北部和内蒙古东部地区	-25～-13 ℃；18～24 ℃；94～154d；1.1～1.3；500～620mm	中温带针叶阔叶混交林	一年一熟、特早熟作物，如马铃薯、春小麦、玉米、大豆、甜菜、水稻、高粱等	土壤表土层有机质含量25～50g/kg；有效土层厚（多大于60cm）；土壤质地多为壤质；现酸性至中性
	暖温带湿润淋溶土-潮湿雏形土-干润淋溶土-干润雏形土	北京、天津、山东全部地区、辽宁东南部地区、河北和河南大部分地区、陕西部分地区、安徽和江苏部分地区	-13～0 ℃；23～27 ℃；170～220d；1.2～1.8；500～800mm	暖温带落叶阔叶林	一年一熟、两年三熟、一年两熟、小麦、玉米、棉花、花生、水稻、大豆	土壤表土层有机质含量6～30g/kg；有效土层厚（多大于80cm）；现碱性至中性或弱酸性；土壤质地多为壤质
	北亚热带湿润淋溶土-水耕人为土	江苏、安徽、湖南、湖北、陕西部分地区、河南小部分地区	3～6 ℃；27～29 ℃；230～250d；0.5～0.8；800～1100mm	北亚热带常绿与落叶阔叶林	两年三熟、一年两熟、小麦、玉米、棉花、水稻、花生、大豆等	土壤表土层有机质含量8～25g/kg；有效土层厚（多大于80cm）；现弱碱性至中性或弱酸性；土壤质地多为壤质或黏壤质
	中亚热带湿润富铁土-常湿淋溶土-水耕人为土	浙江、江西、上海、江苏、安徽全部地区、四川、重庆全部地区、湖南、贵州、云南部分地区、湖北、广西、西藏局部地区	5～10 ℃；23～29 ℃；240～270d；0.5～0.7；850～1600mm	中亚热带常绿阔叶林	一年两熟、两年五熟、双季稻、小麦、柑橘、茶等	土壤表土层有机质含量10～25g/kg；有效土层厚（多大于80cm）；现酸性至强酸性；土壤质地多为湿黏壤质

续表

土壤区域	土壤地区	具体地域范围	1~7月均温；日均气温稳定≥10℃的日数；干燥度；年均降水量	自然植被类型	熟制-耕作制度	与耕地质量等级评价相关的土壤性状
东部湿润土壤区域	南亚热带湿润铁铝土-湿润富铁土-水耕人为土	香港、澳门全部地区，云南、广西、广东、台湾、福建、海南部分地区	10~15℃、24~30℃；270~340d；0.6~0.9；1200~2300mm	中亚热带常绿阔叶林季雨林	两年五熟、一年三熟；双季稻、小麦、菠萝、甘蔗	土壤表土层有机质含量8~15g/kg；有效土层厚（多大于80cm）；土壤呈现强酸性至酸性；土壤质地多为黏质或壤质黏质
	热带湿润铁铝土-湿润富铁土-水耕人为土-富磷岩性均腐土	台湾、海南（含三沙市全部）部分地区，广东、云南局部地区	15~24℃、25~30℃；340~365d；0.5~0.7；1500~2500mm	热带季雨林	一年三熟；双季稻、小麦、菠萝、甘蔗	表土层有机质含量8~15g/kg（均腐土≥30g/kg）；有效土层厚（多大于80cm）；土壤呈现强酸性；土壤质地多为黏质
中部干润土壤区域	中温带干润均腐土-干润雏形土-简育干润淋溶土-干润砂质新成土	内蒙古和宁夏大部分地区、河北、山西、陕西小部分地区	-18~-12℃、20~24℃；120~170d；1.6~2.2；300~400mm	中温带草甸草原-干草原	一年一熟；喜凉作物、马铃薯、谷子、春小麦等	表层有机质含量10~25g/kg（均腐土≥30g/kg）；有效土层厚（多大于80cm）；土壤呈现弱碱性；土壤质地多为砂质
	暖温带黄土正常新成土-堆垫干润均腐土-简育干育干润雏形土	山西、陕西、甘肃、青海部分，宁夏、河北、河南局部地区	-12~-5℃、24~28℃；170~220d；1.5~3.0；400~680mm	暖温带森林草原	一年一熟、两年三熟；小麦、玉米、棉花等	表土层有机质含量8~20g/kg（均腐土≥30g/kg）；有效土层厚（多大于80cm）；土壤呈现弱碱性；土壤质地多为砂质
	高原温带干润雏形土-湿润淋溶均腐土-寒冻雏形土	西藏拉萨、林芝与昌都、四川阿坝和甘孜、云南迪庆等	-16~-5℃、12~18℃；120~160d；1.0~2.0；500~1000mm	针叶林、河谷灌丛草原	一年一熟；春小麦、大麦、燕麦、甜菜、马铃薯等	有效表土层多为40~60cm；土壤质地多为砂质；有机质含量10~30g/kg；土壤呈现弱酸性；砂壤质
	高原亚寒带寒冻有机土-水冻正常潜育土	青海果洛、玉树、海西，西藏那曲、昌都，四川阿坝等	-15~-10℃、8~15℃；10~60d；1.0~1.8；400~700mm	高寒草甸	主要为牧业	有表土层有机质含量30~400g/kg；有效土层多20~50cm；土壤呈现弱酸性；土壤质地多为砂质、砂壤质

土壤区域	土壤地区	具体地域范围	1～7月均温；日均气温稳定≥10℃的日数；干燥度；年均降水量	自然植被类型	熟制-耕作制度	与耕地质量等级评价相关的土壤性状
西北部干旱土壤区域	中温带正常干旱土-砂质新成土	内蒙古阿拉善盟、甘肃酒泉-张掖-武威、新疆伊犁-昌吉	-30～-12℃；8～15℃；140～160d；3.5～15；100～600mm	中温带草原化荒漠、荒漠	一年一熟；小麦、玉米、棉花（无灌溉则无农业）	有效土层有机质含量6～20g/kg；土层多为40～80cm；土壤呈碱性或强碱性；土壤质地多为砂质
	暖温带正常干旱土-正常盐成土	新疆南部东部地区、甘肃西部地区	-12～0℃；8～15℃；160～180d；≥16；不足200mm	灌丛或者荒漠	一年一熟、两年三熟；玉米、棉花等（无灌溉则无农业）	有效土层有机质含量3～20g/kg；土层多为40～80cm；土壤呈碱性或强碱性；土壤质地多为砂质
	高原温带正常干旱土-正常盐成土-干润均腐土	青海中西部地区、甘肃南部地区	-10～0℃；8～15℃；200～250d；2.0～14；400～700mm	高寒草原-草甸、局部针叶林	主要为牧业；一年一熟	有效土层有机质含量6～25g/kg（均腐土≥30g/kg）；有效土层多为40～80cm；土壤呈碱性或强碱性；土壤质地多为砂质
	高原温带干润雏形土-寒冻雏形土	西藏阿里-日喀则山南部分地区	-10～0℃；15～18℃；90～140d；1.0～3.5；50～500mm	高寒草甸	高寒农业	有效土层有机质含量20～60g/kg；土层多为20～50cm；土壤呈弱碱性；土壤质地多为砂质含砾
	高原亚寒带寒冻雏形土-寒性干旱土	西藏阿里-那曲则大部分地区	-10～-6℃；8～15℃；20～60d；2.0～3.5；300～500mm	高寒草原	牧业	有效土层有机质含量20～60g/kg；土层多为20～50cm；土壤呈弱碱性；土壤质地多为砂质含砾
	高原寒带寒性干旱土-寒性永冻雏形土	新疆、西藏和海部分地区（极高山区）	-18～-10℃；6～10℃；10～20d；2.0～3.5；20～150mm	高寒荒漠	荒漠	有效土层有机质含量3～20g/kg；土层多为20～40cm；土壤呈弱碱性；土壤质地多为砾质砂质

4.6　影响耕地质量的水文因素及其空间分异

开展耕地质量等级调查评价，就离不开对耕地及其外围区域水文状况的把握。水文就是指自然界中水体的变化、运动等的各种现象，水文要素包括水位、流量、含沙量、水温、冰凌和水质等。从陆地水分循环过程来看，优质耕地与丰富淡水是一对"孪生子"，没有了优质耕地也意味着淡水资源的减少。因为我们不能指望上千平方千米建城区流出优质淡水资源，也不能指望干旱区广袤旱地储存丰富的淡水资源。中国农用地分等采用气候生产潜力、灌溉保障率、有效土层厚度和土壤质地等指标，不仅使水分状况和灌溉状况在耕地质量等级中得到充分体现，还充分考虑了土壤保持水肥的能力，使农用地分等结果更加科学合理。

《农用地质量分等规程》（GB/T 28407—2012）已将水源类型（地表水、地下水）、水量、水质等列为耕地质量等级评价的基本指标。这是因为，水是耕地-农作物自然再生产过程（农作物光合作用）的基本物质原料；水文状况也是控制耕地土壤中水肥气热条件，保障耕地-农作物系统生长发育和人类耕作的重要条件；耕地及其外围区域水文因素也是耕地土壤中氮、磷、钾等营养元素迁移转化的载体与基本动力，同时不适当的水文条件还可导致耕地地表发生水土流失、营养物质流失或面源污染物扩散等环境问题。为了便于耕地质量调查观测，现将中国各地水文条件归纳如下：中国境内地域辽阔，地势西高东低，呈三大台阶梯状分布，地形既复杂多样又错落有序，气候类型复杂多样，东部地区季风性气候明显，冬夏盛行风向有显著的变化，随季风的进退，降水有明显的季节性变化；中西部地区则是大陆性气候强，影响范围广，降水年际变化大，土壤类型复杂多样，再加上数千年来人类的持续开发利用，这些因素的综合作用使中国境内水文条件呈现千差万别的态势。

1981 年著名水利学家刘善建和司志明研究员依据全国各地发展农业的自然地理条件和水资源开发利用条件、水旱灾害规律、水利化的特点与发展方向、各流域和基本水利设施完整性，将全国划分为 10 个一级水利化区；依据一级水利化区内水资源条件与开发利用条件、水旱灾害、水利建设状况与水利化的方向、水土生物资源相互关系等重要因素，将其细分为 80 多个二级水利化区；各二级分区的名称除了反映地理位置和地形条件外，还反映了主要灾害和水利化措施及其主次关系，二级分区的面积一般在数万平方千米至十余万平方千米，个别二级分区面积可达 20 万或者 30 万 km^2。这些20 世纪 80 年代珍贵的基础性科学观测资料，以及《2015 中国环境状况公报》和《2016中国环境状况公报》中的相关地表水水质资料如表 4-8 ～表 4-10 所示，为我们进行全国各地影响耕地质量等级的水文因素调查评价提供了重要的背景和科学基础。

表4-8 全国农业水利区划系统表

一级水利化区	二级水利化区	包括范围	土地面积/万 km²	地貌特征	现有水利设施供水量/亿 m³	现状用水量/亿 m³	面临主要灾害
东北山丘平原区	大兴安岭林区	黑龙江、吉林、辽宁全部地区,内蒙古东部地区	115.83	低山、丘陵、平原	地下水:65.54;河川径流:346.24	总量:329.39;河川径流:263.85;农业用水量:204.87	洪水、内涝、干旱、低温冷害、盐碱化等
	小兴安岭河谷洪涝区						
	长白山低山丘陵区						
	西辽河-柳河上游丘陵干旱水土流失区						
	辽西山丘干旱区						
	辽南丘陵缺水区						
	三江平原沼泽化区						
	兴凯湖低平原内涝区						
	松嫩高平原洪涝区						
	嫩江右岸丘陵区						
	松嫩低平原风沙干旱盐碱区						
	西辽河平原风沙干旱区						
	辽河中下游平原洪涝区						
黄淮海山地平原区	坝上高原干旱区	河北、北京、天津、山东全部地区,江苏、河南、安徽部分地区	59.59	地形平坦、土层深厚	地下水:286.54;河川径流:486.30	总量:772.84;河川径流:486.30;农业用水量:687.27	冬春干旱及盐碱化、夏秋洪涝
	燕山-太行山山丘区						
	燕山-太行山山前区						
	海河平原洪旱涝碱区						
	冀鲁滨海干旱盐土区						
	泰沂山北山前平原旱涝区						
	胶东低山丘陵干旱区						
	泰沂山丘干旱区						
	南四湖湖西平原区						
	沂沭河下游平原洪涝区						
	豫中伏牛山丘干旱区						
	淮北平原旱涝碱区						

续表

一级水利化区	二级水利化区	包括范围	土地面积/万 km²	地貌特征	现有水利设施供水量 / 亿 m³	现状用水量 / 亿 m³	面临主要灾害
内蒙古草原区	呼伦贝尔高原草甸草原区	内蒙古中东部地区	40.13	丘陵山地、平原及山间盆地	地下水：6.35；河川径流：3.75	总量：8.79；河川径流：3.10；农业用水量：6.28	冬春干旱、风沙
	锡林郭勒高原典型草原区						
	乌兰察布高原荒漠草原区						
	银山北坡丘陵盆地农牧结合区						
西北黄土高原区	海东山地丘陵半干旱区	宁夏全部地区，内蒙古、山西、陕西、甘肃、青海、河南部分地区	66.10	高原、丘陵、台地原面支离破碎、半荒漠	地下水：64.45；河川径流：173.35	总量：237.80；河川径流：173.35；农业用水量：207.02	干旱、水土流失
	陇中宁南丘陵沟壑严重干旱水土流失区						
	宁蒙河套灌区盐碱区						
	鄂尔多斯高原干旱风沙区						
	蒙晋陕丘陵沟壑严重水土流失干旱区						
	陕北-晋西南部残原丘陵沟壑水土流失干旱区						
	陇东-渭北高原沟壑干旱水土流失区						
	汾渭地堑盆地灌区干旱区						
	伊洛沁河旱洪区						
	甘南高原草原区						
江淮山丘平原区	长江中下游平原洪涝旱区	上海和重庆全部地区，湖北、湖南、安徽、江西、浙江、河南、四川、贵州、广西部分地区	79.97	低山丘陵向高原过渡区湖泊集中	地下水：11.81；河川径流：1132.34	总量：1216.18；河川径流：1204.37；农业用水量：1038.27	春夏伏旱、洪涝
	江淮下游平原水网涝渍洪区						
	江淮山丘旱涝区						
	济南山丘旱涝区						
	川鄂湘黔边界山地旱洪区						

续表

一级水利化区	二级水利化区	包括范围	土地面积/万 km²	地貌特征	现有水利设施供水量/亿 m³	现状用水量/亿 m³	面临主要灾害
川陕山丘盆地区	四川盆地旱区	重庆、四川、陕西、甘肃、湖北部分地区	41.34	浅山、丘陵平原、盆地	地下水：1.95；河川径流：224.93	总量：226.88；河川径流：224.93；农业用水量：192.81	洪涝渍与干旱
	四川盆地外围山地旱洪区						
	秦巴山地旱洪区						
东南沿海区	浙东沿海平原丘陵旱洪区	香港、澳门、台湾、海南全部地区，浙江、安徽、江西、湖南、广东、广西部分地区	61.96	山地丘陵、三角洲、滨海平原及岛礁	河川径流：1184.56	总量：962.19；河川径流：962.19；农业用水量：861.02	旱、洪、涝、潮、盐碱
	浙西南山地丘陵旱区						
	闽粤东南沿海平原丘陵旱洪区						
	闽西北山地丘陵旱区						
	粤湘赣水系相连山地丘陵旱区						
	珠江三角洲平原洪涝区						
	桂中桂东沿江丘陵盆地旱洪区						
	粤西桂南沿海平原丘陵旱洪区						
	海南岛山台地及南海诸岛珊瑚礁群-苦旱区						
	台湾山台地旱洪区						
云贵高原区	贵州高原岩溶旱区	贵州、云南、广西、四川部分地区	62.30	山地山原、高原丘陵、盆地坝子岛礁	河川径流：219.47	总量：173.00；河川径流：173.00；农用水量：140.36	旱、洪、涝
	川滇黔边界高原旱区						
	川南滇中红色高原旱区						
	黔南桂西北中山岩溶旱洪区						
	滇东高原湖盆岩溶旱区						
	滇桂山原岩溶旱区						
	横断山南段中山峡谷旱区						
	滇西南中山宽谷盆地旱区						

续表

一级水利化区	二级水利化区	包括范围	土地面积 / 万 km²	地貌特征	现有水利设施供水量 / 亿 m³	现状用水量 / 亿 m³	面临主要灾害
西北内陆区	伊博塔阿山谷富水区	新疆全部地区，青海、甘肃、内蒙古部分地区	245.64	高山盆地、冰川、沙漠戈壁、内陆湖泊	地下水：87.60；河川径流：438.06	总量：481.02；河川径流：393.42；农用水量：458.02	干旱、风沙、盐碱、寒流
	天山北麓中小山溪河流区						
	东疆炎热干旱区						
	塔里木盆地北缘盐碱区						
	昆仑山北麓严重春旱区						
	柴达木盆地区						
	青海湖区						
	河西干旱区						
	阿拉善南部沙漠干旱区						
	阿拉善北部高原干旱区						
	古尔班通古特沙漠区						
	塔克拉玛干沙漠区						
青藏高原区	川青藏草原区	西藏全部地区，青海、四川、云南部分地区	186.08	高山盆地、冰川、草甸、草原、湖泊	河川径流：24.51	总量：25.17；河川径流：25.17；农用水量：15.08	干旱、盐碱、寒流
	青藏高原高寒区						
	藏南河谷区						
	川滇藏高山峡谷区						

资料来源：刘善建和司志明，1981。

表 4-9　2015 年重点湖泊（水库）水质状况

水质状况	三湖	重要湖泊	重要水库
优	—	洱海、抚仙湖、泸沽湖、班公错	密云水库、丹江口水库、松涛水库、太平湖、新丰江水库、石门水库、长潭水库、千岛湖、隔河岩水库、黄龙滩水库、东江水库、漳河水库
良好	—	高邮湖、瓦埠湖、南四湖、南漪湖、东平湖、升金湖、武昌湖、骆马湖	于桥水库、崂山水库、董铺水库、峡山水库、富水水库、磨盘山水库、大伙房水库、小浪底水库、察尔森水库、大广坝水库、王瑶水库、白莲河水库
轻度污染	太湖、巢湖	阳澄湖、小兴凯湖、高邮湖、兴凯湖、洞庭湖、菜子湖、鄱阳湖、阳宗海、镜泊湖、博斯腾湖	尼尔基水库、莲花水库、松花湖

续表

水质状况	三湖	重要湖泊	重要水库
中度污染	—	洪泽湖、淀山湖、贝尔湖、龙感湖	—
重度污染	滇池	达赉湖、白洋淀、乌伦古湖、程海（天然背景值较高所致）	—

表4-10　2014年省界断面水质状况

流域	断面比例/%		劣Ⅴ类断面分布
	Ⅰ～Ⅲ类	劣Ⅴ类	
长江	78.0	7.5	清流河的安徽-江苏交界处；舞水的贵州-湖南交界处；清河、黄渠河的河南-湖北交界处；牛浪湖的湖北-湖南交界处
黄河	49.3	34.2	湟水的青海-甘肃交界处；都斯图河的内蒙古-宁夏交界处；皇甫川、窟野河、牸牛川的内蒙古-陕西交界处；葫芦河、渝河、茹河的宁夏-甘肃交界处；金堤河的河南-山东交界处；龙王沟的内蒙古入黄河；偏关河、蔚汾河、湫水河、三川河、鄂河、汾河、涑水河的山西入黄处；皇甫川、孤山川、清涧河、延河、金水沟的陕西入黄处；双桥河、宏农涧河的河南入黄处等
珠江	85.5	5.5	黄华江的广东-广西交界处；深圳河的广东-香港交界处
松花江	83.0	6.4	阿伦河、雅鲁河的内蒙古-黑龙江交界处；卡岔河的吉林-黑龙江交界处
淮河	49.0	18.4	洪汝河、南洺河、大沙河（小洪河）、沱河、包河的河南-安徽交界处；奎河的江苏-安徽交界处；灌沟河南支的安徽-江苏交界处；绣针河、青口河的山东-江苏交界处
海河	31.7	61.7	潮白河、北运河、沟河、凤港减河、小清河、大石河的北京-河北交界处；北京排水河的北京-天津交界处；潮白河、蓟运河、北运河、沟河、还乡河、双城河、大清河、青静黄排水渠、子牙河、子牙新河、北排水河、沧浪渠的河北-天津交界处；卫运河、漳卫新河的河北-山东交界处；卫河的河南-河北交界处；徒骇河的河南-山东交界处；饮马河的内蒙古-山西交界处；南运河的山东-河北交界处；桑干河、南洋河的山西-河北交界处等
辽河	19.0	23.8	阴河的河北-内蒙古交界处；老哈河的辽宁-内蒙古交界处；招苏台河、条子河的吉林-辽宁交界处
东南诸河	90.0	10.0	甘岐水库的浙江-福建交界处
西南诸河	100.0	—	—

4.7　影响耕地质量的利用系数与经济系数

土地利用是指在一定社会生产方式下，人们为了获取一定的经济收益或达到一定的社会目的，依据土地自然属性及其动态变化规律，对土地进行的使用、保护和改造的经营性活动。就耕地-农作物系统而言，人们土地利用活动大致包括以下方面：农业机械及物资的购买与使用，土地平整、灌排-田间道路-防护林网建设，选种育种与育秧、耕作施肥播种、田间管护（间苗、施肥、病虫害防治等）、灌溉或排水、收获保存与秸秆回田、农产品加工与交易等诸多环节，如图 4-8 所示。

……
购置农机物资
平整土地
兴修灌排设施
修建田间道路
修建防护林网
先种育种育秧
耕作与播种
间苗与管护
施肥灌溉排水
病虫害防治
收获保存
秸秆回田犁耕
加工与交易
……

土地耕地利用活动

图 4-8　耕地利用活动环节图解

人们土地利用活动的目的，一是构建高效且抗逆性强的耕地-农作物生态系统；二是促进并优化耕地-农作物自然再生产过程；三是提高耕地农作物经济再生产的效益；四是优化农业生产景观和耕地环境质量。但是在实际土地利用活动中，耕地-农作物生态系统属于开放系统，耕地-农作物系统及其外围环境具有复杂多变性和难以预测性，再加上人们认识水平与技术水平的局限性，以及要预测人们土地利用活动对耕地间接的影响及未来长期的影响也是困难的，因此人们的某些土地利用活动也可能对耕地-农作物系统施加某些不利的影响，其结果导致耕地退化（耕地土壤污染、板结、肥力降低、耕地地表水土流失、土壤遭受风蚀沙化、次生盐碱化或酸化等）的发生，甚至也可导致耕地-农作物生态系统崩溃或者生产能力丧失。因此，土地利用方式及其效益是评价耕地质量等级的重要指标。

《农用地质量分等规程》（GB/T 28407—2012）采用土地利用系数与土地经济系数来客观评价人们土地利用活动、社会经济条件等对耕地质量等级的影响。

土地利用系数是修正土地的自然质量，使其达到接近土地的实际产出水平的系数，计算公式如下：

$$K_{Lj} = Y_j / Y_{j,\max}$$

式中，K_{Lj} 为某样点的第 j 种指定作物土地利用系数；Y_j 为样点的第 j 种指定作物单产；$Y_{j,\max}$ 为第 j 种指定作物的省级二级区内最高单产。

土地经济系数计算公式如下：

$$K_{cj} = a_j / A_j$$

式中，K_{cj} 为样点的第 j 种指定作物土地经济系数；a_j 为样点第 j 种指定作物"产量-成本"指数；A_j 为第 j 种指定作物"产量-成本"指数的省级二级区内最大值。

土地利用系数与土地经济系数既有区别又有联系，前者主要反映耕地生产潜力的发挥程度，其主要涉及耕地利用过程中的技术、设施、经营管理经验和生产管理等因素；后者则主要反映人们对耕地的投入-产出状况，即经济效益水平，这是在一定的社会经济条件下，耕地区位、农业政策、经营规模与方式、农产品的市场状况等因素对耕地质量等级的综合作用。

土地利用系数用来衡量耕地所处区域耕地生产潜力发挥或利用的平均水平，因此在实际耕地质量等级调查观测评价过程中，Y_j 值依据实地调查观测或者统计资料获得多年平均单产；$Y_{j,\max}$ 值由各省组织相关专家集体研讨在耕地集约性和持续性利用条件下区域可获得指定作物最高单产值。土地经济系数也由类似的方法确定。现汇总 31 个省（市、自治区）（不含港澳台地区）的土地利用系数和经济系数状况，如表4-11所示。

表4-11　31个省（市、自治区）土地利用系数和经济系数汇总

省（市、自治区）	利用系数范围	经济系数范围
北京	0.682～0.697	0.400～0.736
天津	0.667～0.667	0.866～0.891
河北	0.142～0.919	0.087～0.449
山东	0.158～0.817	0.333～0.829
江苏	0.813～0.934	0.909～0.969
上海	0.665～0.903	0.477～0.793
浙江	0.600～0.918	0.280～0.838
福建	0.152～0.765	0.100～0.601

续表

省（市、自治区）	利用系数范围	经济系数范围
广东	0.498 ～ 0.798	0.392 ～ 0.739
海南	0.138 ～ 0.451	0.181 ～ 0.890
湖南	0.375 ～ 0.734	0.250 ～ 0.542
江西	0.282 ～ 0.655	0.351 ～ 0.988
湖北	0.765 ～ 0.814	0.841 ～ 0.817
安徽	0.369 ～ 0.585	0.159 ～ 0.487
河南	0.653 ～ 0.761	0.440 ～ 0.700
山西	0.069 ～ 0.346	0.519 ～ 0.539
辽宁	0.500 ～ 0.503	0.270 ～ 0.918
吉林	0.209 ～ 0.770	0.184 ～ 0.737
黑龙江	0.986 ～ 0.997	0.849 ～ 0.994
内蒙古	0.200 ～ 0.422	0.500 ～ 0.657
陕西	0.575 ～ 0.763	0.671 ～ 0.733
甘肃	0.208 ～ 0.655	0.250 ～ 0.660
青海	0.288 ～ 0.923	0.245 ～ 0.650
宁夏	0.116 ～ 0.835	0.412 ～ 0.920
新疆	0.121 ～ 0.453	0.252 ～ 0.727
重庆	0.552 ～ 0.802	0.449 ～ 0.810
四川	0.317 ～ 0.550	0.437 ～ 0.625
贵州	0.551 ～ 0.903	0.366 ～ 0.875
云南	0.316 ～ 0.568	0.400 ～ 0.821
广西	0.413 ～ 0.823	0.436 ～ 0.852
西藏	0.564 ～ 0.856	0.421 ～ 0.920

第 5 章

耕地质量等级评价指标调查观测方法

5.1 有效土层厚度

5.1.1 有效土层概念及评价分级

《农用地质量分等规程》（GB/T 28407—2012）规定：有效土层厚度是指土壤层和松散的母质层之和，共分为五个等级。有效土层厚度分级界限下含上不含，如图5-1所示。从全国第二次土壤普查的乡级或县级成果的土种类型图及其报告中获得土层厚度数据。

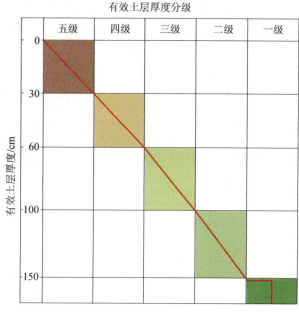

图 5-1　有效土层厚度评价赋值图式

在实际调查观察过程中，全国第二次土壤普查资料过于久远，再加上近些年来国家大力实施土地平整、土地整理、土地整治等重大工程，使许多地方的耕地土壤层发生了变化，同时在土地管理领域尚未有土层（土体）厚度、有效土层厚度、土壤耕作层厚度概念的清晰界定，因此在确定耕地土壤有效土层厚度时常存在把握不准确的情况，在此有必要从土壤地理学角度对上述概念予以剖析界定。

（1）土壤层

从土壤地理学和农业生产角度来看，土壤是指位于地球陆地表面具有肥力、能够生长植物的疏松层，其厚度从数厘米至2～3m不等；土壤是母岩、活的和死的有机体、气候、陆地年龄和地形的综合作用的结果。自然界的土壤是一个时间上处于动态、空间上具有垂直和水平方向上各异的三维连续体，因此，认识和研究土壤需要从具体的单个土体、土壤剖面及其剖析入手。从地面垂直向下至母质的土壤纵断面称为土壤剖面（soil profile）。土壤剖面中与地面大致平行的物质及性状相对均匀的各层土壤称为土壤发生层（soil genetic horizon）[简称土层（soil horizon）]，土壤发生层是土壤剖面的基本组成单元。

依据土壤剖面中物质迁移转化和累积的特点，一个发育完整的土壤剖面可以划分出三个最基本的土壤发生层，即 A、B、C 层，如图 5-2 所示。由于人类长期翻耕活动，原自然土壤剖面中 A、B、C 层发生不同程度的变化，其旱地与水田土壤的层次也有所不同。

腐殖质层A层

沉积层AB$_k$层

母质层C层

图 5-2　土壤发生层次图解（土壤通体有侵入体）

旱耕地土壤剖面一般由上向下依次为耕作层（表土层或熟化层）、犁底层（亚表土层）、心土层和底土层。其中耕作层（cultivated horizon）是人类耕作、施肥等活动影响形成的暗色、富含腐殖质、疏松多孔的土层，常用 A 表示；犁底层（plow pan）是指位于耕作层之下，经常受农具耕犁挤压而形成的淡色的土壤紧实且呈片状结构的土层，该土层对农作物生长发育具有一定的托水托肥的作用，常用 P 表示；心土层是指位于耕作层与犁底层之下，受上部土层及人们耕作活动的压力且具有不同物质淀积的土层，该土层也是为农作物生长发育保水保肥的重要层次，常用 B 表示；底土层是指位于心土层以下（一般在地表约 60cm 处），受人们耕作活动影响较小的土壤母质层，该层对农作物生长发育有保蓄水分、渗漏、物质迁移转化的作用，常用 C 表示。

水田土壤剖面一般由上向下依次为耕作层（水耕熟化层）、犁底层、潴育层、潜育层等。其中，潴育层（water-loggogenic horizon）是指位于耕作层和犁底层之下，常用具有周期性来自耕作层渗漏水或潜水上升水及其还原性铁锰化合物被氧化淀积形成锈纹、锈斑、铁锰结核等新生体，呈现棱柱状结构的土层，常用 B$_g$ 表示；潜育层是在地下水长期浸渍下发生潜育化，即土壤中高价态铁锰化合物被还原成低价态铁锰化合物，呈现青灰色或蓝绿色的土壤，常用 G 表示。

（2）松散的母质层

《农用地质量分等规程》（GB/T 28407—2012）规定：有效土层厚度是指土壤层和松散的母质层之和。这里需要特别指出，松散的母质层应该是松散的壤质、壤砂质（具有保持水分与养分、不影响农作物根系生长和人们耕作活动）母质层。在土壤科学领域，土壤剖面中的 A 层和 B 层合称为土体层，土体厚度即土壤层厚度。为了客观准确地监测有效土层厚度，一是需要鉴定土壤层与母质层的界限；二是观测土壤剖面之中 B 层是否有阻碍农作物根系生长的障碍层，只有障碍层之上的土层才属于有效土层的范畴。

土壤剖面之中的 B 层与 C 层的区别可归结为：①从物质的形态上看：B 层具有物质随着淋溶过程、蒸发或毛管作用，生物富集迁移或聚集的特征；C 层则不具有这些物质在垂直方向上迁移或聚集的特征，C 层常具有母岩遭受风化而残积，或者岩石风化产物在地表外引力作用下被搬运淀积的特征。②从物质的组成上看：B 层中土壤颗粒粒径≤2mm 的砂粒、粉粒和黏粒的体积含量应 >25%，且具有一定量的次生黏土矿物，而粒径 >2mm 的砾石的体积含量应≤75%；C 层中粒径 >2mm 的砾石的体积含量应 >75%，且粉粒、黏粒的体积含量极少，少见有次生黏土矿物。③从物质的功能上看：B 层和 C 层一般均具有供植物生长发育的矿质营养元素，其差异在于 B 层具有较强的吸持-保存植物生长发育所需要的水分与矿质营养元素的能力；而 C 层的物质一般不具有吸持-保存水分与养分的能力，如图 5-3 所示。在某些土壤发育历史悠久的地区，如广东粤西，或者具有厚层风成黄土的平原区域，如陕西关中平原则具有深厚的有效土层，如图 5-4 所示。

如果耕地土壤在形成发育过程中或者人为活动不利影响下，致使土壤剖面中部或者下部有难溶性物质淀积聚积或者侵入体（如砂粒、建筑物碎屑）聚积，这就构成了土壤障碍层，即耕地土壤剖面心土层 B 层中具有妨碍农作物生长发育，以及水分、养分运移的障碍层，如超钙积层 B_{km}、钙磐层 B_{kx}、超钙磐层 B_{kx}、石膏层 B_y、超石膏层 B_{ym}、超盐积层 B_{zm}、盐磐 B_{zx}、结核层 B_w、潜育层 B_g、聚铁网纹层 B_s、硅淀积聚积层 B_{qm} 等，该土壤的有效土层厚度则为从地表到上述障碍层上限的深度，如图 5-5 所示。

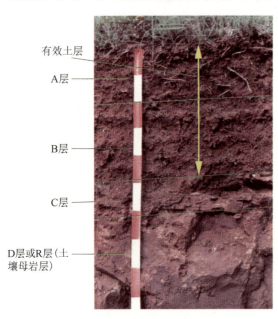

有效土层

A层

B层

C层

D层或R层（土壤母岩层）

图 5-3 紫色土剖面 A、B、C、D 的比较

（资料来源：熊毅和李庆逵，1990。）

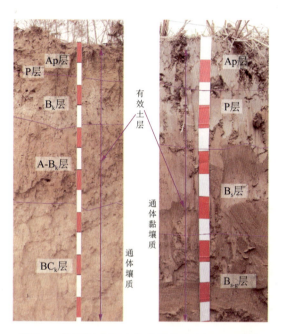

图 5-4　陕西关中与广东粤西耕地有效土层图解

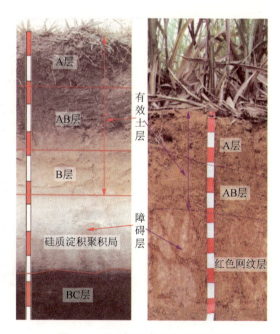

图 5-5　土壤剖面中障碍层示意图

5.1.2 调查观测方法

《农用地质量分等规程》（GB/T 28407—2012）规定：耕地土壤有效土层厚度信息可以从全国第二次土壤普查成果，如乡级或县级土壤图及其报告中获得，或进行野外实地调查观测。

从地面垂直向下的土壤纵剖面，野外土壤剖面的布设，剖面朝向的设置、挖掘、观察与记录、样品采集是耕地土壤属性调查观测、土壤环境调查采样的基本方法。随着现代技术与土壤科学的快速发展，依据土壤剖面、土壤诊断土层和诊断特性的调查观测采样化验分析已经逐步走向定量化、标准化和统一化，对以土壤剖面观察和样品采集为核心的土壤调查提出了新的要求。土壤剖面点位设置应具有广泛的代表性，原则上使每个土壤类型或者每个土地利用单元、耕地类型单元至少有一个剖面点。例如，在地形、水文、植被、母质、污染源影响有变异的地段，就要按中等地形或微地形的不同部位分别设置土壤剖面点；在盐碱化和沼泽化地区，就要按中等地形不同部分分别设置土壤剖面点；在山区应按海拔、坡向、坡度、坡形、植被类型分别设置土壤剖面点；在农耕区应按不同作物及其耕作方式分别设置土壤剖面点；在农、林、牧交错区，应按土地利用类型分别设置土壤剖面点。土壤剖面点的具体位置，还应避开公路、铁路、墓地、村镇、水利工程等受人为干扰活动影响较大的特殊地段，以确保土壤剖面能代表较大区域的土壤类型及其环境状况。土壤剖面挖掘应按长（150～200）cm×宽100cm×深150cm的规格挖掘，如图5-6所示。

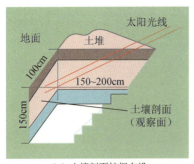

（a）土壤剖面挖掘布设

（b）赤红壤剖面示意图

图5-6　土壤剖面挖掘布设及赤红壤剖面示意图

对不同的土壤应有所调整，如在山区挖掘到母质或母岩即可，对草甸土或盐碱土挖掘到潜地下水位为限。同时在挖掘剖面时应将观察面留在山坡上方的向阳面，且不踏踩观察面上方土壤。在精修待观察土壤剖面的基础上，拍摄土壤剖面照片。土壤剖面观察与描述记载：根据土壤剖面在垂直方向上土壤组成和性状的差异（土壤诊断特性）及其变化划分土壤发生层次或者诊断土层。

1）O 枯枝落叶层：土壤表面未分解或半分解植物残体堆积层，相当于中国土壤系统分类中有机表层（histic epipedon）中的泥炭质表层、枯枝落叶表层和草毡表层。

2）K 矿质结皮层：土壤表层矿物质相对聚集而形成的土层，相当于中国土壤系统分类中的干旱表层（aridic epipedon）、盐结壳（salic crust）。

3）A 腐殖质土层：土壤腐殖质聚集形成的暗色土层，相当于中国土壤系统分类中的暗沃表层（mollic epipedon）、暗瘠表层（umbric epipedon）、灌淤表层（siltigic epipedon）、水耕表层（anthrostagnic epipedon）、堆垫表层（cumulic epipedon）、肥熟表层（fimic epipedon）等。

4）E 淋溶土层：因黏粒、游离铁锰氧化物淋失而粉粒砂粒聚集形成的漂白层（albic horizon）、舌状层（glossic horizon）或灰化层（spodic horizon）。

5）B 淀积土层：表层土壤物质向下淋溶淀积而形成心土层，按聚集物质不同可细分为：黏粒聚集而形成的黏化层（argic horizon），腐殖质与铁铝氧化物聚集形成的灰化淀积层（spodic horizon）、铁铝氧化物聚集形成的铁铝层（ferralic horizon），次生碳酸钙聚集而形成的钙积层（calcic horizon），次生石膏聚集而形成的石膏层（gypsic horizon），铁锰氧化物聚集形成的聚铁网纹层（plinthic horizon）。

6）P 犁底土层：位于水稻土或旱耕地土壤耕作层之下相对紧实的土层。

7）G 潜育土层：长期被水饱和并在有机质存在的条件下，铁锰氧化物被还原、分离或聚集而形成的灰蓝色土层。

8）C 母质层和 D 基岩层。

土层划分及设立标志之后采用连续读数，用钢卷尺从地表向下测量各土层深度，并记入土壤剖面记载表中。然后逐层观察和记录土壤颜色、质地、结构、孔隙度、紧实度、干湿度、根系、有机质状况、动物活动遗迹、新生体、侵入体以及土层界线的形状和过渡特征，并根据需要速测记录土壤 pH、Eh、盐酸反应状况、酚酞反应状况。

5.2 表层土壤质地

5.2.1 土壤质地类型

土壤质地不仅是土壤分类的重要诊断指标，还是影响土壤水、肥、气、热状况，物质迁移转化及土壤退化过程的重要影响因素，是土壤地理调查、与农业生产相关的土壤改良、土建工程和区域水分循环过程等研究的重要内容。

土壤矿物质由风化与成土过程中形成的不同大小矿物颗粒组成，其直径相差巨大，

从 $10^{-9} \sim 10^{-1}$m 不等，不同大小土粒的化学组成、理化性质也有很大差异。据此可将粒径大小相近、性质相似的土粒归为一类，称为粒级。世界各国对土壤颗粒分级均采用砂粒、粉粒和黏粒 3 个大类别，但每个类别的划分标准有所不同，目前国际土壤学界广泛应用美国农部制或国际制划分标准。国际制将土壤颗粒划分为 4 级，即粗砂、细砂、粉粒和黏粒；美国农部制将土壤颗粒划分为 7 级，即极粗砂、粗砂、中砂、细砂、极细砂、粉粒和黏粒；卡钦斯基制将土壤颗粒划分为（石、砾）、粗砂、中砂、细砂、粗粉粒、中粉粒、细粉粒、粗黏粒、细黏粒和胶质黏粒。中国在 1950 ～ 1980 年多采用此分级制，中国于 1975 年拟定的粒级划分标准为粗砂、细砂、粗粉粒、细粉粒、粗黏粒和黏粒，20 世纪 70 年代后期及 80 年代中国土壤学文献一般采用此标准。上述土壤颗粒粒级划分的具体标准也有所不同，如图 5-7 所示。

　　土壤矿物质都是由大小不同的土粒组成的，各个粒级在土壤中所占的相对比例或质量分数称为土壤质地（soil texture），也称为土壤的机械组成。土壤质地的分类和划分标准，世界各国也很不统一。国际制和美国农部制相似，均按砂粒、粉粒和黏粒所占的质量分数，将土壤划分为砂土、壤土、黏壤土和黏土 4 类 12 级。卡钦斯基制则采用双级分类制，即按物理性砂粒（>0.01mm）和物理性黏粒（<0.01mm）的质量分数划分为砂土、壤土和黏土 3 类 9 级。中国于 1978 年拟定的土壤质地分类方案是按砂粒、粉粒和黏粒的质量分数划分出砂土、壤土和黏土 3 类 11 级。目前国际学术界应用广泛的是美国农部制土壤质地分类，中国土壤质地分类也采用了国际上流行的美国农部制分类标准，如图 5-8 所示。

　　土壤质地是土壤物理性质之一。土壤质地与土壤通气、保肥、保水状况及耕作的难易有密切关系，故土壤质地也是影响耕地质量等级的重要因素；土壤质地状况是拟定土壤利用、管理和改良措施的重要依据。国际土壤科学曾经有多种不同的土壤质地划分标准，在中国土壤学界也有多种土壤质地划分标准，如 20 世纪 50 年代，中国开始采用卡钦斯基制的土壤粒级-土壤质地划分标准；1975 年中国拟定了相应的土壤粒级-土壤质地划分标准，与卡钦斯基制近似；20 世纪 70 年代后期，中国引入了国际制土壤粒级-土壤质地划分标准；20 世纪 90 年代，美国农部制的土壤粒级-土壤质地划分标准在中国得到应用，并逐渐成为主流。此类数据多数从全国第二次土壤普查成果，如乡级或县级土壤图及其报告中获得，或进行野外实地调查观测。《农用地质量分等规程》（GB/T 28407—2012）将土壤质地分为壤土、黏土、砂土和砾质土 4 个级别。

　　1）1 级：壤土，包括卡钦斯基制的砂壤、轻壤和中壤，1978 年全国土壤普查办公室制定的中国土壤质地试行分类中的壤土。

　　2）2 级：黏土，包括卡钦斯基制的黏土和重壤，1978 年全国土壤普查办公室制定的中国土壤质地试行分类中的黏土。

　　3）3 级：砂土，包括卡钦斯基制的紧砂土和松砂土，1978 年全国土壤普查办公室制定的中国土壤质地试行分类中的砂土。

　　4）4 级：砾质土，即按体积计，直径介于 1 ～ 3mm 的砾石等粗碎屑含量大于10%，包括卡钦斯基制的强石质土；1978 年全国土壤普查办公室制定的多砾质土。

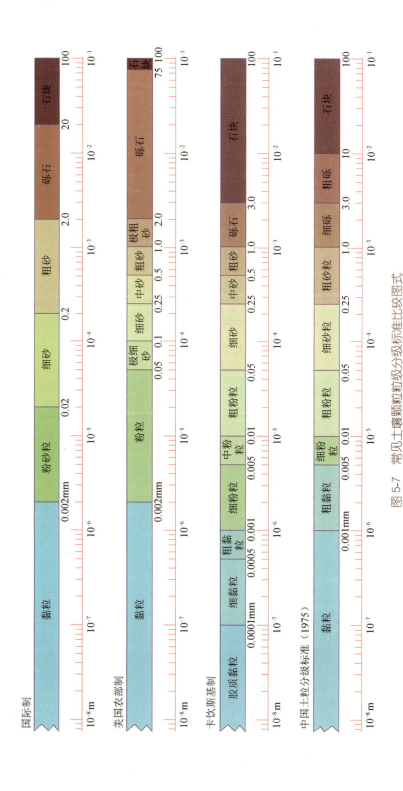

图 5-7　常见土壤颗粒粒级分级标准比较图式

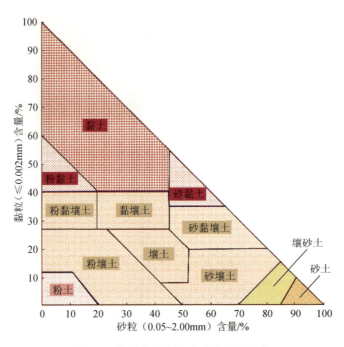

图 5-8 美国农部制土壤质地类型图式

5.2.2 土壤质地的测定方法

　　土壤质地虽然主要取决于成土母质类型，有相对的稳定性，但耕作层的质地仍可通过耕作、施肥等活动进行调节。耕地土壤质地是土壤的一项非常稳定的自然属性，它可以反映母质的来源和成土过程的某些特征，对土壤肥力有很大的影响。土壤质地或耕作层土壤质地是评价农用地自然质量分的重要指标，统计分析 14 个省市农用地分等技术报告，发现 14 个省市农用地自然质量分评价中均选用表土层或耕作层土壤质地指标，在评价过程中一般将土壤质地划分成 5 ～ 7 级打分，并按照权重（0.06 ～ 0.25）评价自然质量分。测定土壤质地的常用方法有实验室测定法和专家野外手测法。前者包括吸管法、比重计法、激光粒度仪测定法，后者是指土壤学专家的揉条法或参比法。这些土壤质地观测方法的精度一般是吸管法 > 激光粒度仪测定法 > 比重计法 > 专家手测法（揉条法）或参比法，如图 5-9 所示。由于实验室测定法包括土壤样品风干、过筛预处理、添加分散剂、配制悬浊液、静置分离测量等环节，一般需要专业实验人员进行约五个工作日的实验工作，且实验花费大；专家手测法的观察精度较低，仍可满足耕地自然质量分评价的要求，但非土壤学专家的手测结果随意性大，难以满足农用地分等的要求。

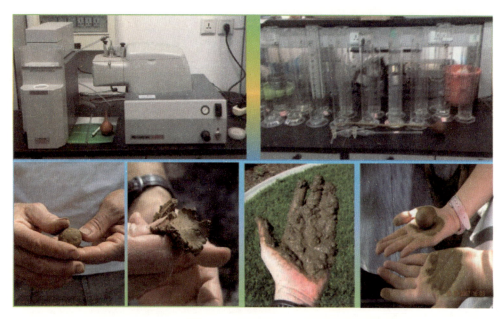

图 5-9　土壤质地的激光粒度仪测定法、吸管法和专家揉条法

在实地调查研究的基础上，借鉴荷兰土壤侵蚀专家运用目视类比法原理，在野外监测土壤水蚀过程中泥沙颗粒大小，即野外采集的泥沙颗粒大小比对沙盘。依据美国农部制土壤颗粒粒级分级标准，研制了适用于耕地土壤田间快速调查的美国农部制土壤粒级表样比对沙盘，其具体包括 $2000 < \phi \leqslant 7500\mu m$ 砾石、$1000 < \phi \leqslant 2000\mu m$ 极粗砂、$500 < \phi \leqslant 1000\mu m$ 粗砂、$250 < \phi \leqslant 500\mu m$ 中砂、$100 < \phi \leqslant 250\mu m$ 细砂、$50 < \phi \leqslant 100\mu m$ 极细砂、$2 < \phi \leqslant 50\mu m$ 粉粒、$\phi \leqslant 2\mu m$ 黏粒八个土壤颗粒粒级。在比对沙盘底部标记出在一般流水搬运条件下，地表沉积物及其土壤粒径的分布模型。研制了适用于耕地土壤质地调查的美国农部制土壤质地类型标样比对沙盘，其具体包括黏土（黏粒：粉粒：砂粒比例为 70：25：5）、粉黏土（50：40：10）、黏壤土（30：40：30）、粉黏壤土（30：60：10）、粉壤土（20：50：30）、粉土（10：80：10）、砂黏土（50：10：40）、壤土（20：40：40）、砂壤土（10：30：60）、壤砂土（8：12：80）、砂土（5：10：85）等质地类型。在应用示范中进行了修改完善，表明该比对沙盘具有携带操作、使用简便易学、观测比对结果准确等优点，可满足《农用地质量分等规程》（GB/T 28407—2012）和省级农用地分等技术报告中对土壤质地观测评价的需求。这两项技术已经获得国家专利授权，并已经研制成为技术产品，如图 5-10 和图 5-11 所示。

在实际调查观测应用过程中，上述土壤粒级与质地类型可在田间准确地确定出土壤质地的 5 ~ 7 种类型，达到了耕地质量等级调查需求。建议在有条件的情况下或为了深入研究耕地质量状况，按照规范采集土壤样品，在专业实验室处理并运用吸管法或粒度仪测定法测定土壤质地类型及其量化数据。综合分析国内外相关研究成果，依据《农用地质量分等规程》（GB/T 28407—2012）和农用地分等技术报告，建立了适应于耕地等级监测的土壤质地类型参比体系，如表 5-1 和表 5-2 所示。这样就较好地解决了国际制土壤质量分级与美国农部制土壤质地分级之间的比对关系式（仅适应于农用地分等对土壤质地的野外现场评判）。

图 5-10　美国农部制土壤粒级分级比对沙盘

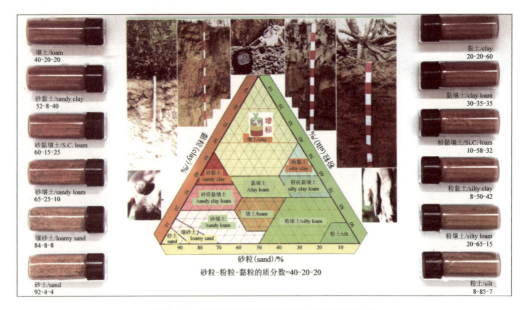

图 5-11　美国农部制土壤质地类型比对沙盘

表 5-1　国际制土壤质地分级标准

质地类型	黏粒 /%（<2μm）	粉砂 /%（2～20μm）	砂粒 /%（20～2000μm）
壤质砂土	0～15	0～15	85～100
砂质壤土	0～15	0～45	55～85
壤土	0～15	30～45	40～55
粉砂质壤土	0～15	45～100	0～55
砂质黏壤土	15～25	0～30	55～85
黏壤土	15～25	20～45	30～55
粉砂黏壤土	15～25	45～85	0～40
砂质黏土	25～45	0～20	55～75
壤质黏土	25～45	0～45	10～55
粉砂质黏土	25～45	45～75	0～30
黏土	45～65	0～55	0～55

表 5-2　国际制与美国农部制土壤质地的近似性参比

国际制土壤质地类型	美国农部制土壤质地类型
砂土	砂土
壤质砂土	壤砂土、砂壤土、
砂质壤土	砂壤土、粉砂壤土
壤土	壤土、粉砂壤土
粉砂质壤土	粉壤土、砂壤土
砂质黏壤土	砂黏土、粉黏土
黏壤土	黏壤土、
粉砂质黏壤土	粉黏壤土
砂质黏土	砂黏土
壤质黏土	粉土、黏壤土
粉砂质黏土	粉黏土
黏土	黏土

　　土壤质地类型是土壤的一个重要的诊断特性，它不仅决定着土壤保水持水、保肥供肥、通气性、耕作适宜性等物理性质，还影响着土壤微生物特征、土壤养分元素的有效性、土壤中污染物的毒性和植物的生长发育状况。目前世界各国还没有统一使用的土壤质地制，常见的土壤质地类型分类制有国际制、美国农业部制和卡钦斯基制，它们一般将土壤质地类型划分为 9～12 个类型。《农用地质量分等规程》（GB/T 28407—2012）中将土壤质地分为砂土、壤土、黏土和砾质土 4 个级别，其中，1 级为壤土，包括卡钦斯基制中的砂壤、轻壤和中壤；2 级为黏土，包括卡钦斯基制中的黏土和重壤；3 级为砂土，包括卡钦斯基制中的紧砂土和松砂土；4 级为砾质土，包括卡钦斯基制的强石质土。

　　实地调查发现，在以粉砂壤质、轻壤质土壤为主的旱作坡地或砂黄土区域，传统的粗放耕作常常使耕地土壤遭受强烈的水土流失或风蚀沙化，其结果导致耕地表土层中粒径在 0.005～0.10mm 的中粉粒、粗粉粒和细砂粒流失，并引起耕地适宜性的恶化和生产潜力的衰减。但是，国际制、美国农部制和卡钦斯基制的土壤质地类型一般不能反映耕地表土层质地的这种变化，从而影响了耕地适宜性与生产潜力评价的精度。为了适应耕地面积数量、质量等级、生态健康三位一体精细化管护的需求，特别建议在耕地质量等级调查评价过程中应采用精度更高的卡钦斯基详制——土壤质地详细分类体系，它是在卡钦斯基简制（松砂土、紧砂土、砂壤、轻壤、中壤、重壤、轻黏土、中黏土、重黏土）的基础上，再按照主要土壤粒级而细分，把含量最多和次多的粒级作为冠词，顺序放在简制土壤质地类型前面，这样实际上就将土壤质地类型细分为 49 种，可用于监测基层耕地质量变化，以及土壤基层分类及大比例尺土壤调查制图，如图 5-12 所示。

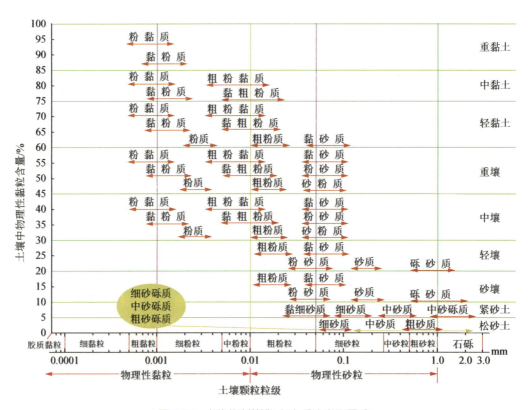

图 5-12　卡钦斯基详制土壤质地类型图式

5.3　土壤剖面构型

5.3.1　对土壤剖面的认识与回顾

土壤剖面构型是指土壤剖面之中各土壤发生层厚度及其有规律的组合、有序的排列状况，简称为土体构型。土体构型是在地表堆积物、沉积层或残积层（成土母质层）的基础上，在土壤内部及其与成土环境之间的微过程（microprocesses，包括物理、化学与生物学过程）、基本过程（elementary processes，土壤发生层形成）、一般土壤形成过程（general soil-forming processes，土壤剖面及其土体构型的形成）三者持续作用下形成的，因此它也是控制土壤剖面中水分、养分迁移转化的重要控制因子，对农作物生长发育过程和耕地质量等级具有重要的影响。《农用地质量分等规程》（GB/T 28407—2012）规定：耕地土壤剖面构型信息可以从第二次土壤普查成果，如乡级或县级土种类型图及其报告中获得，或进行野外实地调查。2009 年世界土壤信息中心专家 Hartemink 系统地研究了土壤剖面及其发展，早在 1771 年荷兰学者 Van Berkhey 提出泥炭土壤是由未分解的植物体累积所形成的，并首次描绘出荷兰沿海阿姆斯特丹附近采沙坑的纵向剖面（aardschil or earth skin），展现出了被埋藏的表土层和黏土层。在土壤科学的萌芽时期，土壤学界有两大学派，一是农业化学学派，主要是西欧的科学家在实验室内主要开展改善农田土壤状态的研究，这是 19 世纪土壤科学的主流；二是农业地质学派，主要是俄国学者及后来的美国学者在地质学家指导下在野外开展土壤学研究，其主要工作是土壤调查与制图，以及土壤概念的探索研究。随后在 1881 年，著名科学家达尔文在观测蚯蚓在土壤中的分布及其活动过程的研究中，勾画出了真正意义上的土壤剖面，如图 5-13 所示。

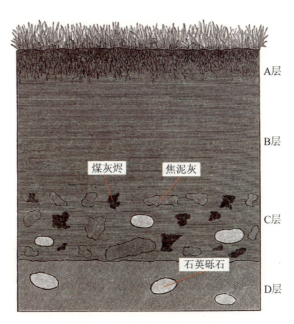

图 5-13　达尔文描绘的土壤剖面

（资料来源：Hartemink，2009。）

在土壤剖面之中土层的数目、排列组合形式和厚度统称为土壤剖面构造（profile construction）或土体构型，它是土壤重要的形态特征。依据土壤剖面中物质迁移转化和累积的特点，一个发育完整的土壤剖面可以划分出三个基本的土壤发生层，即A、B、C层，其中A层（表土层，surface soil layer）是有机质的积聚层和物质淋溶层；B层（心土层，subsoil layer）是由从A层下淋物质所形成的淀积层或聚积层，其淀积物质随气候和地形条件的不同而异，如在热带、亚热带湿润条件下堆积物以氧化铁和氧化铝为主，在温带湿润区以黏粒为主，在温带半干旱区则以碳酸钙、石膏为主，在地下水较浅的区域则以铁锰氧化物为主。A层和B层合称为土体层。土体层的下部则逐渐过渡到轻微风化的地质沉积层或基岩层，土壤学上称为母质层（C层，parent material horizon）或母岩层（D层，parent rock horizon）。

根据国家标准《农用地质量分等规程》（GB/T 28407—2012），此类数据多数可以从第二次土壤普查成果，如乡级或县级土种类型图及其报告中获得，或进行野外实地调查。将土壤剖面构型划分为以下类型。

1）均质质地剖面构型：从土表到100cm深度土壤质地基本均一，或其他质地的土层的连续厚度小于15cm，或这些土层的累加厚度小于40cm；分为通体壤、通体沙、通体黏、通体砾4种类型。

2）夹层质地剖面构型：从土表20～30cm至60～70cm深度内，夹有厚度15～30cm的与上下层土壤质地明显不同的质地土层；续分为砂/黏/砂、黏/砂/黏、壤/黏/壤、壤/砂/壤4种类型。

3）体（垫）层质地剖面构型：从土表20～30cm以下出现厚度不小于40cm的不同质地的土层；续分为砂/黏/黏、黏/砂/砂、壤/黏/黏、壤/砂/砂4种类型。

北京市平原区土壤类型主要为潮土和潮褐土，其成土母质主要为潮白河或永定河及其支流的洪积-冲积物，故耕地土壤剖面构型复杂多变。在耕地质量等级调查观测评价过程中，北京市划分的耕地土壤剖面构型及其赋值标准如表5-3所示。

表5-3　北京市土壤剖面构型指标分级表

赋值	耕地土壤剖面构型状况
1级	黏身轻壤、黏底轻壤、均质中壤、夹黏中壤、黏身中壤、黏底中壤、均质重壤、夹壤重壤、壤身重壤、壤底重壤、均质轻壤
2级	夹砂重壤、砂身重壤、砂底重壤、夹砂黏土、夹壤黏土、砂身黏土、壤身黏土、砂底黏土、壤底黏土
3级	夹砂轻壤、夹黏轻壤、砂身轻壤、砂底轻壤、夹砂中壤、砂身中壤、砂底中壤
4级	均质砂壤、夹壤砂壤、夹黏砂壤、壤身砂壤、黏身砂壤、壤底砂壤、黏底砂壤、均质黏土
5级	夹壤砂土、壤身砂土、壤底砂土
6级	夹黏砂土、黏身砂土、黏底砂土
7级	均质砂土、均质砾土

5.3.2 土壤剖面构型观测

在先期野外土壤调查观测及其科学研究过程中，笔者研发了"便携式土壤剖面诊断扫描仪"（已获国家发明专利授权，ZL200910079732.3），并研制了初步样机，解决了土壤剖面孔中摄影的光照、数据传输与储存等问题，但受到 CCD（charge coupled device，电荷耦合器件）焦距、微距摄影、体积过大、机械驱动等问题致使初步样机效果不够理想，再加上受经费等所限无力进行改进完善。近期课题组借用医学穿刺诊断法理念、挪威树木生长锥的模式，设计了一种便携式土壤剖面穿刺诊断孔钻，并加工制成样品，经过实际田间试验，结果也比较精确，可以大规模使用。在调查实验的基础上课题组研发了便携式耕地土壤剖面诊断扫描仪技术，探索快速监测土壤剖面构型及其障碍层类型及深度的技术方法。

该诊断仪外观由金属桶体和操作把手组成，包括一个外接电源线和一个 USB 数据线。其主要功能包括土壤剖面扫描、土壤温度的原位测定和土壤水分含量的原位测定。土壤剖面扫描装置为宽 40mm 的扫描探测头，安装在扫描装置控制杆上，扫描平面为 40mm 的透明玻璃所对的土壤剖面，扫描数据由 USB 数据线传输。为防止玻璃平面出现划痕，影响扫描质量，将玻璃平面对应的金属外壳设计为可以开启 / 关闭的弧形门装置，将开关安装在控制手柄上，便于操作，并保护玻璃平面。土壤温度测定装置由 ±0.2℃的热敏电阻温度计作为测温探头，在桶壁上间隔 100mm 设置一个，连接到专用电缆上，测定数据经 USB 数据线传输到计算机。另外，为了更准确地测定不同深度的土壤温度，安装测温控制杆，开关装在控制手柄上，测定土壤温度时将测温探头开关打开，测温探头通过桶壁上的孔刺入相应深度的土壤中，既可保证测温准确，又可有效保护测温探头。土壤水分测定装置由 TDR（time domain reflectometry，时域反射仪）探头、专用电缆线和土壤水分测定控制杆组成，在桶壁上间隔 200mm 设置，数据通过专用电缆线连接到控制面板，经 USB 数据线传输到计算机。土壤水分测定控制杆控制着每个 TDR 探头，测定土壤湿度时将 TDR 探头开关打开，TDR 探头通过桶壁上的孔刺入相应深度的土壤中，既可保证土壤水分测定准确，又可有效保护 TDR 探头。控制手柄与桶体焊接为一体，其功能包括将土壤剖面自动诊断仪放入土壤剖面中，并且可以方便地取出。另外，还有 3 个控制开关，通过机械装置实现土壤剖面扫描时玻璃平面保护门的开启与关闭、土壤温度测定探头的伸出与收回，以及土壤水分测定装置 TDR 探头的伸出与收回。

在实际监测设备试制过程中，课题组资金、试制条件与时间条件有限，目前还难以解决扫描仪的防水、防露光、电动驱动控制等问题，因此用于土壤剖面扫描其效果一般，与干燥密闭条件下扫描获得的土壤图像差距较大，还有待研究改进。课题组经过在不同耕作制度分区、不同土地利用类型、不同土壤类型区域的试验与观测，借鉴传统洛阳铲的原理，与相关技术机构合作研制了孔径为 3cm 的便携式土壤剖面诊断观测器械，其包括直径为 3cm、长为 20cm 的不锈钢手柄，直径为 2.5cm、长为 54cm 的不锈钢连接杆两个，外直径为4cm、内直径为3cm、长为50cm的不锈钢钻探沟槽，长为56cm、宽为30cm、高为24cm的工具箱，以及相关工具。携带该工具箱及其器械，就可以在野外田间实现对有效土层厚度、土壤剖面构型及障碍层距地表深度的现场观测与采样，考虑到观测采样过程中对土壤的挤压，其观测土壤层次深度的精度在96%以上，即对于土层厚度在150cm的耕地土壤，其观测深度总误差小于6cm，完全能够满足《农用地质量分等规程》（GB/T 28407—2012）和省级农用地分等技术报告中对有效土层厚度、土壤剖面构型及障碍层距地表深度现场观测精度的要求，同时还能够通过不同深度的土壤样品，供进一步化验分析使用，该器械的操作使用方法简便易学，组成及其实地使用状况如图5-14所示。

图5-14 研制的土壤剖面（50cm）诊断观测器械

5.4 土壤盐碱化程度

5.4.1 土壤盐碱化状况

在全国科学技术名词审定委员会公布的《土壤学名词》中，土壤盐渍化已由土壤盐化和碱化替代；而《农用地质量分等规程》（GB/T 28407—2012）中仍然采用土壤盐渍化名词，两者含义没有较大的差异。土壤盐渍化（soil salinization）是指在干旱、半干旱、半湿润地区和滨海地区，土壤底层或地下水中的易溶性盐分随毛管水上升到地表，水分蒸发后，使盐分积累在表层土壤中的过程，是易溶性盐分在土壤表层积累的现象或过程，也称盐碱化。中国盐渍土或称盐碱土的分布范围广、面积大、类型多，总面积约1亿hm²。盐碱土中的易溶性盐主要包括钠、钾、钙、镁等的硫酸盐、氯化物、碳酸盐和重碳酸盐。硫酸盐和氯化物一般为中性盐，碳酸盐和重碳酸盐为强碱弱酸盐。耕地土壤盐碱化常可造成农作物生理干旱并危害农作物正常生长发育，故在干旱、半干旱、半湿润地区和滨海地区，土壤盐碱化是影响耕地质量等级的重要因素。

根据国家标准《农用地质量分等规程》(GB/T 28407—2012)，土壤盐渍化程度分为无盐化、轻度盐化、中度盐化、重度盐化四个区间，分级界线下含上不含。

1) 1 级 = 无盐化：土壤无盐化，作物没有因盐碱化而引起的缺苗断垄现象，表层土壤含盐量 <0.1%（易溶盐以苏打为主）或 <0.2%（易溶盐以氯化物为主）或 <0.3%（易溶盐以硫酸盐为主）。

2) 2 级 = 轻度盐化：盐碱化造成的作物缺苗占 2 ～ 3 成，表层土壤含盐量 0.1% ～ 0.3%（易溶盐以苏打为主）或 0.2% ～ 0.4%（易溶盐以氯化物为主）或 0.3% ～ 0.5%（易溶盐以硫酸盐为主）。

3) 3 级 = 中度盐化：盐碱化造成的作物缺苗占 3 ～ 5 成，表层土壤含盐量 0.3% ～ 0.5%（易溶盐以苏打为主）或 0.4% ～ 0.6%（易溶盐以氯化物为主）或 0.5% ～ 0.7%（易溶盐以硫酸盐为主）。

4) 4 级 = 重度盐化：盐碱化造成的作物缺苗 ≥ 5 成，表层土壤含盐量 ≥ 0.5%（易溶盐以苏打为主）或 ≥ 0.6%（易溶盐以氯化物为主）或 ≥ 0.7%（易溶盐以硫酸盐为主）。

耕地土壤盐碱化数据多数从第二次土壤普查成果，如乡级或县级土壤图及其报告中获得，或进行野外实地调查。中国东部属于大陆性季风气候类型，特别是在华北、东北、西北东部地区的许多耕地土壤存在显著的季节性盐碱化现象，值得耕地质量等级调查观测评价者注意，因此在山西中部区域，春末常有土壤盐碱化发生，如图 5-15 所示。

图 5-15 山西清徐县春末耕地土壤盐碱化景观

5.4.2 土壤盐碱化程度监测

土壤盐碱化是指土壤中可溶性盐类随水向表层移动并积累下来，而使可溶性盐（如石膏）含量超过 0.1% 或 0.2% 的过程。土壤盐碱化程度是影响土地质量和农田作物生长发育的重要性指标。可见土壤盐碱化程度通常采用表土层土壤易溶盐含量来定量表示，土壤中易溶盐含量一般采用质量法和电导法（铂电极与镀铂石墨电导电极或甘汞电极）来测定，其测量精度高，但需专业实验人员在实验室处理土壤样品并配置待测液，称量并在水浴锅蒸干—冷却—称量等多个环节，需要约 3 个工作日和一定的实验消耗。

在综合调查研究的基础上，拟定意大利相关设备和美国的相关理论，构建适合中国环境条件和土壤性状；通过饱和泥浆浸出液的电导率-作物生长之间的关系，来间接确定土壤盐碱化程度（美国农业部土壤调查局 1954 年：电导率≤ 0.2S/m 时，对大多数作物生长无影响；电导率为 0.2 ～ 0.4S/m 时，对盐分敏感作物可能受到影响；电导率 0.4 ～ 0.8S/m 时，大多数作物减产；电导率 0.8 ～ 1.6S/m 时，只有耐盐作物不受影响；电导率≥ 1.6S/m 时，一般作物都不能生长）。该便携式土壤导电率测定仪的实际应用效果好，测量误差小（配备有便携式校正标准液），操作简便易行，该设备保存使用较为方便，适宜于进行耕地土壤野外现场调查观测使用，其野外现场观测可以将土壤盐碱化程度定量地划分为 5 级，达到了《农用地质量分等规程》（GB/T 28407—2012）的要求标准，如图 5-16 所示。

图 5-16　土壤盐碱化程度监测示意图（NaCl 和 Na_2CO_3 溶液）

5.5 土壤有机质含量

5.5.1 土壤有机质组成

土壤有机质是指存在于土壤中的含碳有机物质，包括土壤腐殖质和非腐殖质。土壤有机质主要是通过各种动植物的残体、微生物体及其被分解和合成的各种有机质。土壤有机质是土壤固相部分的重要组成成分，尽管土壤有机质的含量只占土壤总量很小的一部分，但它对土壤形成、土壤肥力、环境保护及农林业可持续发展等方面都有着极其重要的作用和意义，故耕地土壤有机质是影响耕地质量等级的重要因素。根据《农用地质量分等规程》（GB/T 28407—2012），土壤有机质含量分为 6 级，分级界限下含上不含。

1）1 级：土壤有机质含量 ≥ 40g/kg。

2）2 级：土壤有机质含量 30 ～ 40g/kg。

3）3 级：土壤有机质含量 20 ～ 30g/kg。

4）4 级：土壤有机质含量 10 ～ 20g/kg。

5）5 级：土壤有机质含量 6.0 ～ 10g/kg。

6）6 级：土壤有机质含量 <6.0g/kg。

这类数据主要从第二次土壤普查，乡级或县级土壤成果图及其报告中获得，并通过野外典型调查和样品的实验室分析，对第二次土壤普查成果进行校对。

5.5.2 土壤有机质含量监测

耕地耕作层土壤有机质含量是评价农用地自然质量分的重要指标，调查发现，全国 14 个省市农用地自然质量分评价给予土壤有机质含量的权重为 0.06 ～ 0.25。在全国农用地分等工作中，耕地土壤有机质含量常用"全国第二次土壤普查"（1979 ～ 1994 年）过程中的土壤调查分析数据，距今一般均有 25 ～ 35 年的历史。随着人类活动对耕地土壤的影响日益加强，25 年前的土壤有机质含量分析数据的可靠性和准确性也越来越多地受到人们的质疑，故当今的耕地土壤等级监测也亟待进行必要的土壤有机质含量的采样分析或估测分析。

在土壤科学和环境科学界，测定土壤有机质含量的常用方法有丘林法（重铬酸钾-浓硫酸-硫酸亚铁氧化-还原测定法）、TOC（total organic carbon，总有机碳）分析仪法、550℃或950℃烧失量法和目视比色法。其中丘林法和 TOC 分析仪法的测量精度高，但需要专业实验人员操作且实验花费大，测量时间一般在四个工作日以上；烧失量法和目视比色法虽然测量过程简便，但测量精度较低且难以在田间实施。依据《农用地质量分等规程》（GB/T 28407—2012）规定，综合分析黄淮海平原区 60 个土壤表土层样品，这些土壤的成土母质多为相对均匀的次生黄土，即黄淮海河的冲积堆积物或者溉淤堆积物，其有色矿物如氧化铁、氧化锰、黑／金云母的组成与无色矿物如石英、长石、白云母、碳酸钙的组成相对均一，其土壤蒙氏颜色（干色）亮度主要与土壤有机质含量相关。2012 年澳大利亚、法国等学者也有类似的土壤调查研究成果。通过收集相关资料构建的黄淮海平原区的主要土壤——潮土的表土层蒙氏颜色（干色）亮度值与其表土层有机质含量的相关性如图 5-17 所示。将不同亮度的土壤标样进行数字化并存储于 Android 系统中，供野外数码图像比对选择，这就实现了调查人员野外判定土壤有机质含量等级，如图 5-18 和图 5-19 所示。

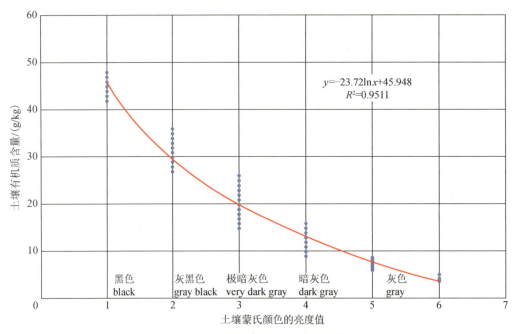

图 5-17　黄淮海平原表土有机质含量与亮度相关性

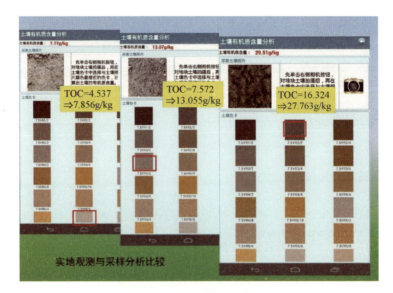

图 5-18 野外实地调查测试示范

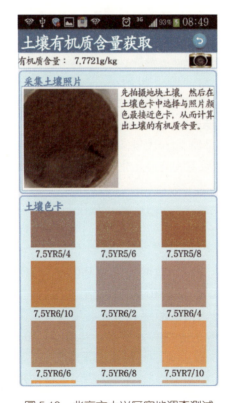

图 5-19 北京市大兴区实地调查测试

应用示范的结果表明，在黄淮海平原地区运用该器械野外估测耕地表土层土壤有机质含量等级，在专业人员指导下或者培训之后可以满足《农用地质量分等规程》（GB/T 28407—2012）的要求标准，但并不能替代野外采样与实验室化验分析工作。

5.6　土壤酸碱度

5.6.1　土壤酸碱度及其作用

在科学研究中定量反映水溶液酸碱度的化学指标为 pH，其来源于法语（Pouvoir Hydrogene），其含义是指水溶液中 [H$^+$] 活度的负对数，即 pH$=-$lg[H$^+$]。

纯水电解方程式为

$$H_2O \rightleftharpoons H^+ + OH^-$$

其电解常数 K_w=[H$^+$]·[OH$^-$]/[H$_2$O]=10^{-14}，式中水的活度 [H$_2$O]=1，故 [H$^+$]·[OH$^-$] = 10^{-14}，[H$^+$]=[OH$^-$]=10^{-7}。故纯水属于中性，其 pH=7。

土壤溶液的 pH 是反映土壤酸碱性的化学指标，在自然环境中常见土壤的 pH 变化处于 4（极强酸性）～ 10（极强碱性）范围内，在土壤调查研究中常按土壤 pH 高低将土壤划分为极端酸性、极强酸性、强酸性、中等酸性、弱酸性、中性、弱碱性、中等碱性、强碱性和极强碱性土壤，如图 5-20 所示。大多数作物生长发育适宜的土壤 pH 介于 5.5 ～ 8.5。在强酸性土壤中可溶性铝和锰浓度能达到对生物有毒害的程度，并导致土壤微生物活动急剧减弱；在强碱性土壤中除了硼、氯化物和钼之外，其他微量营养元素的活性降低，并且铁、锌、铜、锰和大量磷的有效性也会降低。当土壤 pH 大于 9.0 时，除了某些盐生植物之外，多数植物将停止生长以至死亡。

在大多数情况下，土壤的形成过程是物质的淋溶过程，在这个过程中土壤及母质的易溶性盐基离子首先遭受淋失，由 H$^+$ 来补充代之。土壤中 H$^+$ 的来源途径多样，其中在矿物风化过程中水分子的离解、生物风化过程所产生的有机酸的水解最为主要。图 5-21 展示了土壤中 H$^+$ 的来源途径。

根据现代土壤化学的理论，土壤酸性反应是由于土壤溶液中 H$^+$、交换性 H$^+$ 和交换性 Al^{3+} 的存在引起的，如图 5-21 所示。故按土壤中 H$^+$ 和 Al^{3+} 的存在形式和测定方法的不同，可将土壤酸度分为活性酸度和潜在酸度两类。土壤活性酸度是指土壤溶液中所含 H$^+$ 引起的酸度，也称为土壤有效酸度，常用 pH 表示。活性酸度是按一定的水土比例（如 1：1 或 5：1）以去除 CO$_2$ 的蒸馏水浸提后，再测定浸提液中 H$^+$ 的浓度。在实际土壤调查与研究过程中，土壤酸碱性就是按土壤活性酸度来划分的，如图 5-22 所示。

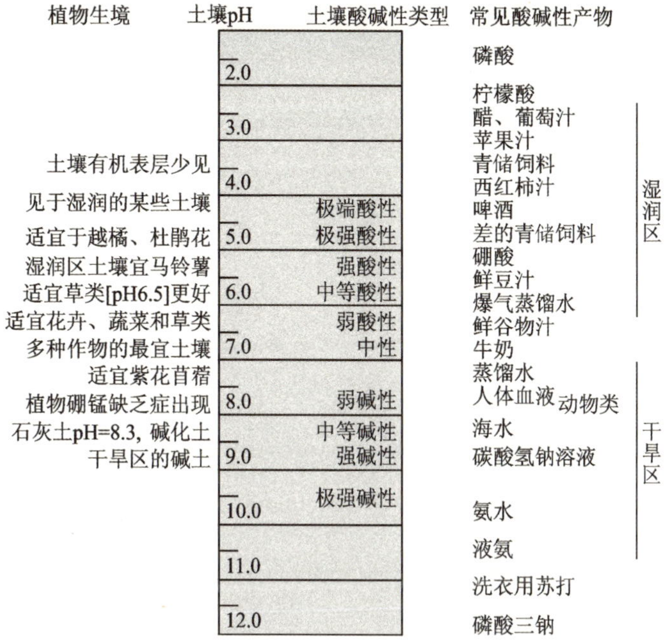

植物生境	土壤pH	土壤酸碱性类型	常见酸碱性产物	
	2.0		磷酸	
	3.0		柠檬酸 醋、葡萄汁 苹果汁	湿润区
土壤有机表层少见	4.0		青储饲料 西红柿汁	
见于湿润的某些土壤		极端酸性	啤酒	
适宜于越橘、杜鹃花	5.0	极强酸性	差的青储饲料	
湿润区土壤宜马铃薯		强酸性	硼酸 鲜豆汁	
适宜草类[pH6.5]更好	6.0	中等酸性	爆气蒸馏水	
适宜花卉、蔬菜和草类		弱酸性	鲜谷物汁	
多种作物的最宜土壤	7.0	中性	牛奶	
适宜紫花苜蓿			蒸馏水	
植物硼锰缺乏症出现	8.0	弱碱性	人体血液	动物类 干旱区
石灰土pH=8.3，碱化土		中等碱性	海水	
干旱区的碱土	9.0	强碱性	碳酸氢钠溶液	
		极强碱性		
	10.0		氨水	
			液氨	
	11.0		洗衣用苏打	
	12.0		磷酸三钠	

图 5-20　土壤酸碱状况、形成及其对植物的影响图式

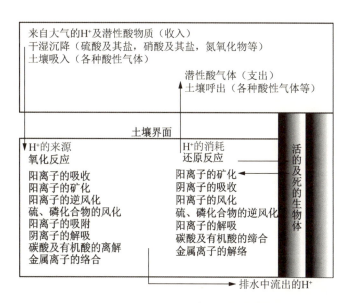

图 5-21　土壤系统中 H⁺ 收支平衡图式

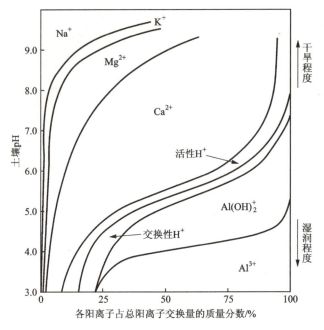

图 5-22　不同 pH 土壤中酸根离子及阳离子组成图式

　　土壤潜在酸度是指由土壤胶体或吸收性复合体表面吸收的交换性 H^+ 和 Al^{3+} 所引起的酸度，只有当这些交换性 H^+ 和 Al^{3+} 被其他阳离子交换而转入土壤溶液之后才显示其酸度。潜在酸度一般用 H^+ 的毫克当量数 /100g 土表示，有时也用 $pH_{(KCl)}$ 表示，土壤潜在酸度还可细分为代换性酸度和水解性酸度。

　　土壤代换性酸度是指用中性盐，如 1mol/L KCl 溶液与土壤相互作用，所测定的酸度。再用稀碱溶液进行中和滴定，就可求出代换性 H^+ 和 Al^{3+} 的毫克当量数，其代换反应方程式为

$$胶体\text{-}H+K^++Cl^- \Longleftrightarrow 胶体\text{-}K+H^++Cl^-$$
$$胶体\text{-}Al+3K^++3Cl^- \Longleftrightarrow 胶体\text{-}3K+Al^{3+}+3Cl^-$$

　　土壤水解性酸度是指用强酸弱碱盐（NaAc）溶液与土壤相互作用，所测定土壤中交换性 H^+ 和 Al^{3+} 的最大可能数量。其水解反应方程式为

$$胶体\text{-}H^++Na^++Ac^- \longrightarrow 胶体\text{-}Na^++HAc$$
$$胶体\text{-}Al^{3+}+6Na^++6Ac^-+3H_2O \longrightarrow 2\,胶体\text{-}3Na^++6H\,Ac+2Al(OH)_3$$

　　上述水解反应方程式右侧均为弱电解质 HAc、$Al(OH)_3$，因此上述反应方程式将向右进行，即土壤胶体或复合体表面所有能被代换的 H^+ 和 Al^{3+} 都将被代换出来。在实际土壤化验分析的过程中，测定土壤代换性酸度时包括了土壤活性酸度，而在测定土壤水解性酸度时均包括了土壤活性酸度、代换性酸度。因此土壤的水解性酸度 > 代换性酸度 > 活性酸度。另外，土壤中存在复杂多变的离子交换过程，土壤溶液与胶体上的阳

离子处于动态过程之中，因此土壤活性酸度和潜在酸度也经常处于动态平衡状态。

实验观测表明，土壤酸性本身对植物无直接的不良影响，如 Arnon 用水培栽种作物，在作物所需营养元素供应充分的情况下，将水培液的 pH 调低至 4.0，作物仍然生长良好。可见土壤酸性对作物的不良影响是间接的。土壤酸碱性一是影响土壤矿物风化、土壤生物活性及有机质转化，二是决定土壤中化合物的溶解与沉淀、离子交换与吸收。其综合作用决定土壤中植物营养元素的有效性及污染元素的活性。这些影响可归结如下。

Al 和 Mn 毒害，实验观测表明，当土壤溶液中 $[Al^{3+}]>10^{-6}$、$[Mn^{2+}]>4\times10^{-6}$ 时对作物有显著的毒害，当土壤 $pH \leqslant 5.0$ 时，土壤中 $[Al^{3+}]$ 和 $[Mn^{2+}]$ 明显增加。

土壤中有效态 N、P、Ca 的缺乏，如在强酸土壤中，土壤微生物活动受到抑制，将妨碍有机质的分解、硝化作用及其固氮作用的进行，如图 5-23 所示；强酸性土壤中大量的 Fe^{3+}、Al^{3+} 会导致 P 固定；酸性土壤中缺乏交换性 Ca^{2+}，会对土壤中许多微量元素的有效性和毒性有影响，Fe、Zn、Cu、Mo 等微量营养元素在 pH 过低的情况下，溶解度会增加，造成毒害。另外土壤过酸或过碱性均导致土壤其他物理化学性状的恶化，因此在实际生产与研究中，需要采取适当的措施加以改良，如对过酸土壤采取施用适量石灰的办法以中和其酸性，对过碱的土壤采取多施用硫酸铵、硫酸铁等强酸弱碱肥的办法中和其过量的碱性。

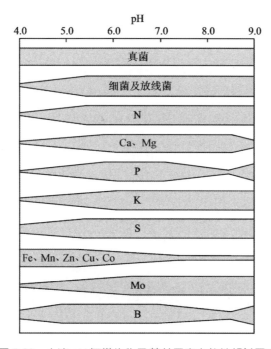

图 5-23　土壤 pH 与微生物及营养元素有效性相关图式

土壤对酸碱的缓冲性能是指土壤所具有的抵抗在外界化学因子作用下酸碱反应剧烈变化的性能，即当减少或增加土壤溶液中 H^+ 的浓度时，其 pH 并不随之相应地上升或降低。土壤对酸碱的缓冲性能有赖于土壤中的多种物理化学过程，它们共同组成了土壤的缓冲系统，这些物理化学过程包括土壤胶体的缓冲作用，土壤胶体微粒表面的离子交换过程是土壤缓冲性能形成的重要基础，其缓冲作用模式如下。

对酸的缓冲作用式：

$$胶体 -Ca+2HCl \longrightarrow H- 胶体 -H+Ca^{2+}+2Cl^-$$

对碱的缓冲作用式：

$$H- 胶体 -H+2NaOH \longrightarrow Na- 胶体 -Na+2H_2O$$

上述反应式表明土壤胶体的缓冲性能，一般随着阴离子交换量的增加而增大，即土壤腐殖质、蒙脱石、次生二氧化硅等含量较高的土壤，其对酸碱的缓冲性能较大；土壤盐基饱和度对其也有重要影响，如土壤对酸的缓冲性能随盐基饱和度的增高而增大，对碱的缓冲性能随盐基饱和度的减小而增大。另外土壤中的酸碱两性化合物，如 $Al(OH)_3$ 相互转化也是土壤缓冲性能形成的重要方面，其缓冲作用模式如下。

对酸的缓冲作用式：

$$Al(OH)_3+H^+ \longrightarrow Al(OH)_2^- +H_2O$$

对碱的缓冲作用式：

$$Al(OH)_3+OH^- \longrightarrow H_2AlO_3^- +H_2O$$

美国学者斯科费尔德研究发现，在酸性土壤中的水化 Al^{3+} 对碱也具有明显的缓冲性能，其缓冲机理为

$$2 Al(H_2O)_6^{3+}+2OH^- \longrightarrow [Al_2(OH)_2(H_2O)_8]^{4+}+4H_2O$$

土壤中的弱酸强碱盐或强酸弱碱盐类物质也会表现出一定的缓冲性能，土壤中的有机－无机复合体、可溶性氨基酸、胡敏酸微粒本身就含有羟基和氨基等官能团，在酸或碱的作用下这些官能团就会发生相应地解离或转化，并表现出一定的缓冲性能。

土壤的缓冲性能为植物生活维持了比较稳定的环境，是影响土壤肥力的重要性质。但是任何土壤的缓冲性能都是有限的，过度地利用会导致土壤缓冲系统的彻底崩溃。例如，在西北欧、东北美、东南亚及中国江南等酸雨多发地区，许多土壤对酸的缓冲性能已经衰竭，并已出现了不同程度的土壤酸化问题。

5.6.2　土壤酸碱度测定方法

土壤 pH 的测定方法有电位法和 pH 试纸比对法，其中电位法需要对土壤进行样品风干、过筛预处理、制备无 CO_2 蒸馏水、加水静置及其测量（标液配制）等多个环节，一般需要专业实验人员进行约 3 个工作日的实验工作，且实验花费较大。pH 试纸比对法可以实现野外现场测定土壤 pH，其精度也可满足农用地分等要求，但 pH 试纸中附带的标准色卡在野外田间极易变质，从而影响测定结果，而且野外比对结果也无法保

存与核对。为此，拟将常用的 pH 试纸中附带的标准色卡进行数字化并存储于 Android 系统中，供野外数码图像比对选择，还可使用笔式 pH 测定仪（其精度可达 0.01pH，与实验室电位法测量精度相同），这样就实现了土地调查评价人员野外判定土壤 pH 并存储相关信息的全过程，如图 5-24 和图 5-25 所示。

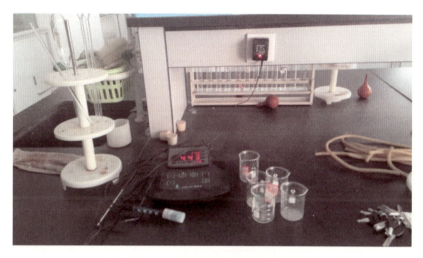

图 5-24　土壤 pH 电位测定方法图解

图 5-25　内蒙古通辽市专家野外测定 pH

5.7 障碍层距地表深度

土壤障碍层是指土壤剖面中阻碍水分与养分迁移且限制植物根系生长发育的致密的土层，它是不利成土过程长期作用的产物，如在干旱、半干旱或半湿润的条件下，一些土壤剖面中可形成超钙积层、钙磐层、超钙磐层、石膏层、超石膏层、超盐积层、盐磐、结核层、滞水潜育层、红色致密网纹层、白浆层、潴育层和潜育层；在一些地貌过程强烈的区域，其新成土或始成土剖面中有一些漏水、漏肥的卵石层和砂砾层。上述这些土壤障碍层的共同特点是：土壤致密紧实、土壤体积密度通常 $\geqslant 1.50 \mathrm{g/cm}^3$，通透性极差。因此，障碍层的位置，即其所处的土壤深度对耕地质量等级具有重要的影响。

根据《农用地质量分等规程》（GB/T 28407—2012），土壤障碍层据其距地表的距离分为 3 个级别，分级界限下含上不含。

1）1 级：60 ~ 90cm。

2）2 级：30 ~ 60cm。

3）3 级：<30cm。

如果这些障碍层在距地表 $\geqslant$ 90cm 处出现，则不算作障碍层。此类数据主要从第二次土壤普查成果，如乡级或县级土壤图及其报告中获得，或进行野外实地调查。也可参阅有效土层、土壤剖面构型章节中的方法综合确定障碍层深度。

5.8 排水条件

中国耕地主要集中在东部季风气候区域，其气候特征是夏季湿润多雨（降雨集中且降水强度巨大），冬季干燥少雨，由于季风强弱与进退时间每年不一，季风气候再加地表起伏较大的山地丘陵，因此易于发生干旱、洪涝自然灾害。由于各年降水量、蒸发量、气温、湿度等气象和水文条件不同，农田积水量、水源供水量和灌溉用水量都有差异，设计必要的农田排水工程措施是确保农田高产稳产、提升耕地质量等级的重要因素。排水条件是指能够及时排除与处理多余水量的农田基础设施，如田间排水调节网、排水沟道、截流沟、排水闸、排水泵站和排水容泄区等组成的排水系统。农田排水是改善农业生产条件，保证作物高产稳产的重要措施之一。因此，农田排水条件对耕地质量等级高低、农作物高产稳产具有重要的影响。

耕地排水一般是指利用自然或人工措施将耕地表面因暴雨及其洪流形成的积水和土壤中过多入渗的多余水分排除的过程。根据《农用地质量分等规程》（GB/T 28407—2012），排水条件是指受地形和排水体系共同影响的雨后地表积水情况，分为 4 个级别，分级界限下含上不含。

1）1 级：有健全的干、支、斗、农排水沟道（包括抽排），无洪涝灾害。

2）2 级：排水体系（包括抽排）基本健全，丰水年暴雨后有短期洪涝发生（田面积水 1～2d）。

3）3 级：排水体系（包括抽排）一般，丰水年暴雨大雨后有洪涝发生（田面积水 2～3d）。

4）4 级：无排水体系（包括抽排），一般年份在暴雨大雨后发生洪涝（田面积水 ≥3d）。

此类数据主要根据当地有关排水体系资料、地形坡度和调查访问确定；也可以借助大比例尺地形图与多年气候资料，通过分析耕地所在区域的可能暴雨降水强度及其降水总量、地表径流和积水、地表坡度及其坡长、地外处汇集、排水汇集入口或雨水井、地下输水涵管状况等，综合确定耕地的排水状况。

5.9　地表坡度

5.9.1　地表坡度评价状况

地表的坡度对耕地耕作利用、耕地土壤发育、农作物及林草生长发育、基础设施与城市规划建设均有着多方面的影响。在国家征用农村集体用地中，对不同坡度的山地林地有不同的补偿方法。同时，我国水土保持法规定禁止在 25°以上陡坡地开垦种植农作物。根据国家退耕还林有关政策，积极治理现有坡耕地，对 25°以上的坡耕地实行有计划地退耕还林还草，不仅能够防止农田水土流失和土壤风蚀沙化以改善区域生态环境质量，还对调整农业结构、合理规划城市周边农村土地使用、提高农民收入有着积极意义。因此，地表坡度是影响山地丘陵区及起伏平原区域耕地质量等级的关键因素。

根据国家标准《农用地质量分等规程》（GB/T 28407—2012），水田、水浇地、望天田和菜地一般均作为平地处理，只对旱地进行坡度分级。坡度分为 6 个级别，如图 5-26 所示，坡度分级界限下含上不含。

1）1 级：地形坡度 <2°，梯田按 <2° 坡耕地对待。

2）2 级：地形坡度 2°～5°。

3）3 级：地形坡度 5°～8°。

4）4 级：地形坡度 8°～15°。

5）5 级：地形坡度 15°～25°。

6）6 级：地形坡度 ≥25°（此类坡耕地应实行有计划的退耕还林还草）。

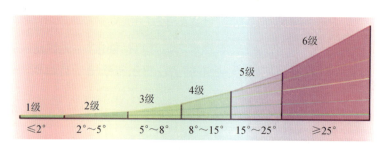

图 5-26　地表坡度分级标准图解

5.9.2　地表坡度观测方法

对于田块尺度的地表坡度观测或田面坡度观测，一般是用专家目测或罗盘测量，但是罗盘测量坡面长度短，其观测精度难以得到保证。课题组专家在实地调查研究过程中，引用并改进了建筑测量方面的相关器械，用于耕地地表或田面坡度测量，其操作方法简便易行，测量精度有所改进，即最小坡度误差控制在 0.5° 之内，完全满足耕地质量等级评价的需求，其原理及其田间应用示范如图 5-27 所示。

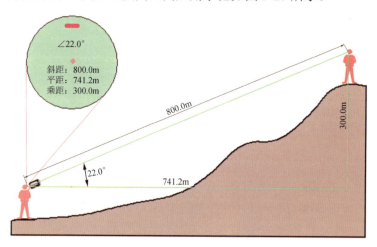

图 5-27　带自动铅锤-直角三角形测定原理图解

5.10　灌溉保证率

在正常生育状况和最佳水分与养分条件下，作物整个生育期中，耕地消耗与蒸散的水量称为作物需水量。例如，冬小麦全生育期需水量 387.5mm，棉花生长期需水量为 379.6mm，夏玉米生长期需水量 365.9m。农作物从土壤中吸收的水分，99% 以上的水分通过植物叶面源源不断地蒸腾进入大气，只有极少量的水分留在体内成为农作物躯体的组成部分。影响田间作物需水量的主要因素有气候条件、作物种类、土壤性质和农田基础设施等，再加上不同农作物在不同的生长发育期的需水量与大气降水、土壤墒情均具有重要的差异，因此为了确保农作物的正常生长发育，就必须适时适量地补充农作物正常生长发育所需要的水分，即采取农田灌溉措施。耕地灌溉保证率是指预期灌溉用水量在多年灌溉中能够充分得到满足的出现百分率，为灌溉工程设计标准的主要指标。它是综合反映耕地灌溉用水与水源供水状况、耕地灌溉规模、灌溉质量及其便利程度的重要指标。根据国家标准《农用地质量分等规程》（GB/T 28407—2012），农田的灌溉保证率分为 4 个级别。

1）1 级：灌溉充分满足，包括水田、菜地和可随时灌溉的水浇地。

2）2 级：灌溉基本满足，有良好的灌溉系统，在关键需水生长季节有灌溉保证的水浇地。

3）3 级：一般满足，有灌溉系统，但在大旱年不能保证灌溉的水浇地。

4）4 级：无灌溉条件，包括旱地与望天田。

从乡级或县级土地利用现状图上获取灌溉保证率信息，或利用实地调查与水利资料图件、地下水分布图等信息、田间灌溉水渠体系、灌溉水源、深井及其相配套的电力设备、耕地田面坡度等条件，经过综合分析再估算其耕地的灌溉保证率。

5.11　地表岩石露头度

岩石是固态矿物或矿物的混合物，包括火成岩（岩浆岩）、沉积岩和变质岩。在山地丘陵区，特别是水土流失严重的区域，因地表土壤被大量的侵蚀，致使土壤层下浮基岩（火成岩、沉积岩或变质岩）出现不同程度的裸露，地表岩石露头的土地是不可农用的土地，而且它还影响农作物生长发育、农田的机械与畜力耕作活动，是农用地开发利用的障碍因素。因此，地表岩石露头度（地表岩石露头占耕地总面积的比例）是评价耕地质量等级的重要因素。

根据地表岩石露头度对耕作的干扰程度其可分为 4 个级别，岩石露头值下含上不含。

1）1 级：地表岩石露头 <2%，不影响耕作。

2）2 级：岩石露头 2%～10%，露头之间的间距为 35～100m，已影响耕作。

3）3 级：岩石露头 10%～25%，露头之间的间距为 10～35m，影响农田的机械化耕作。

4）4 级：岩石露头 ≥25%，露头之间的间距为 3.5～10m，影响小型机械耕作。

此类数据主要从全国第二次土壤普查资料中获得，或进行野外实地调查观测而来。课题组在充分借鉴和吸收澳大利亚土壤与土地调查技术方法的基础上，拟定在综合实验研究工作过程中研发相关技术器械，以简捷的方式快速准确地获得待调查区域的地表岩石露头度数据，其原理如图 5-28 所示。

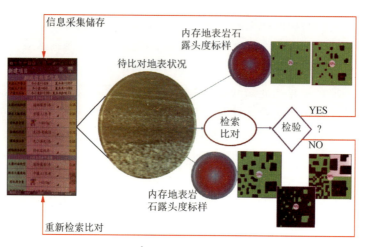

信息采集储存

内存地表岩石
露头度标样

待比对地表状况

检索
比对

检验
?

YES

NO

内存地表岩
石露头度标样

重新检索比对

图 5-28　测定地表岩石露头度的原理

5.12　灌溉水源

灌溉水源是指可以用于农田灌溉的天然水体，一般包含河床、湖泊径流、地表坡面径流、地下水和水库蓄积的水体。在淡水资源紧缺的城郊区域也常将水质达标的城市污水或中水作为灌溉水源的补充。此类资料可以利用水利部门资料或实地调查访问获得。根据国家标准《农用地质量分等规程》（GB/T 28407—2012），农田的灌溉水源状况分为 3 个级别。

1）1 级：用地表水灌溉。

2）2 级：用浅层地下水灌溉。

3）3 级：用深层地下水灌溉。

中国水资源总量（包括地表水和地下水），即为河流、冰川、湖泊等地表水体和地下水中参与水分循环的动态水资源量的总和。由于受地理位置、气候、地貌及其人类活动的影响，在综合评价耕地水资源状况时，应该充分考虑中国水资源的以下特征。

1）水资源总量较多，但农业人口平均、单位面积耕地平均拥有水量少。据中华人民共和国水利部 1986 年全国水资源调查评价成果，全国平均年径流总量为 27115 亿 m³，年均地下水资源量为 8288 亿 m³，扣除重复计算量，全国多年平均水资源总量为 28124 亿 m³；全国多年平均降水总量为 61889 亿 m³，降水量（全国年均降水量约 648mm）的 45% 转化为地表水和地下水资源（全国年均径流深约 292mm），55% 消耗于蒸散发。2012 年中国人均水资源量只有 2100m³，仅为世界人均水量的 28%，在世界银行连续统计的 153 个国家中居第 88 位。按照国际公认的标准，人均水资源低于 3000m³ 为轻度缺水，低于 2000m³ 为中度缺水，低于 1000m³ 为重度缺水，低于 500m³ 为极度缺水。中国各地年人均水资源量（不包括过境水）及其缺水状况如图 5-29 所示。

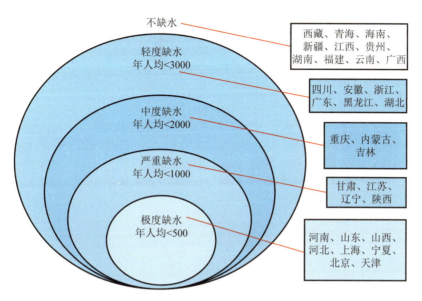

图 5-29　中国各地年人均水资源量及缺水状况示意图（不含港澳台地区）

2）水资源空间分布极不均匀。受大陆性季风气候、温带大陆性气候、高原山地气候的影响，中国境内水资源空间分布具有显著的不均匀特征，如长江及其以南地区的流域面积占全国土地总面积约 36.5%，却拥有全国约 81% 的水资源总量；而淮河流域及其以北地区的国土面积占全国的 63.5%，其水资源量仅占全国水资源总量的约 19%。根据全国各地年降水量、年径流深和年径流系数，可将其划分为丰水带、多水带、过渡带、少水带和缺水带，其空间分布状况如表 5-4 和图 5-30 所示。

表 5-4　中国水资源空间分布状况

地表径流带	年降水量 /mm	年径流深 /mm	区域及其环境特征
丰水带	≥1600	≥800	台湾、海南、福建、香港、澳门和广东、广西、云南、西藏、浙江、江西、湖南部分地区，热带雨林与季雨林地带、亚热带常绿阔叶林地带
多水带	800～1600	200～800	上海、湖南、贵州、重庆、四川和广东、广西、江西、湖南、云南、西藏、江苏、浙江、安徽、河南、湖北、陕西部分地区，中亚热带常绿阔叶林和北亚热带常绿阔叶混交林地带
过渡带	400～800	50～200	北京、天津、山东和黑龙江、吉林、辽宁、河北、河南、安徽、江苏、山西、陕西、甘肃、青海、西藏部分地区，温带落叶阔叶林和森林草原地带
少水带	200～400	10～50	黑龙江、吉林、辽宁、内蒙古、河北、山西、陕西、甘肃、宁夏、青海、西藏、新疆等部分地区，中温带干草原和荒漠草原地带
缺水带	<200	<10	内蒙古、宁夏、甘肃、新疆部分地区，温带荒漠地带

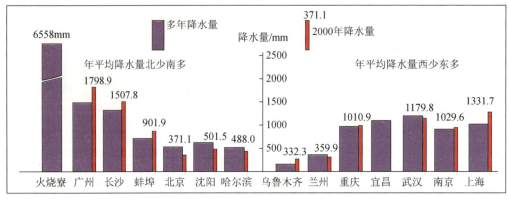

图 5-30　中国境内水资源东西与南北差异特征示意图

3）水资源的季节和年际分布不均匀，且水旱灾害频繁发生。中国径流量年际变化用极值比 K_m（河流最大年径流量与最小年径流量之比）表示，K_m 值越大表示径流量年际变化幅度越大，可利用的水资源量就越少。据统计资料，中国境内 K_m 值在 2～8，其中东北地区为 3～5、华北地区为 4～6，秦岭—淮河以南地区为 2～4，西北地区可达 5～8。中国河川径流量的年内（季节）变化幅度巨大，具体表现为汛期出现的季节、延续时间及汛期径流量集中的程度等。南方各地汛期 4 个月（5～8 月）降水量占全年降水量的 50%～60%，东南沿海地区受台风影响可出现秋汛；东北地区多数河流会在春季出现桃汛或春汛，在夏季出现伏汛，即河流径流过程线呈现双峰形态；华北各地汛期 4 个月（6～9 月）降水量占全年的 70%～80%，甚至可达 90%，即河流丰水期、枯水期水量相差巨大，极易造成旱涝灾害，如表 5-5 所示。

表 5-5　中国东部各纬度 1470～1977 年重度旱灾出现频次

纬度	1470～1569 年	1570～1669 年	1670～1769 年	1770～1869 年	1870～1977 年	合计
40° N 以北	—	—	—	—	10	10
35°～40° N	15	16	8	6	13	58
30°～35° N	6	9	5	5	9	34
25°～30° N	6	6	4	4	6	26
25° N 以南	—	—	—	—	4	4

4）水资源与耕地分布不匹配。北方地区耕地面积约占全国耕地总面积的 60%，而水资源量仅占全国总量的 20%，平均每公顷耕地只有 9465m³ 淡水；南方地区耕地面积约占全国的 40%，而水资源量约占全国的 80%，平均每公顷耕地只有 28695m³ 淡水。在全国平均每公顷耕地拥有水量不足 1500m³ 的 15 个省（市、自治区）中，有 13 个分布在北方地区。西南地区每公顷耕地拥有水量约为 9230m³；在土地广阔、气候干旱的西北地区，每公顷耕地拥有水量仅为 19486m³；而在土地平坦、土层深厚的华北地区，

每公顷耕地拥有水量仅为 5646m³，如表 5-6 所示（不含港澳台地区）。综上所述，在耕地面积集中的东部和中部地区，也是城市、人口、产业的集中分布区，故城市生活用水、工业用水与农田灌溉用水存在明显的竞争用水的态势，故淡水资源成为耕地后备资源开发利用、耕地质量等级提升、耕地外围生态与环境质量改善的重要制约因素之一。

表 5-6　中国水资源与耕地匹配状况表

省（市、自治区）	水资源占全国比例 /%	耕地面积占全国比例 /%	耕地拥有水量 / (m³/hm²)
黑龙江、吉林、辽宁	5.56	16.977	9417
北京、天津、河北、内蒙古、山西、山东、河南	6.14	31.19	5646
陕西、甘肃、宁夏、青海、新疆	8.14	11.99	19486
四川、重庆、贵州、云南、广西、西藏	46.44	14.44	92292
上海、江苏、浙江、安徽、湖北、湖南、江西、广东、海南、福建	33.72	25.40	38097

5）水资源污染状况。水体污染是指人类活动排入水体的某种物质的速度或总量超过了水体自净能力，导致其物理、化学、生物等方面特征的改变，从而影响到水的利用价值，危害人体健康或破坏生态环境，造成水质恶化的现象。使用被污染水体长期灌溉农田：①会导致耕地土壤污染和耕地健康状况恶化；②会导致农产品品质恶化，危害人群健康；③进入农田的污染物以径流扩散、下渗、蒸发、生物富集迁移等多种途径危害区域生态系统健康，将导致危害范围更大、持续时间更持久的环境灾难。因此，农田灌溉水源的选取与应用必须坚持《农田灌溉水质标准》（GB 5084—2005）。

第 6 章

耕地利用系数与经济系数调查评定

6.1 利用系数与经济系数作用剖析

耕地利用系数与经济系数是耕地质量等级调查评价的重要参数，也是独立地反映耕地利用程度与经济效益的重要指标，属于耕地质量等级评价的中间性成果。在依据农作物生产力原理，即各种作物在各自固定的光合作用速率及投入管理水平最优的状况下，作物的生产量由土地质量所决定，而土地质量是光照、温度、水分、土壤、地形等因素综合作用的结果。据此，人们根据翔实的气候资料、标准耕作制度、农作物种植与收获时间，综合计算不同农作物的光温/气候生产潜力 a_j，经过作物产量比系数 β_j（不同农作物产量之间的等当量转换）、耕地自然质量分 C_{Lj}（由土壤类型与性状、地貌与水文条件、农田基础设施等 13 个因素综合评价获得）的修正得到耕地自然等指数/自然等别；再经过耕地利用系数 K_{Lj}（由农业育种科技、水肥适量投入、田间经营管理技能、机械化水平等所决定的耕地农作物单产量来测算）的修正，得到耕地利用等指数/利用等别；再经过耕地经济系数 K_{Cj}（耕地总投入与总收益所决定的纯经济收益来测算）的修正得到耕地经济等指数/经济等别；最终经过专家的综合修正与平衡，便得到了全国统一可比的耕地自然等、利用等和经济等别体系，如图 6-1 所示。

图 6-1　利用系数、经济系数与耕地质量等级图解

$$R=\Sigma(a_j\beta_jC_{Lj})\text{（一年一、二、三熟制）}$$
$$R=\Sigma(a_j\beta_jC_{Lj})\div2\text{（两年三、五熟制）}$$
$$Y=\Sigma(a_j\beta_jC_{Lj}K_{Lj})$$
$$G=\Sigma(a_j\beta_jC_{Lj}K_{Lj}K_{Cj})$$

在联合国粮食及农业组织 2007 年颁布的土地评价修订版（Land Evaluation Towards

a Revised Framework）的土地评价数据（Data for Land Evaluation）附录中，将土地评价信息划归为生物-自然数据（biophysical data）和社会经济数据（socio-economic data）两大类。其中土地评价的生物-自然数据主要包括气候、地形、水文、土壤地理数据、土地退化和土地覆盖等；社会经济数据包括土地利用与管理。由此可见，中国耕地质量等级调查评价在评价指标的选择上与当今国际土地评价的趋势相吻合，而且中国耕地质量等级调查评价选择的指标及其生物学、物理学意义更为明确。

6.2　利用系数及其调查评价

按照《农用地质量分等规程》（GB/T 28407—2012）规定，以行政村为单位，通过综合分析各村指定农作物的实际单产量状况，初步划分指定农作物的利用系数等值区（等值区边界不打破行政村的边界）；由省级土地管理部门组织专家根据标准耕作制度中的指定作物种类，调查确定指定作物在省级二级指标区内近几年来的最高单产量，如表 6-1 和表 6-2 所示。例如，北京在一年两熟的平原区冬小麦最大单产为 450kg/ 亩（1 亩 ≈ 666.7m^2），一年两熟的西部山区夏玉米最大单产为 500kg/ 亩，一年一熟的延庆平原区和北部山区的春玉米最大单产为 900kg/ 亩，即省级二级指标区内指定作物 j 的最大单产量 $Y_{j,\max}$；再通过实地调查或查阅农业调查队的相关统计资料，确定该二级指标区内耕地（样地）地块 i 的农作物 j 的多年平均单产量 $Y_{i,j}$，即耕地地块 i 上农作物 j 利用系数 K_{Lij} 为

$$K_{L,i,j}=Y_{i,j}/K_{j,\max}$$

表 6-1　省、市、自治区　县、市、区耕地质量等级调查监测农户随机调查（1/4）

一、耕地利用基本情况　　　　　　　　　　调查时间：201__ 年 ____ 月 ___ 日　　　　　　调查者：_____

农户所在地	镇　　村　　队		耕地利用	□麦 - □□□稻 - □玉米 - □杂；一年□熟；□水田□水浇地□旱地
劳动力情况	民族□；□男，□女；年龄□□；户人口数；劳动力人数，从事农业、工矿业、副业数□人数；文化程度□□□ 劳动力经历：持续农耕□，经商，外出打工□，季节性打工□，副食加工□，建筑业□，林果业□，蔬菜种植□，其他□			
承包土地状况	耕地□块□□亩 - 期限□□□□→□□；林地□块□□亩 - 期限□□□□→□□；牧草地□块□□亩 -期限□□□□→□□			
家庭经济来源	年收入□□万元，人均□□千元，主要经济来源是打工□ - 固定工资□ - 种植业□ - 养殖业□ - 外地亲属汇款□ - 其他□			
农业机械使用	自家是否有农用车：没有□ - 有小型农用机车□ - 大型农用机车□ - 多台小型农用机车□ - 多台大型农用机车□			
每年每亩耕地投入产出状况	201__ 年		201__ 年		201__ 年	
	每亩耕地总投入	每亩耕地总收益	每亩耕地总投入	每亩耕地总收益	每亩耕地总投入	每亩耕地总收益
	元	元	元	元	元	元

表6-2 省、市、自治区 县、市、区耕地质量等级调查监测农户随机调查（2-3-4/4）

二、耕地生产状况　　　　　　　　　　　调查时间：201__年____月____日　　　　　　　　　调查者：_____

种植作物	面积/亩	种植原因	年初估产/（kg/亩）	实际单产/（kg/亩）	现在对当年产量的评价
					满意　一般　不满
		A.（头年）产量高			满意　一般　不满
		B. 市场价格/销路好			满意　一般　不满
		C. 温度条件适宜			满意　一般　不满
		D. 水分条件适宜			满意　一般　不满
		E. 田间管理容易			满意　一般　不满
		F. 农技指导有保障			满意　一般　不满
		G. 地方政府的要求			
		H. 其他			满意　一般　不满

经过统计检验或实地调查检验等值区内各村的指定作物 j 的利用系数 $K_{L,i,j}$，再采用几何平均或加权平均方法，计算等值区内 m 个行政村的指定作物的利用系数 $K_{L,j}$ 为

$$K_{L,j} = \left(\prod_{i=1}^{m} K_{L,i,j} \right) 1/m$$

或运用加权法（w_i 为行政村 i 的权重）计算 $K_{L,j}$ 为

$$\square_{L,j} = \sum_{i=1}^{m} {}_i \ {}_{L,i,j}$$

在实际的耕地质量等级调查评价过程中，应对收集到的指定作物产量统计数据进行整理，以行政村为单位，根据指定作物的实际单产或请当地农业种植部门，初步划分指定作物的土地利用系数等值区：一是根据标准耕作制度和产量比系数，分别计算耕地地块所在省级二级指标区内的标准粮最大单产量 Y_{max} 和地块的标准粮实际产量 Y_i；二是直接运用省级二级指标区内的标准粮最大单产量 Y_{max} 和地块的标准粮实际产量 Y_i 计算耕地的利用系数 K_i 为

$$Y_{max} = \Sigma Y_{j,max} \beta_j$$

$$Y_i = \Sigma Y_j \beta_j$$

$$K_{L,i} = Y_j / Y_{j,max}$$

广东省则在实地检核的基础上，依据指定作物分区最高单产采用当地县域内的最高值，以行政村为单位，收集每个县（区）每个镇每个行政村连续前三至五年内各指定作物的统计单产量，以此来计算土地利用系数，仍采用上述公式计算。这样县域内耕地质量等级中的利用等能够很好地反映当地该种作物的实际平均产量分布，可以此作为耕地质量等级调查评价成果是否合理的一个检核依据。实际上在耕地自然等级确定的条件下，耕地利用者的农作物育种技术、田间管护技能、机械耕作水平、化肥农

药施用、灌溉保墒等众多田间措施可决定耕地利用系数的大小，从而直接决定耕地利用等别的高低，如图 6-2 所示。

耕地利用等

耕地粮食单产量

*利用系数

耕地利用措施

灌溉保墒
化肥农药施用
机械耕作水平
田间管护技能
土壤改良培肥
育种技术
……

劳动者

耕地自然等

图 6-2　耕地利用措施与利用系数图解

6.3　中国耕地利用系数分布概况

依据《中国耕地质量等级调查与评定》各省（市、自治区）分卷，综合汇总全国耕地利用系数的基本格局：①黑龙江大部分地区、吉林中西部地区和辽宁北部地区的地势平坦、土壤层次深厚，是一年一熟制的低平原区域，其农业生产规模较大，同时国家实施了惠农政策及土地整治工程项目，极大地调动了农民的农业生产积极性，使区域耕地利用系数保持在 0.75 以上，如表 6-3 所示（不含港澳台地区）；②京津冀南部地区、山东西北部地区、河南大部分地区、湖北大部分地区、湖南北部地区、重庆平行岭谷区、陕西关中平原区、宁夏黄灌区、内蒙古河套平原区、甘肃河西平原区和青海湟水谷地等地形平坦、土壤层次深厚、有灌溉条件保障，是一年两熟或两年三熟制的区域，农耕历史悠久，其耕地利用系数一般保持在0.65～0.85；③长江三角洲及沿江平原东部地区等地是传统精耕细作水耕的一年两熟制区域，耕地利用系数多在0.70以上；④粤西低山丘陵区、广西及贵州的坝地平原区、西藏东南局部地区零星分布的耕地的利用系数也较高；⑤工矿业相对发达的黄土高原区、乡镇企业发达及农民外出打工较多的中东部地区，以及南亚热带和热带地区，因其农业生产规模小、效益低或人为减少熟制等，耕地利用系数偏低，但仍具有提升耕地质量的潜力；⑥在西南石漠化、东北黑土区和西北干旱半干旱区应适度优化耕地利用强度。

表6-3　全国各区域耕地利用系数汇总

区域		利用系数
北京	东部南部平原区	冬小麦0.679～0.798、夏玉米0.683～0.754
	中部平原区	冬小麦0.635～0.694、夏玉米0.690～0.726
	西部北部山区	春玉米0.552～0.779
天津	北部地区	0.659
	中北部地区	0.720
	中部地区	0.643
	南部地区	0.737
河北	西北部张家口	约0.143
	北部承德	约0.292
	秦皇岛、唐山	约0.426
	廊坊、保定、沧州	约0.540
	石家庄、衡水	约0.813
	邯郸	约0.701
	邢台	约0.628
山东	胶莱济潍平原区、鲁西北沿黄平原区	>0.700
	鲁西南冲积平原区、鲁北滨海平原区	0.500～0.700
	沭东及半岛丘陵区	0.500～0.700
	鲁中泰沂蒙尼山地丘陵区	<0.500
江苏	沿江平原区	0.501
	黄淮平原区	0.500
	江淮平原区	0.512
上海	—	0.695

续表

区域		利用系数
浙江	浙北平原区	0.893 ～ 0.970
	浙西北山丘区	0.845 ～ 0.893
	浙中丘陵盆地区	0.750 ～ 0.845
	浙西南山地区	0.670 ～ 0.750
	浙东南沿海港湾丘陵平原区	0.602 ～ 0.670
	浙东海洋岛屿丘陵区	0.455 ～ 0.532
福建	滨海围垦区	0.397
	沿海平原区	0.417
	低丘台地区	0.373
	丘陵山地区	0.374
	山间盆地	0.401
广东	雷州半岛丘陵台地	水田 0.447 ～ 0.635、旱地 0.437 ～ 0.845
	粤西南丘陵山地区	水田 0.444 ～ 0.822、旱地 0.441 ～ 0.882
	潮汕平原区	水田 0.527 ～ 0.893、旱地 0.363 ～ 0.790
	粤东沿海丘陵台地	水田 0.418 ～ 0.790、旱地 0.428 ～ 0.829
	珠江三角洲平原区	水田 0.351 ～ 0.719、旱地 0.285 ～ 0.823
	粤北山地丘陵区	水田 0.493 ～ 0.839、旱地 0.307 ～ 0.940
	粤中南丘陵山地区	水田 0.437 ～ 0.878、旱地 0.305 ～ 0.879
海南	—	0.169 ～ 0.485
黑龙江	—	0.800 ～ 0.986
吉林	—	0.209 ～ 0.771
辽宁	—	0.289 ～ 0.818
山西	—	0.426 ～ 0.483
河南	—	0.653 ～ 0.761
湖北	—	0.778 ～ 0.842
安徽	—	0.369 ～ 0.585
湖南	—	0.375 ～ 0.734

区域		利用系数
江西	—	0.282～0.656
内蒙古	—	0.500～0.682
陕西	—	0.575～0.763
重庆	—	0.552～0.802
四川	—	0.316～0.550
贵州	—	0.551～0.903
云南	—	0.317～0.568
广西	—	0.414～0.823
西藏	—	0.421～0.856
青海	—	0.288～0.923
宁夏	—	0.117～0.835
甘肃	—	0.208～0.655
新疆	—	0.519～0.544

注：据《中国耕地质量等级调查与评定》各省（市、自治区）分卷汇总，中国大地出版社，2011。

6.4　经济系数及其调查评价

按照《农用地质量分等规程》（GB/T 28407—2012）规定，以行政村为单位，收集各地农业部门和省物价局成调队有关各指定作物的投入成本，如耕地质量等级调查监测农户随机调查（1/4）中的近三年来每亩耕地总投入与每亩耕地总收益，并以此作为计算土地经济系数的主要依据，划分出经济系数等值区；同时，布设调查样点，要求调查样点要以行政村为单位，按指定作物的产量分布分层（一般分高、中、低三层）选取，每层 1～3 个样点，所选择的样点要能代表所处层的平均产出和投入水平，并且要标注在图上，落实到分等单元上，作为经济系数合理性的检核依据。其具体计算方法如下。

计算耕地地块 i 上农作物 j 产量-成本指数 $a_{i,j}$（kg/元），具体如下所示：

$$a_{i,j} = Y_{i,j} / C_{i,j}$$

式中，$Y_{i,j}$ 为近三年来调查耕地地块 i 上农作物 j 的实际平均单产量（kg/亩）；$C_{i,j}$ 为近三年来待调查耕地地块 i 上农作物 j 的生产成本（元/亩）。

各省耕地质量等级调查评价机构组织有关专家集体研讨，确定省级二级区内农作物 j 的最高产量-成本指数 A_j（元/亩）。这样便可以计算待调查耕地地块 i 的经济系数 $K_{C,i,j}$ 为

$$K_{C,i,j} = a_{i,j} / A_j$$

经过统计检验或实地调查检验耕地地块经济系数 $K_{C,i,j}$，再采用几何平均或加权平均方法计算等值区内 m 个行政村的指定作物的利用系数 $K_{C,j}$，即

$$K_{C,j} = \left(\prod_{i=1}^{m} K_{C,i,j} \right)^{1/m}$$

或运用加权法（ w_i 为行政村 i 的权重）计算 $K_{C,j}$，即

$$K_{C,j} = \sum_{i=1}^{m} w_i K_{C,i,j}$$

在实际耕地质量等级调查评价过程中，也可以不区分指定作物直接编制综合土地经济系数等值区图，即确定标准耕作制度及农作物产量比系数，计算耕地地块或样地的标准粮实际单产量（ $Y=\Sigma Y_j \beta_j$ ）和标准粮实际产量-成本（ $C=\Sigma C_j$ ），再计算耕地地块的综合产量-成本指数（ $\alpha=Y/C$ ）；然后确定省级二级指标区内最大的产量-成本指数（ A ），可直接计算出综合经济系数：

$$K_C=\alpha/A$$

实际上在耕地自然等和经济等确定的条件下，耕地及其利用者所在区位及其农产品市场状况、耕地经营规模、种植结构、农产品商品化率、农业资料价格、国家相关扶持政策是决定耕地经济系数大小的重要因素，从而直接决定耕地经济等别的高低。

6.5 中国耕地经济系数分布概况

依据《中国耕地质量等级调查与评定》各省（市、自治区）分卷，综合汇总全国耕地经济系数的基本格局：①京津南部地区、山东北部地区、江苏大部分地区、上海、浙江北部地区、福建沿海平原区、广东沿海低平原区、湖北及重庆局部地区等人口集中、社会经济发达的区域，耕地生产的农产品临近市场，其耕地经济系数高，多数在0.80 以上，如表 6-4 所示（不含港澳台地区）；②在广西、云南、海南、贵州、西藏局部地区、宁夏局部地区、内蒙古局部地区、新疆绿洲农业区等经济作物的集中种植区域，其耕地经济系数一般大于 0.75；③在河北、河南、安徽、湖南、江西、四川等传统粮食主产区，因农业生产规模较小，耕地经济系数一般为 0.40～0.70；④黑龙江大部分地区、吉林中西部地区和辽宁北部地区，耕地经济系数较高，其值为 0.65～0.85。

由此可见，区域的耕地利用系数与耕地经济系数仍然存在显著的差异性：①在人口集中、社会经济发达、临近市场的区域，其耕地经济系数普遍偏高；②在经济作物种植区域（如种植瓜果蔬菜、棉花、烟草、甘蔗、甜菜的区域），耕地经济系数也较高；③在临近工矿区的局地，耕地经济系数也偏高；④在传统的粮食生产主产区域，虽然耕地利用系数较高，但耕地经济系数明显偏低，这也表明农业生产特别是粮食生产的经济效益不高的现实，亟待推进有效的扶持政策与工程措施，以保障国家粮食安全。

表 6-4　全国各区域耕地经济系数汇总

区域		经济系数
北京	东部南部平原区	冬小麦 0.503 ～ 0.744 夏玉米 0.398 ～ 0.697
	中部平原区	冬小麦 0.515 ～ 0.656 夏玉米 0.499 ～ 0.721
	西部北部山区	春玉米 0.574 ～ 0.923
天津	北部地区	0.835
	中北部地区	0.856
	中部地区	0.886
	南部地区	0.828
河北	西北部张家口	约 0.085
	北部承德市	约 0.152
	秦皇岛、唐山	约 0.213
	廊坊、保定、沧州	约 0.293
	石家庄、邢台	约 0.443
	邯郸	约 0.370
山东	菏泽、聊城、德州、淄博、潍坊、济宁	>0.500
	烟台、青岛	0.300 ～ 0.700
	山地丘陵区	<0.600
江苏	沿江平原区	0.891
	黄淮平原区	0.890
	江淮平原区	0.892
上海	—	0.815
浙江	浙北平原区	0.797 ～ 0.970
	浙西北山丘区	0.649 ～ 0.797
	浙中丘陵盆地区	0.611 ～ 0.649
	浙西南山地区	0.540 ～ 0.611
	浙东南沿海港湾丘陵平原区	0.431 ～ 0.540
	浙东海洋岛屿丘陵区	0.371 ～ 0.431
福建	滨海围垦区	0.994
	沿海平原区	0.984
	低丘台地区	0.993
	丘陵山地区	0.995
	山间盆地	0.998

续表

区域		经济系数
广东	雷州半岛丘陵台地	水田 0.394 ～ 0.738 旱地 0.379 ～ 0.741
	粤西南丘陵山地区	水田 0.443 ～ 0.734
	潮汕平原区	水田 0.443 ～ 0.776 旱地 0.366 ～ 0.820
	粤东沿海丘陵台地	水田 0.418 ～ 0.810 旱地 0.360 ～ 0.772
	珠江三角洲平原区	水田 0.351 ～ 0.747 旱地 0.318 ～ 0.833
	粤北山地丘陵区	水田 0.450 ～ 0.852 旱地 0.314 ～ 0.877
	粤中南丘陵山地区	水田 0.387 ～ 0.790 旱地 0.247 ～ 0.812
海南	—	0.656 ～ 0.890
黑龙江	—	0.848 ～ 0.994
吉林	—	0.184 ～ 0.737
辽宁	—	0.270 ～ 0.918
山西	—	0.840 ～ 0.995
河南	—	0.440 ～ 0.700
湖北	—	0.750 ～ 0.829
安徽	—	0.160 ～ 0.487
湖南	—	0.250 ～ 0.542
江西	—	0.351 ～ 0.875
内蒙古	—	0.816 ～ 0.920
陕西	—	0.671 ～ 0.733
重庆市	—	0.449 ～ 0.810
四川	—	0.440 ～ 0.625
贵州	—	0.366 ～ 0.875
云南	—	0.400 ～ 0.821
广西区	—	0.436 ～ 0.852
西藏	—	0.421 ～ 0.920

续表

区域		经济系数
青海	—	0.245 ～ 0.650
宁夏	—	0.412 ～ 0.920
甘肃	—	0.250 ～ 0.661
新疆	—	0.788 ～ 0.854

注：据《中国耕地质量等级调查与评定》各省（市、自治区）（不含港澳台地区）分卷汇总，中国大地出版社，2011。

第 7 章

基层耕地质量等级调查评价系统

7.1 系统的组成

在参与原国土资源部耕地质量等级监测评定等实际科研工作中，课题组综合分析了国内外土地调查观测理论方法和众多专家学者建议，并经过集成研发了适应于基层耕地质量等级调查评价的一套技术方法和相关器械，其中部分器械已获得国家专利授权，并在北京、广东、内蒙古等地进行了应用示范，研制的县级耕地质量等级调查监测-属性验证-等级评定-信息存储装备包括两部分：一是多种便携式耕地质量等级属性的调查监测器械；二是具有耕地定位、耕地经营状况与管护状况记载、耕地质量属性调查信息检验、耕地质量等级现场评定、耕地景观拍摄，以及耕地基本信息、质量等级信息存储功能的软件系统及其设备，如图 7-1 所示。

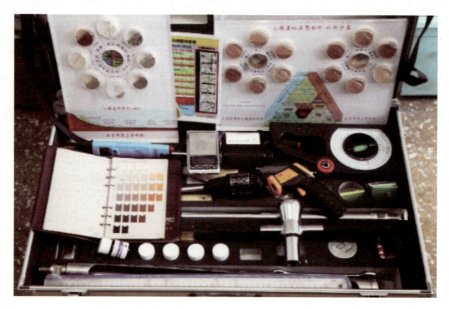

图 7-1　便携式耕地质量等级属性的调查监测器械

7.1.1　便携式耕地质量等级属性调查监测器械

便携式耕地质量等级属性调查监测器械简介如下：

1）耕地有效土层厚度-剖面构型-障碍层的诊断技术器械。有效土层厚度、土壤剖面构型、障碍层距地表深度是影响作物生长发育的重要因素。运用孔径为 5cm 的便携式土壤剖面诊断观测器械，可实现野外对上述 3 种耕地属性的精确观测，其观测误差小于 3cm。

2）耕地土壤质地观测的比对沙盘。耕地土壤质地是一项非常稳定的自然属性。课题组研发并试制了便携式美国农部制土壤粒级表样比对沙盘、美国农部制土壤质地类型比对沙盘，以及不同土壤质地分类制之间参比转换表格。

3）耕地土壤盐碱化程度野外现场测量设备。土壤盐碱化程度是影响农田作物生长发育的重要性指标。该设备集成意大利产的便携式土壤导电率测定仪和美国农业部土壤调查局相关理论与评价标准，来监测与评价土壤盐碱化状况及其对耕地质量等级的影响。

4）耕地土壤有机质含量野外现场估测设备。土壤有机质含量是耕地肥沃程度的重要标志。借鉴美国 Munsell 土壤蒙氏颜色卡，综合分析黄淮海平原区成土母质相对均一的 60 个土壤表土（干色）亮度与土壤有机质含量相关性并储存于 Android 系统中，实现了野外现场评定土壤有机质含量等级的方法。

5）耕地土壤 pH 野外现场估测设备。土壤 pH 即土壤酸碱度，对土壤肥力及植物生长影响很大，将常用的 pH 试纸中附带的标准色卡进行数字化并存储于 Android 系统中，实现了野外判定土壤 pH 并存储相关信息。

6）耕地地表坡度的野外现场估测设备。我国土地以山地丘陵及崎岖高原面积居多，故地表坡度是决定耕地质量等级与区域生态环境质量的重要因素。借鉴建筑测量领域的远红外测距测角仪，用于耕地地表和田面坡度测量，其操作方法简便易行，测量精度高，即最小坡度误差控制在 0.5°之内，完全满足耕地质量等级评价的需求。

7）耕地地表岩石露头度野外现场估测设备。地表岩石露头度是指基岩出露地面占地面的百分比。借鉴吸收澳大利亚土壤与土地调查技术方法，在综合实验研究工作过程中研发相关技术器械，以地表数码图像比对方式快速准确地获得待调查区域的地表岩石露头度。

8）装载安置上述器械的工具箱。根据县级耕地质量调查评定工作的实际需要，设计坚固耐用、轻-便携式的铝合金工具箱，其尺寸长 60cm× 宽 36cm× 高 22cm，其质量约 2.5kg。所有器械装载之后，整个工具箱质量约为 18kg。

7.1.2　人机对话式耕地质量等级评定系统

现行的农用地分等 / 耕地质量等级监测评定涉及多个学科的基础理论和多项观测技术方法，其观测评定过程具有严谨的逻辑关系与数值运算，未经专业培训的基层土地管理人员，一时难以掌握和进行野外现场应用。针对耕地质量管理工作的实际需要，课题组研发了人机对话式耕地质量等级评定-属性保存软件系统，部分界面包含以下功能模块。

1）基本信息模块：自动获取-选择-填报耕地的地理位置、权属、宗地编码、耕地类型、保护与建设状态、承包人、承包期限、耕作制度分区、熟制、指定作物、产量比系数、调查人员、野外调查布点法（平原地区或土地整治区多采用梅花布点法，山区谷地和滨河低地土地开发区则多采用蛇形布点法）、调查时间等。

2）调查观测模块：调查、诊断、选择、填报耕地自然质量分评价指标权重及其诊断与调查信息；乡镇或等值区域指定作物最高单产量、最高标准粮单产量、最大综合产量-成本指数、耕地多年实际成本及综合产量-成本指数。

3）检验评价模块：对待评价的耕地地块中 5 个样点自然质量分指标参数的调查信息进行检验：5 个样点各参数的归一性 / 均一性检验；5 个样点各参数均值与所在区县标准样地各参数的综合比较。

4）质量等别模块：指定作物光温生产潜力、气候生产潜力、作物间产量比系数、耕地自然质量分、利用系数、经济系数；省级和国家级耕地质量等级信息。

5）耕地景观模块：采集并保存待评价的耕地地块的生态环境景观、土地利用景观、基础设施（路林网、电力井渠）景观、耕地作物长势景观、耕地土壤剖面（或者深度约 150cm 的土壤钻心）照片。

7.2 便携式装备的主要功能

基层耕地质量等级调查监测-属性验证-等级评定-信息存储装备具有以下主要功能。

1）能够快速、准确、规范地对具体耕地地块的基本信息、质量属性、质量等级、耕地景观进行现场监测，信息经验、质量等级评定并记载存储，快速上报相关管理机构。

2）能够满足土地开发 / 复垦项目，土地整理 / 整治高标准农田建设 / 农田水利设施建设等项目设施完成之后的耕地质量提升状况调查评价，以及满足省级和县级耕地占补中有关耕地质量平衡工作的需要。

3）能够为耕地地力调查评价工作提供与耕地地力等级密切相关的土壤、地形等必要的基本环境信息。

4）能够为开展区域土壤地理调查、土地资源调查、基层耕地承包与流转、环境监测、土壤污染状况调查评价、耕地健康状况调查评价提供必要的基础信息。

5）能够为土壤地理学、环境科学、农业科学、土地资源学、土地管理、工矿区土地复垦、水土保持与荒漠化防治等相关专业高层次人才样品提供必要的教学实践工具。

7.3 耕地质量等级评价系统的使用方法

7.3.1 新建评价界面

打开系统并进入新建评价界面，具体操作如下。

1）根据《农用地质量分等规程》（GB/T 28407—2012）和省市农用地分等技术报告，选择调查评价布点法（选择梅花布点法或蛇形布点法），并在待调查评价耕地地块范围之内布设 5 个调查样点，如图 7-2 所示。

2）每个调查样点距离耕地地块边界应该大于 15m，以确保调查结果的准确性和代表性。在每个调查样点开始选择性填报耕地基本信息，系统在每个点稳定时间必须大于 45s，以确保系统获取准确的 GPS 位置信息（自动记录项）。

3）结合地面调查访问依次完成：耕地权属（填报项：地块所在＿＿＿乡镇＿＿＿村庄）、国家宗地代码（没有者可省略）、耕地类型（选择性：旱地、水浇地、水田）、耕地保护状况(选择性：一般耕地、基本农田、高标准农田)、耕地承包人与耕地承包期限(填报项)、耕作制度分区（已定制：Ⅱ1 燕山太行山山前平原区——北京市大兴区）、耕地熟制（已定制：一年两熟制——北京市大兴区）、耕地指定作物（已定制：小麦、玉米——北京市大兴区）、评价人员（填报项）、评价时间（填报项或自动记录项），然后保存进入系统第二模块。

图 7-2　耕地基本信息模块示意图

7.3.2　耕地属性调查观测模块的使用指南

耕地属性调查观测模块是耕地质量等级调查评价的核心环节，其包含土地科学、土壤科学、农田水利等方面的理论知识与技术。耕地属性调查观测模块包括所在区县农用地分等的基本因素，即耕地自然质量分的全部因素指标，以及省级农用地分等技术报告中专家集体研讨并确定的各个分等因素指标的权重值。北京市大兴区农用地分等工作是分别对指定作物小麦和玉米设立耕地自然质量分评价因素指标及其权重，并分别按照各个分等因素指标状况分级打分，由软件系统后台进行综合运算，以分别计算出耕地对小麦自然质量分和玉米自然质量分，并将上述耕地质量等级评价因素及其赋分值、自然质量分值保存于系统中。耕地属性调查观测模块组成如图7-3所示，其调查与赋值评价过程如下。

图 7-3　耕地属性调查观测模块组成示意图

1. 耕地有效土层厚度、土壤剖面构型、表土层质地、障碍层深度的观测与评价

便携式耕地质量等级调查监测器械箱中的便携式土壤剖面诊断观测器械包括直径 3cm、长 20cm 的不锈钢手柄，两个直径 2.5cm、长 54cm 的不锈钢连接杆，外直径 4cm、内直径 3cm、长 50cm 的不锈钢钻探沟槽，以及相关工具及其长 56cm、宽 30cm、高 24cm 的工具箱。

一般土地管理人员经过短期实地应用示范与培训，均可利用这种便于携带的工具箱及其器械在野外田间实现对有效土层厚度、土壤剖面构型及障碍层距地表深度的现场观测与采样，其观测土壤层次深度的精度在 96% 以上，能满足《农用地质量分等规程》（GB/T 28407—2012）和省级农用地分等技术报告中对有效土层厚度、土壤剖面构型及障碍层距地表深度现场观测精度的要求，同时还能采集不同深度土壤样品供化验分析所使用，如图 7-4 所示。

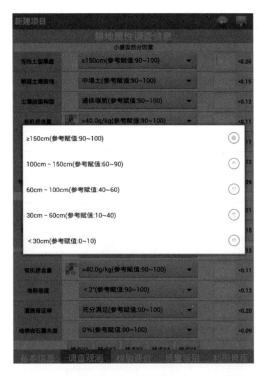

图 7-4　调查观测赋值模块中部分人机对话窗口

具体观测赋值过程如下：如果选择有效土层厚度 ≥ 150cm，赋分值应为 90 ～ 100（上含下不含）；如果选择有效土层厚度在 100 ～ 150cm，赋分值应为 60 ～ 90（上含下不含）；如果选择有效土层厚度在 60 ～ 100cm，赋分值应为 40 ～ 60（上含下不含）；如果选择有效土层厚度在 30 ～ 60cm，赋分值应为 10 ～ 40；如果选择有效土层厚度 < 30cm，赋分值应为 0 ～ 10。

耕地土壤质地是土壤的一项非常稳定的自然属性，它可反映母质来源和成土过程特征，对土壤肥力的影响大。土壤质地或耕作层土壤质地是评价农用地自然质量分的重要指标。据调查，各省市农用地自然质量分评价中均选用表土层或耕作层土壤质地指标，在评价中将土壤质地划分成 5 ～ 7 级打分，并按照权重（0.06 ～ 0.25）评价耕地的自然质量分。

在综合观测钻探获取的土壤剖面心样品基础上，通过土壤层次深度测量，并对 0 ～ 50cm、50 ～ 100cm 和 100 ～ 150cm 层段的土壤剖面钻心搭配标尺进行拍照，如有必要再进行分段采集土壤化验分析样品、表土层土壤质地类型比对（运用工具箱中的美国农部制土壤颗粒粒级比对沙盘——确定是否属于砾质土壤；美国农部制土壤质地类型比对沙盘——确定土壤表土层质地及不同深度土壤的质地类型），这样综合分析就可以确定土壤剖面构型；通过土壤剖面及其对农作物生长发育的适宜性，综合确定耕地土壤剖面之中是否有障碍层、障碍层的类型及其深度；然后按照人机对话式耕地质量等级评定系统内部设定的指标及其评定打分标准进行耕地表土层质地、土壤剖面构型与障碍层方面的记载与打分评价过程。

根据《农用地质量分等规程》（GB/T 28407—2012），表层土壤质地一般指耕层土壤的质地，土壤质地分为壤土、黏土、砂土和砾质土 4 个级别：1 级，壤土，包括卡钦斯基制的砂壤、轻壤和中壤，1978 年全国土壤普查办公室制定的中国土壤质地试行分类中的壤土；2 级，黏土，包括卡钦斯基制的黏土和重壤，1978 年全国土壤普查办公室制定的黏土；3 级，砂土，包括卡钦斯基制的紧砂土和松砂土，1978 年全国土壤普查办公室制定的砂土；4 级，砾质土，即按体积计，直径大于 1mm 的砾石等粗碎屑含量大于 10%，包括卡钦斯基制的强石质土，1978 年全国土壤普查办公室制定的多砾质土。此类数据多数从全国第二次土壤普查成果，如乡级或县级土壤图及其报告中获得，或进行野外实地调查（或者土壤学专家的手搓法确定）。

土壤剖面是指从地面向下挖掘所裸露的一段垂直切面，深度一般在 2m 以内。土壤剖面发生层一般分为表土层——A 层或耕作层——A_p 层、心土层——B 层和底土层——C 层。根据国标，土壤剖面构型是指土壤剖面中不同质地土层的排列次序，包括：①均质质地剖面构型，指从土表到 100cm 深度土壤质地基本均一，或其他质地的土层的连续厚度 <15cm，或这些土层的累加厚度 <40cm，分为通体壤、通体砂、通体黏，以及通体砾 4 种类型；②夹层质地剖面构型，指从土表 20 ～ 30cm 至 60 ～ 70cm 深度内，夹有厚度 15 ～ 30cm 的与上下层土壤质地明显不同的质地土层，续分为砂 / 黏 / 砂、黏 / 砂 / 黏、壤 / 黏 / 壤、壤 / 砂 / 壤 4 种类型；③体（垫）层质地剖面构型，指从土表 20 ～ 30cm 以下出现厚度 >40cm 的不同质地的土层，续分为砂 / 黏 / 黏、黏 / 砂 / 砂、壤 / 黏 / 黏、壤 / 砂 / 砂 4 种类型。

2. 耕地表土层有机质含量的观测与评价

土壤有机质是指存在于土壤中的含碳的有机物质，包括土壤腐殖质和非腐殖质。土壤有机质主要是通过各种动植物的残体、微生物分解和合成的各种有机质。土壤有机质是土壤固相部分的重要组成成分，尽管土壤有机质的含量只占土壤总量的很小一部分，但它对土壤形成、土壤肥力、环境保护及农林业可持续发展等方面都有着极其重要的作用和意义，故耕地土壤有机质是影响耕地质量等级的重要因素。根据《农用地质量分等规程》（GB/T 28407—2012），土壤有机质含量分为六个级别，分级界限下含上不含。

1）1 级，土壤有机质含量 ≥ 40g/kg。

2）2 级，土壤有机质含量 30 ～ 40g/kg。

3）3 级，土壤有机质含量 20 ～ 30g/kg。

4）4 级，土壤有机质含量 10 ～ 20g/kg。

5）5 级，土壤有机质含量 6 ～ 10g/kg。

6）6 级，土壤有机质含量 <6g/kg。

这类数据主要从第二次土壤普查，如乡级或县级土壤成果图及其报告中获得，并通过野外典型调查和样品的实验室分析，对第二次土壤普查成果进行校对。随着人类活动对耕地土壤的影响日益加强，20 世纪 80 年代的土壤有机质含量分析数据的可靠性和准确性也越来越多地受到人们的质疑，故当今的耕地土壤等级监测也亟待进行必要的土壤有机质含量的采样分析或估测分析。在土壤科学和环境科学界，测定土壤有机质含量的常用方法有丘林法（重铬酸钾-浓硫酸-硫酸亚铁氧化-还原测定法）、TOC 分析仪法、550℃或 950℃烧失量法和目视比色法。其中丘林法和 TOC 分析仪法的测量精度高，但需要专业实验人员操作且实验花费大，测量时间一般四个工作日以上；烧失量法和目视比色法虽然测量过程简便，但测量精度较低且难以在田间实施。课题组在借鉴先期调查研究工作中研制的国家专利"土壤蒙氏颜色野外诊断数码记录仪（i-DSCT）"的基础上，依据《农用地质量分等规程》（GB/T 28407—2012）的规定，综合分析了黄淮海平原区 60 个土壤表土层样品，这些土壤的成土母质多为相对均匀的次生黄土，即黄淮海河的冲积堆积物或者溦淤堆积物，其有色矿物如氧化铁、氧化锰、黑／金云母的组成与无色矿物如石英、长石、白云母、碳酸钙的组成相对均一，其土壤蒙氏颜色（干色）亮度主要与土壤有机质含量相关（2012 年澳大利亚、法国等学者也有类似的土壤调查研究成果）。收集相关资料，构建黄淮海平原区的主要土壤——潮土的表土层蒙氏颜色（干色）亮度值与其表土层有机质含量的相关性。

3. 耕地土壤盐碱化程度的观测与评价

土壤盐碱化是指在干旱、半干旱、半湿润地区和滨海地区，土壤底层或地下水中的易溶性盐分随毛管水上升到地表，水分蒸发后，使盐分积累在表层土壤中的过程，是易溶性盐分在土壤表层积累的现象或过程。中国盐渍土或称盐碱土的分布范围广、面积大、类型多，总面积约 1 亿 hm^2。盐碱土的易溶性盐主要包括钠、钾、钙、镁等的硫酸盐、氯化物、碳酸盐和重碳酸盐。硫酸盐和氯化物一般为中性盐，碳酸盐和重碳酸盐为碱性盐。耕地土壤盐碱化常可造成农作物生理干旱并危害农作物正常生长发育，故在干旱、半干旱、半湿润地区和滨海地区，土壤盐碱化是影响耕地质量等级的重要因素。根据《农用地质量分等规程》（GB/T 28407—2012），土壤盐碱化程度分为无盐化、轻度盐化、中度盐化、重度盐化 4 个区间，分级界限下含上不含。

1）1 级，无盐化：土壤无盐化，作物没有因盐碱化引起的缺苗断垄现象，表层土壤含盐量 <0.1%（易溶盐以苏打为主）或 <0.2%（易溶盐以氯化物为主）或 <0.3%（易溶盐以硫酸盐为主）。

2）2 级，轻度盐化：由盐碱化造成的作物缺苗 2 ～ 3 成，表层土壤含盐量 0.1% ～

0.3%（易溶盐以苏打为主）或 0.2% ～ 0.4%（易溶盐以氯化物为主）或 0.3% ～ 0.5%（易溶盐以硫酸盐为主）。

3）3 级，中度盐化：由盐碱化造成作物缺苗 3 ～ 5 成，表层土壤含盐量 0.3% ～ 0.5%（易溶盐以苏打为主）或 0.4% ～ 0.6%（易溶盐以氯化物为主）或 0.5% ～ 0.7%（易溶盐以硫酸盐为主）。

4）4 级，重度盐化：由盐碱化造成的作物缺苗 ≥ 5 成，表层土壤含盐量 ≥ 0.5%（易溶盐以苏打为主）或 ≥ 0.6%（易溶盐以氯化物为主）或 ≥ 0.7%（易溶盐以硫酸盐为主）。

可见土壤盐碱化程度通常采用表土层土壤易溶盐含量来定量表示，土壤中易溶盐含量一般采用质量法和电导法（铂电极与镀铂黑电导电极或甘汞电极）来测定，其测量精度高，但需要专业实验人员在实验室处理土壤样品并配置待测液，称量并在水浴锅蒸干、冷却、称量等多个环节，需要约 3 个工作日和一定的实验消耗。美国农业部土壤调查局 1954 年测定：电导率 ≤ 0.2S/m 时，对大多数作物生长无影响；电导率为 0.2 ～ 0.4S/m 时，对盐分敏感作物可能受到影响；电导率为 0.4 ～ 0.8S/m 时，大多数作物减产；电导率为 0.8 ～ 1.6S/m 时，只有耐盐作物不受影响；电导率 ≥ 1.6S/m 时，一般作物不能生长。据此运用便携式土壤电导率测定仪的实际应用效果好，测量误差小，操作简便易行，该设备保存使用较为方便。

4. 耕地土壤 pH 的观测与评价

土壤 pH 即土壤酸碱度，对土壤肥力及植物生长影响很大，故土壤 pH 通常是土地质量评价的主要定量指标，土壤酸碱度一般可分为以下几级：土壤 pH<4.5 为极强酸性，pH 在 4.5 ～ 5.5 范围内为强酸性，pH 在 5.5 ～ 6.5 范围内为酸性，pH 在 6.5 ～ 7.5 范围内为中性，pH 在 7.5 ～ 8.5 范围内为碱性，pH 在 8.5 ～ 9.5 范围内为强碱性，土壤 pH>9.5 为极强碱性土壤。根据《农用地质量分等规程》（GB/T 28407—2012）和《省级农用地分等技术报告》，在中国耕地质量等级评定的自然质量分评价过程中，按照对农作物生长发育的影响程度，可以将土壤 pH 划分为 6 级：① 6.0 ≤ pH<7.9；② 5.5 ≤ pH<6.0 或 7.9 ≤ pH<8.5；③ 5.0 ≤ pH<5.5 或 8.5 ≤ pH<9.0；④ 4.5 ≤ pH<5.0；⑤ pH<4.5 或 9.0 ≤ pH<9.5；⑥ pH ≥ 9.5。

7.3.3 耕地质量等级调查信息检验评价模块的使用指南

为了确保耕地地块尺度上耕地质量等级调查评价信息及其结果的准确性和科学性，经专家建议设立该信息检验模块。耕地质量等级调查信息检验评价是指对待评价的耕地地块中五个样点自然质量分指标参数等调查信息检验。

将 5 个样点各个耕地自然质量分指标的评价打分进行归一性或者均一性检验，未通过归一性/均一性检验者，需要重新返回耕地属性调查模块，对异常样地的异常耕地属性重新调查观测，并重新赋值保存。

5 个样点的耕地各属性指标的赋分值的均值与耕地所在区县国家级、省级农用地分等标准样地的指标参数及其赋值进行综合比较分析，以确保调查评价结果的科学性和合理性，如图 7-5 和图 7-6 所示。

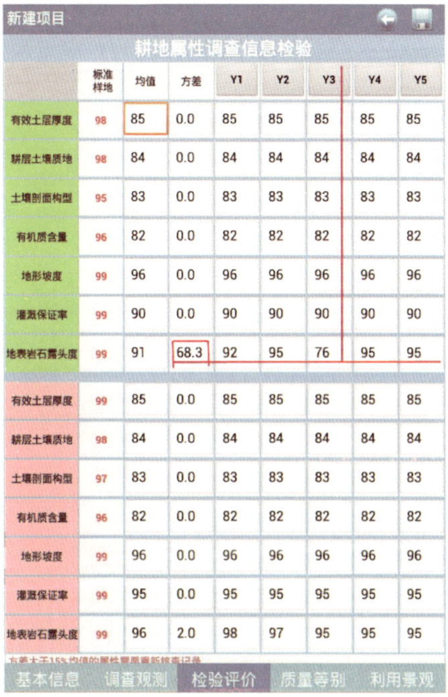

耕地属性调查信息检验（图 7-5）

	标准样地	均值	方差	Y1	Y2	Y3	Y4	Y5
有效土层厚度	98	85	0.0	85	85	85	85	85
耕层土壤质地	98	84	0.0	84	84	84	84	84
土壤剖面构型	95	83	0.0	83	83	83	83	83
有机质含量	96	82	0.0	82	82	82	82	82
地形坡度	99	96	0.0	96	96	96	96	96
灌溉保证率	99	90	0.0	90	90	90	90	90
地表岩石露头度	99	91	68.3	92	95	76	95	95
有效土层厚度	99	85	0.0	85	85	85	85	85
耕层土壤质地	98	84	0.0	84	84	84	84	84
土壤剖面构型	97	83	0.0	83	83	83	83	83
有机质含量	96	82	0.0	82	82	82	82	82
地形坡度	99	96	0.0	96	96	96	96	96
灌溉保证率	99	95	0.0	95	95	95	95	95
地表岩石露头度	99	96	2.0	95	97	95	95	95

基本信息　调查观测　检验评价　质量等别　利用景观

耕地属性调查信息检验（图 7-6）

	标准样地	均值	方差	Y1	Y2	Y3	Y4	Y5
有效土层厚度	98	41	5.0	40	40	40	40	45
耕层土壤质地	98	65	0.0	65	65	65	65	65
土壤剖面构型	95	55	0.0	55	55	55	55	55
有机质含量	96	57	4.8	55	55	55	59	59
地形坡度	99	95	0.0	95	95	95	95	95
灌溉保证率	99	91	1.2	90	90	92	92	92
地表岩石露头度	99	93	0.8	95	93	93	93	93
有效土层厚度	99	41	5.0	40	40	40	40	40
耕层土壤质地	98	65	0.0	65	65	65	65	65
土壤剖面构型	95	55	0.0	55	55	55	55	55
有机质含量	96	57	4.8	55	55	55	59	
地形坡度	99	95	0.0	95	95	95	95	
灌溉保证率	99	91	1.2	90	90	92	92	
地表岩石露头度	99	93	0.8	95	93	93	93	

基本信息　调查观测　检验评价　质量等别　利用景观

图 7-5　耕地质量等级调查信息检验（有异常）　　图 7-6　耕地质量等级调查信息检验（无异常）

在图 7-6 中，地表岩石裸露度观测项中有明显的异常，即均方差高达 68.3，该表显示第 3 个样点的地表岩石露头度调查观测数据异常，需要返回至调查观测模块对第 3 个样地的地表岩石露头度重新调查观测并赋值。

7.3.4　耕地质量等别模块的使用指南

经过检验合格的耕地地块尺度上耕地质量等级调查评价信息，经过确认便进入人机互动式耕地等别野外快速诊断-存储-评价技术系统后台运算，并自动生成调查观测所得出的观测地块的耕地质量等别信息：具体包括作物光温/气候生产潜力、作物产量比系数（县域定制的数值）；待调查耕地地块的作物自然质量分值、耕地利用系数、耕地经济系数、省级耕地利用等指数及利用等别；省级经济等指数及经济等别，省级自然等指数及自然等别。上述省级耕地质量等别信息经过人机互动式耕地等别野外快速诊断-存储-评价技术系统后台运算并转换生成：国家级耕地利用等指数及利用等别、国家级经济等指数及经济等别、国家级自然等指数及自然等别。

为了确保耕地质量等级调查观测、评价及其质量等级信息的准确性、可比性和科学性，人机互动式耕地等别野外快速诊断-存储-评价技术系统还内置有该县国家级或省级农用地分等标准样地的相关信息，以便于进行比较分析。

为了确保耕地质量等级信息的客观准确性，该模块设有人机对话窗口，以彻底堵塞人为随意修改耕地质量等级信息的途径。其模块结构与组成如图7-7所示。

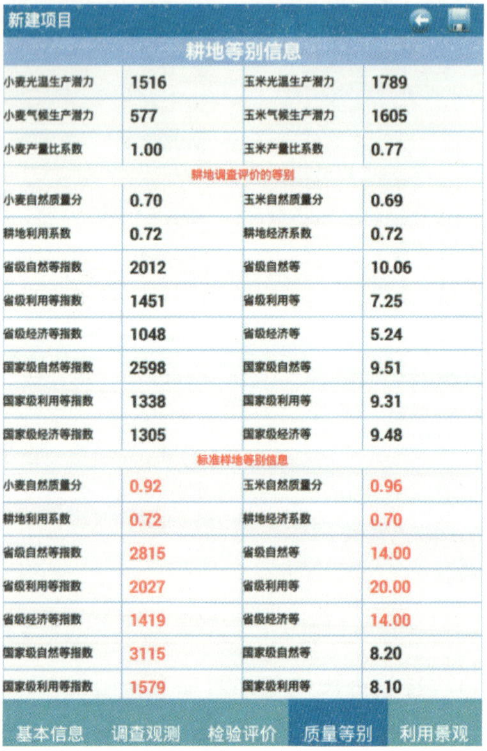

新建项目			
耕地等别信息			
小麦光温生产潜力	1516	玉米光温生产潜力	1789
小麦气候生产潜力	577	玉米气候生产潜力	1605
小麦产量比系数	1.00	玉米产量比系数	0.77
耕地调查评价的等别			
小麦自然质量分	0.70	玉米自然质量分	0.69
耕地利用系数	0.72	耕地经济系数	0.72
省级自然等指数	2012	省级自然等	10.06
省级利用等指数	1451	省级利用等	7.25
省级经济等指数	1048	省级经济等	5.24
国家级自然等指数	2598	国家级自然等	9.51
国家级利用等指数	1338	国家级利用等	9.31
国家级经济等指数	1305	国家级经济等	9.48
标准样地等别信息			
小麦自然质量分	0.92	玉米自然质量分	0.96
耕地利用系数	0.72	耕地经济系数	0.70
省级自然等指数	2815	省级自然等	14.00
省级利用等指数	2027	省级利用等	20.00
省级经济等指数	1419	省级经济等	14.00
国家级自然等指数	3115	国家级自然等	8.20
国家级利用等指数	1579	国家级利用等	8.10
基本信息 调查观测 检验评价 质量等别 利用景观			

图 7-7 耕地质量等别模块的内容及其结构

7.3.5 耕地利用景观模块的使用指南

为了确保耕地地块尺度上耕地质量等级调查评价信息及其结果的准确性、科学性、直观性和显示性，经专家建议设立耕地利用景观采集模块，拟定运用人机互动式耕地等别野外快速诊断-存储-评价技术硬件设备（具有通信功能的7寸或者8寸平板式计算机）自带的高清数码照相机（约为1300万像素，即分辨率为3120×4208），拍摄并储存待调查观测评价耕地地块的景观图片：①耕地外围生态环境景观；②土地利用现状景观；③耕地配套的路网与防护林网景观；④耕地配套的电力水井灌渠景观；⑤耕地农作物长势景观；⑥耕地土壤剖面或土壤钻柱样照片，如图7-8和图7-9所示（建议横向手持平板进行拍摄，以确保景观照片内容的丰富性和版式的美观性，能够从景观上展示耕地质量等级及其特征）。

图 7-8　耕地利用景观模块示意图　　　　图 7-9　北京市房山区耕地利用景观采集
（对准待拍摄的景观，手指点击相机符即可，避
免逆光）

7.4　实际应用成果简介

　　结合相关科学研究工作和北京市实际土地管理工作，在耕地等别野外快速诊断-存储-评价技术设备的设计、探索与试验研究过程中，运用所研制的调查监测器械对北京市大兴区和房山区、内蒙古通辽市和兴安盟、广东省清远市的各类耕地（包括土地综合整治区、土地开发与复垦的耕地），以及温室大棚和设施农业生产基地的耕地进行了实地调查观测与应用示范。整套技术装备在北京市大兴区和房山区进行应用示范，采集相关土壤样品进行实验室化验分析和综合比较分析，结合国内外相关技术方法与器械，对初步研制与教程耕地等别野外快速诊断-存储-评价技术设备进行了修改完善，其实际调查观测获得的耕地质量等级信息主要如图 7-10 ～图 7-14 所示。

图 7-10　完成的北京市耕地质量等级评定地块　　图 7-11　存储的北京市大兴区耕地基本信息

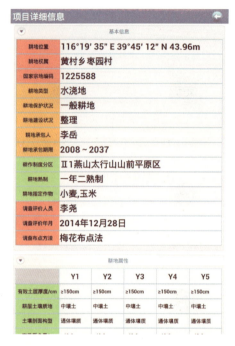

图 7-12　存储的北京市大兴区耕地属性调查信息　图 7-13　存储的北京市大兴区耕地质量等级信息

图 7-14　存储的北京市大兴区耕地生态景观信息

第 8 章

耕地土壤污染

土壤是资源与环境的集合体，从资源角度来看土壤资源是有限的，从环境角度来看土壤环境具有显著的区域差异性，故在人类社会发展的时间尺度上土壤是不可再生的资源。近百年来的城市化、工业化及其非持续性土地利用，已经导致全球33%的土地受损中度和重度退化，其中也包含重金属污染导致的土壤健康恶化。修复重金属污染土壤、恢复土壤健康的技术方法已经成为国际社会关注的焦点（van Bruggen等，2015；赵烨，2012）。耕地土壤污染问题已经成为社会各界关注的热点议题，联合国粮食及农业组织将2015年确定为"国际土壤年"，其核心议题是"健康的世界需要健康的土壤""健康的土壤是健康食品生产的基础""土壤是一种不可再生的自然资源——保护土壤是保障食品安全和持续未来的基本需要"。中国政府也十分重视土地资源管护与土壤污染防治，国土资源部设有耕地保护司，2016年环境保护部也设立了土壤环境管理司，以强化对耕地资源和土壤环境的管护水平；与此同时，社会各界要求开展土壤环境质量/土壤健康状况评价研究，也有学者建议将土壤污染状况纳入耕地质量等级调查评价工作之中。在此背景下有必要综合分析土壤这个历史自然体的基本特征，即土壤是地球陆地表层面上的自然资源与环境要素集合体，一方面土壤具有肥力及生产能力（这是耕地质量等级调查评价的核心内容），另一方面土壤具有环境自净与生态服务功能。土壤的这两方面功能既有联系也有区别，不可笼统地加以混淆。

8.1　土壤污染的概念

土壤是自然环境的重要组成要素和人类社会发展的基本资源，即土壤具有资源与环境的双重特性。从资源科学的角度来看，土壤作为人类劳动的对象和基本生产资料，人类依据自身生存和发展的需求来调节、改造和利用土壤资源，如化肥、农药的大量施用，地膜的大量使用以及污水灌溉等土壤利用活动。但是，人类认识具有局限性，土壤资源具有复杂性，人类对土壤的各种调节、改造和利用活动必然会引起土壤物质组成、性状及其功能的变化，其中有利的变化是促进了土壤肥力、缓冲性能和自净能力的不断提高，而不利的变化是导致以土壤侵蚀、风蚀、盐碱化、土壤污染为特征的土壤退化的发生；从环境科学角度来看，土壤是地表环境中物质能量迁移转化的枢纽和人类社会活动的场所，故造成土壤污染的污染物种类复杂多样且来源广泛，包括工业污染源、意外事故污染、医院及科研院所废物、交通运输污染源、城市河道下游、固体废物堆放场地等。

污染（pollution）一词来源于拉丁语polluere，其意思是to soil（弄脏）或to defile（染污）。早在1972年美国学者Bohn和Cauthorn指出"污染是废物被放错位置的问题"（Pollution is the Problem of Misplaced Waste），即污染是指地球三大介质（大气、水体和土壤）中物质和能量的畸形分布；1982年李天杰指出，土壤污染是指人类活动排放到土壤系统中一定数量的废气、废水、废渣，破坏了土壤系统原来的平衡，并引起土壤系统成分、结构和功能的恶化；1996 年中国农业百科全书（土壤卷）定义土壤污染为：人为活动将对人类本身和其他生命体有害的物质施加到土壤中，致使某种有害成分的含量明显高于土壤原有含量，而引起土壤环境质量恶化的现象。由此可见，土壤污染目前在学术界尚无统一概念，大体上可归结为三大类：一是外源物质添加论，即人类活动向土壤添加有毒、有害物质便构成了土壤污染，该概念对于持久性有机污染物（persistent organic pollutants，POPs），如有机氯农药（DDT 异狄氏剂 Endrin）、工业化学品（多氯联苯 PCBs、六氯苯 HCB）、非故意排放副产品（二噁英 PCDDs、多氯代二苯并呋喃 PCDFs）、固体废物（建材碎屑、塑料制品）、放射性核素 ^{137}Cs 等人造物所造成的土壤污染较为适宜。二是相对性超背景论，即土壤中某一元素含量超过该区域土壤中该元素背景值加两倍标准差时，则认为土壤被该元素所污染，该概念对于自然土壤本来就含有的化学元素所造成的土壤污染较为适宜。三是综合性的土壤功能受损论，即人类活动产生的有害物质进入土壤，其含量超过土壤本身自净能力而使土壤的成分和性质发生变异，降低农作物的产量和品质并危害人体健康的现象称为土壤污染。该概念针对土壤这个开放系统中污染物的累积过程和净化过程，从动态平衡与土壤功能角度确定土壤污染，它不仅考虑到土壤中污染物的含量与状态，还考虑了该污染物给土壤诸多生产性能、生态服务和环境调节功能所造成的危害状况。

　　土壤污染是自然成土因素、土壤物质组成与各种污染物相互作用，即土壤污染过程与土壤自净过程相互作用的结果；另外土壤污染及其对人群的危害还与社会经济结构、人群生活习惯密切相关。与大气污染、水体污染相比较，土壤污染具有以下显著特征（图 8-1）。

　　1）隐蔽性和滞后性。土壤作为陆地表层一个物质组成复杂多变的开放系统，因为人们日常生活并不直接进食土壤，所以人们不能像直觉感知大气污染、水体污染那样感知土壤污染。土壤污染的发现往往要通过对土壤样品化验和农作物的残留检测，其严重后果仅能通过食物给动物和人类健康造成危害，因而不易被人们察觉；因此，从产生污染到出现问题通常会滞后很长的时间。

　　2）累积性与不可逆转性。土壤污染具有累积性，污染物质在土壤中不容易被迁移、扩散和稀释，因此容易在土壤中不断积累而超标。土壤污染具有不可逆转性，重金属对土壤的污染基本上是一个不可逆转的过程，许多有机化学物质的污染也需要较长的时间才能被降解；土壤污染很难治理，积累在土壤中的难降解污染物很难靠稀释作用和自净化作用来消

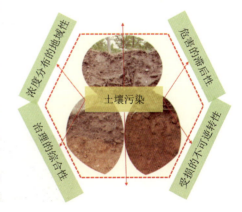

图 8-1　土壤污染的特征

除。因此，治理污染土壤通常成本较高、治理周期较长。

3）地域性与综合性。污染物质在土壤中不易迁移、扩散和稀释，并且不同区域中污染源不同，污染因素也有所差别，因而导致污染物的浓度分布具有明显的地域性。因此，在对一个地区的土壤环境质量进行监测和评价时，需要根据污染物的空间分布特点，科学地制订监测计划（包括网、点设置、监测项目、采样频率等），然后对监测数据进行统计分析，才能全面、客观地了解区域土壤污染状况。不同于具有流动性的水和大气，土壤是一个复杂的环境介质，其中包含着复杂的生物、化学、物理过程，污染物在其中不仅存在价态、浓度变化，还存在吸附-解吸、固定-老化、溶解-扩散、氧化-还原及生物降解等复杂过程。同时，人类活动对土壤环境的影响也是复杂的，越来越多的污染物排放到土壤中，导致了多种污染物在土壤中的并存，即出现了土壤复合污染，它们表现出了不同的环境和生态效应，因此土壤污染具有明显的综合性。

8.2 土壤的污染源和污染物

8.2.1 土壤的污染源

土壤作为一个开放系统是地表各环境要素相互作用的枢纽，故造成土壤污染的污染物种类复杂多样且来源极为广泛，包括点源（工业污染源、意外事故污染、医院及科研院所废物）、线源（工业中交通运输污染源、城市河道下游）和面源（农业污染源、大气污染源和城市生活污染源）等。图8-2和图8-3概括了主要的土壤污染源。

图8-2 耕地土壤污染物及其危害示意图

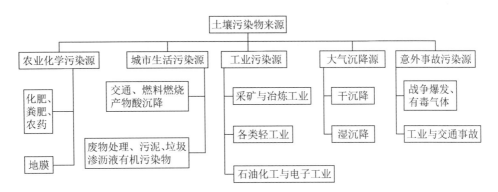

图 8-3　土壤污染物的来源示意图

农业污染源主要是指出于农业生产自身的需要而施入土壤的化肥、粪肥和化学农药，以及其他化学农用品（如农业机械的燃油意外泄漏）。其中农业机械使用过程中的燃料泄漏，可以向土壤中排放许多碳氢化合物，如苯、庚烷、（正）己烷、异丁烷、甲苯、苯酚、四乙基和四甲基铅与锌等，使局部土壤遭受石油类物质的污染；在农业生产过程中不合理地施用化肥和粪肥，可以将大量的重金属元素及其盐类引入土壤之中并导致土壤重金属污染，如施用磷肥可造成 As、Cd、Mn、U、V 和 Zn 在土壤中的积累，施用家禽或猪粪肥可使 Zn、As 和 Cu 在土壤中积累，也可以使病原微生物和牲畜排泄的各种激素类物质进入土壤，危害土壤微生物的正常生长发育；在农业生产过程中持续大量地施用化学农药所造成的土壤污染，是目前或者未来土壤环境科学研究的热点。

城市是人类聚居形式的一个重要发展阶段，是一个复杂的地域综合体。考古学研究显示，通过家庭住宅和人类活动公共场所的建设与毁坏（如寺庙和竞技场所），大量的污染物质总是被堆放或处置在土壤上，导致土壤的物理或化学退化，但古代对土壤的这种破坏的程度与规模均是有限的。随着城市化和工业的发展，城市（含工矿区）的工业类型、生产规模不断扩大，城市活动（工业、交通、居民生活等）对城郊土壤物质组成和物理化学性状的影响程度急剧增长，特别是近两百年来百万人口城市的数量不断增加、城市及其工业生产部门增加，使城市排放废物的种类和数量急剧增加，已经造成了严重的区域性土壤污染。

从环境科学角度来看，城市具有以下特征：①人口和生产企业的高度集中。据联合国人口司资料，1800 年世界城市人口比例占 3%、1900 年占 13%、1950 年占 28%、1980 年占 41%、2000 年世界城市人口比例已经超过 50%；全世界城市工业生产的物质财富占总财富的 80% 以上，日本 70% 的工业企业集中在不到 2% 的国土面积的城市之中，德国的鲁尔工业区集中有大量的煤炭、钢铁、陶瓷、化工、机械、电力和水泥等产业。②资源与能源消耗的高度集中。为了维持城市新陈代谢的功能，维持城市大量人口的生活、生产，以及进行政治、文化、旅游、商业、科教等活动，目前全世界 90% 左右的能源被城市消耗，如日本东京市每年消耗轻油 258 万 m³、重油 307 万 m³、煤

2400 万 t（每人每年消耗约 2t）；美国一个百万人口的城市每天代谢的投入-产出状况如下：输入水 62.5 万 t—输出污水 50 万 t、输入食品 2000t—输出固体废物 2000t、输入燃料 9.5 万 t—输出大气污染物 950t。③交通运输的高度集中。为输送城市内的人口、物流，飞机、汽车、火车大都集中在城市之中，轮船也集中在港湾城市。④建筑物的高度集中。整个城市被各种类型和各种用途的房屋、道路、广场等所覆盖，从而改变了大气-生物-土壤-岩石之间的物质循环过程。⑤废物的高度集中排放。城市是资源、能源集中转化转换的场所，除了少部分的原材料进入产品被人们利用后也变为废物外，有40% ~ 80% 的原材料在生产中转化为废物而进入环境之中，由于输入大于自净和输出，大量废物积存于城市之中。

8.2.2　土壤的污染物

现代城市及工业活动向土壤环境排放的污染物可以归纳为：①气态污染物，包括二氧化硫、氮氧化物、一氧化碳、硫化氢、氯、氟、烟尘、粉尘和放射性微粒，这类污染物一般通过大气扩散、传输和干湿沉降进入城市外围土壤；②液态污染物，包括废水（废液）中所含的油类、营养元素、需氧有机物、有毒金属化合物、放射性物质和病原体等，这些污染物一般通过污水灌溉或地表水系等方式进入城郊土壤；③固体废弃污染物，包括城市生活垃圾、工业残渣、尾矿渣、建筑垃圾、废塑料制品、废玻璃制品、废金属制品、污泥和养殖业粪便等，这类固体废物一般通过填埋、堆存等方式进入土壤之中；④物理性污染物，包括废热、辐射等。综上所述，将从上述各类污染源输入土壤中的污染物汇总，如表 8-1 所示。

表 8-1　土壤的主要污染物类型

污染物类型	主要污染物举例
杀虫剂	有机磷类杀虫剂、有机氯类杀虫剂、氨基甲酸酯类杀虫剂、自然和人工合成拟除虫菊酯类杀虫剂等
杀菌剂	无机杀菌剂（硫磺粉、石硫合剂、硫酸铜、升汞、石灰）、有机合成杀菌剂（代森铵、敌锈钠、福美锌等有机硫杀菌剂，稻瘟净、克瘟散等有机磷-六氯茶有机氯-菲醌和非冈等醌类杀菌剂）、农用抗菌素剂（放线菌酮、井冈霉素）、植物性杀菌素等
除草剂	酚类、苯氧羧酸类、苯甲酸类、二苯醚类、联吡啶类、氨基甲酸酯类、硫代氨基甲酸酯类、酰胺类、取代脲类、均三氮苯类、二硝基苯胺类、有机磷类、苯氧基及杂环氧基苯氧基丙酸酯类、磺酰脲类、咪唑啉酮类和其他杂环类
气态污染物	CO_x、NO_x、SO_x、UO_x、PAHs（奈、蒽和芘等）、焦油、氰、无机盐类、重金属微粒、放射性核微粒等
液态污染物	悬浮颗粒物（含有机毒物、农药、病原菌等），病原体（病原菌、病毒、寄生虫），需氧有机物（碳水化合物、蛋白质、油脂、氨基酸、脂肪酸、酯类），植物营养素（过量氮、磷、硫、钾、钙），有毒污染物如氟、砷、重金属、酚、氰、多氯联苯、多环芳烃、艾氏剂、狄氏剂、异狄氏剂、七氯、毒杀酚、六氯苯和多氯联苯、二噁英、呋喃等

续表

污染物类型	主要污染物举例
工业固体废物	废矿石、尾矿、砖瓦、炉渣、粉煤灰、烟尘，金属、沙石、陶瓷、边角料、涂料、废木、塑料、橡胶、烟尘，橡胶、皮革、塑料、布、纤维、染料、金属、化学药剂、金属、塑料、陶瓷、玻璃、沥青、油毡、石棉、涂料、绝缘材料；金属、水泥、陶瓷、石膏、石棉、沙石土、纸、纤维、玻璃
城市固体垃圾	食物、纸屑、旧布料、破家具、金属、玻璃、塑料、陶瓷、灰渣、碎砖瓦、粪便、包装袋、废管道、碎瓷砖、废弃交通工具、废电器，易燃、易爆、腐蚀性、放射性废物，类似居民生活栏内的各种废物、砖瓦片、树叶、金属、灰渣、污泥、脏土、淤积物
农业固体废物	农作物秸秆、果皮菜叶、糠秕、树枝落叶、废塑料、人畜粪便、畜禽遗骸、地膜等，鱼虾残体及贝壳、水产品加工残渣、塘泥等

8.3　土壤环境背景值概述

重金属元素一般是指密度大于 $4.5g/cm^3$ 或相对原子质量大于 55 的金属元素，自然环境中约有 45 种重金属元素，如 Cu、Pb、Zn、Fe、Co、Ni、Mn、Cd、Hg、W、Tl、Mo、Au、Ag 等。在人类文明出现之前，地球表层系统中重金属元素循环过程与生物体新陈代谢是相互适应的，多数重金属元素沉积于地层（geological strata）之中，极少以高浓度的重金属元素与生物作用。然而数百年的人类活动已经将储存于地层或岩石圈中的重金属元素及其矿物挖掘出来（矿业），并投入冶金、化学工业、机械工业、电子工业等之中，制造出含有重金属的产品供人们使用消费。这样人类活动就打破了自然界原有的重金属循环过程并造成区域性的土壤、水体重金属污染（Pascal et al.，2007）。Sherameti 和 Varma（2010）研究指出，任何物质对生命系统的作用都主要取决于其对细胞的有效浓度，需要运用特定物质的剂量-反应数据（dose-response data）评价其毒性；许多金属离子在低浓度时对维持细胞新陈代谢具有关键性作用，但在高浓度时则是有毒的，这些金属元素属于生命必需的微量营养元素，如 Mn、Cu、Zn、Co、Ni、Cr 等。但部分重金属，如 Cd、Hg、Pb、Tl 等并非生命活动所必需，所有重金属超过一定浓度都对人体有毒害，如图 8-4 所示。

在自然条件下，土壤中或多或少地含有各种重金属与有毒类金属元素，常用土壤背景值（background value of soil environment）来表示，即在未受或少受人类活动影响下，尚未受或少受污染和破坏的土壤中元素的含量，也称为土壤本底值或土壤环境背景值，由于人类活动对全球土壤影响的长期性和广泛性，土壤环境背景值实际上是一个相对概念。土壤中重金属背景值主要依赖于成土母质的类型和土壤类型，表 8-2 显示了地壳、几类成土母质及土壤中重金属的背景浓度值。

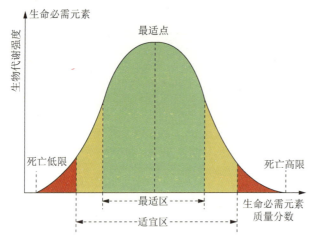

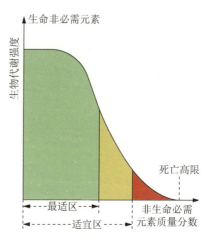

图 8-4　化学元素对生物体的作用图式

表 8-2　地壳和沉积物中的元素含量

元素	地壳平均	沉积物平均	页岩平均	深海黏土	浅水沉积物	河流悬浮沉积物	砂石	石灰岩	土壤
Fe	4.1%	4.1%	4.7%	6.5%	6.5%	4.8%	2.9%	1.7%	3.2%
Ti	0.6%	0.4%	0.5%	0.5%	0.5%	0.6%	0.4%	0.03%	0.5%
V	160	105	130	120	145	170	20	45	108
Cr	100（约）	72	90	90	60	100	35	11	84
Ni	80（约）	52	68	250	35	90	9	7	34
Zn	75	95	95	165	92	350	30	20	60
Cu	50	33	45	250	56	100	30	5.1	26
Co	20	14	19	74	13	20	0.3	0.1	12
Pb	14	19	20	80	22	150	10	5.7	29
Sn	2.2	4.6	6.0	1.5	2	—	0.5	0.5	5.8
Cd	0.11	0.17	0.22	0.42	—	1	0.05	0.03	0.6
Hg	0.05	0.19	0.18	0.08	—		0.29	16	0.1

注: 仅 Fe 和 Ti 单位是百分比, 其他元素单位为 μg/g。

　　美国地质调查局早在 1961 年就开始了美国本土的土壤背景值调查研究, 于 1988 年完成了全美国土壤中 50 个元素的背景值的调查; 日本在 1978～1984 年对全日本境内土壤的表土层和底土层中 8 种重金属元素进行了调查研究, 建立了日本土壤背景值体系; 中国 20 世纪 70 年代中期也开始了局地土壤背景值的调查研究, 经过不断研究完善并于 1990 年出版了《中华人民共和国土壤环境背景值图集》(中国环境监测总站, 1990), 这为土壤环境科学研究与环境管理、耕地土壤健康评价提供了重要的科学依据。土壤元素背景值常用土壤样品平均值加减一个或两个标准偏差来表示。

　　重金属与有毒类金属在土壤中一般不易随水移动, 且不能为微生物分解, 其常在土壤中累积，甚至有可能转化为毒性更强的甲基化合物，它们还可以通过植物的吸收富集来对人类产生危害。它们在土壤中积累的初期，不易被人们觉察和注意，故土壤重（类）金属污染属于潜在危害，一旦毒害作用明显地表现出来，就难以彻底消除。陆地植物生长、发育过程中所必需的养分来自土壤，其中一些重金属元素，如 Cu、Zn、Mo、Fe、Mn 等在植物体内主要作为酶催化剂。但如果土壤中存在过量重金属元素，就会限制植物的正常生长、发育和繁衍。土壤中重（类）金属元素分为微量营养元素和有毒元素。其中微量营养元素即植物生长发育必需的化学元素，如 Cu、Zn、Se、Mn、Cr 等。科学实验表明，Cu 是植物生长所必需的元素之一，但当土壤中 Cu 含量大于 50mg/kg 时，柑橘幼苗生长就受到阻碍；土壤中 Cu 含量大于 200mg/kg 时，小麦就会枯死；土壤中 Cu 含量大于 250mg/kg 时，水稻也会枯死。再如，向水稻土中投入 As 小于 8mg/kg 时，水稻生长正常，并有增产的趋势；As 大于 8mg/kg 时，水稻的生长开始受到抑制；As 大于 40mg/kg 时，水稻将减产 50%。有毒元素即植物生长发育过程中并不需要的元素，而且也对人体健康有比较明显的危害作用的化学元素，如 Cd、Hg、Pb 等。例如，土壤铅污染会通过抑制植物光合作用、蒸腾作用而影响产量与质量，当土壤中 Pb 含量为 250mg/kg 时，水稻将减产 20% 以上。2002 年 Abrahams 分析了重金属元素和某些有毒元素对人群的暴露途径，认为重金属 Hg、Cd、Pb 和 Ce 主要通过土壤–食物暴露危害人群健康，微量营养元素，如 Se 和 I 也主要通过土壤–食物暴露途径影响人们生活，而 Rn 主要通过大气暴露、F 主要通过饮水暴露途径影响人群健康，各种元素的暴露途径如图 8-5 所示。

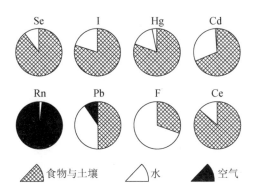

图 8-5　某些污染元素对人群暴露途径的相对重要性比较

土壤中重金属总含量是评价土壤重金属污染程度的重要指标之一，土壤组成的复杂性和土壤物理化学性质（pH、Eh）的可变性，造成了重（类）金属元素在土壤中的存在形态的复杂性和多样性，而土壤中重金属的存在形态则是决定土壤中重金属元素毒性、有效性、移动性及其生态环境效应的重要指标。有关土壤中重金属的形态目前还尚未有统一的定义及分类方法，常用方法有 BCR 连续提取（European Community Bureau of Reference，BCR）法和 Tessier 提出的五级连续提取法（简称 Tessier 法）。BCR

法多运用于分析土壤中重金属 Cu、Pb、Zn、Cd 等形态，一般将土壤中这些重金属的形态划分为弱酸提取态（可交换态和碳酸盐结合态）、可还原态（铁锰氧化物结合态）、可氧化态（有机物及硫化物结合态）和残渣态四种组分，如图 8-6 所示为华南水稻土中重金属 Cd 的全量及其形态，其预示水稻土含有大量弱酸提取态的镉（易被农作物根系吸收），BCR 法重现性较高，利于土壤质量监测。Tessier 法将沉积物或土壤中重金属的形态区分为水溶态、可交换态、碳酸盐结合态、铁锰氧化物结合态、有机物结合态和残渣态六种形态，如图 8-7 所示为华北平原污灌区潮土中重金属 Cu 的全量及其形态，可被农作物根系吸收的水溶态、交换态重金属 Cu 含量甚少，因此 Tessier 法能提供更多土壤环境信息，有利于研究土壤金属元素的形态和生物有效性。由于土壤物质组成、理化性状和重金属污染状况的复杂多变性，在研究中应该针对土壤环境特征选择适当的土壤重金属提取方法。

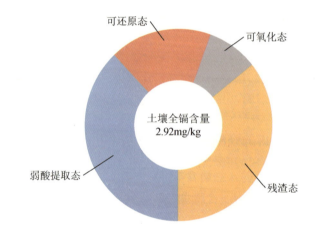

图 8-6　华南被污染水稻土中重金属 Cd 全量及其化学形态图式

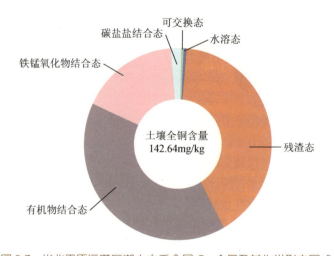

图 8-7　华北平原污灌区潮土中重金属 Cu 全量及其化学形态图式

在实际研究工作中常用不同的浸提液体连续抽提，并将土壤中的重（类）金属元素赋存状态分为水溶态（用去离子水浸提）、可交换态（如用 $MgCl_2$ 溶液为浸提剂）、碳酸盐结合态（以醋酸钠盐溶液为浸提剂）、铁锰氧化物结合态（以 $NH_3OH-HCl$ 为浸提剂）、有机物结合态（以 H_2O_2 为浸提剂）、残渣态（以 $HClO_4-HF$ 消化，1：1 的 HCl 为浸提剂）。上述不同的赋存状态的重（类）金属元素，其生理活性和毒性均有差异。生物可利用态包括水溶态与交换态，它们的活性和毒性大；生物潜在可利用态包括碳酸盐结合态、铁锰氧化物结合态和有机物结合态，它们在适当环境条件下可以转化为生物可利用态，是生物可利用态重金属的直接提供者，它们的活性和毒性居中；而残渣态重金属元素稳定，该形态的重金属含量对土壤中重金属的迁移和生物可利用性贡献不大，其活性及毒性小。但是当它遇到强酸、强碱或螯合剂时，这些金属还是会被活化进入环境中来，从而对生态系统构成威胁。因此，在研究土壤中重（类）金属元素污染时，不仅要注意它们在土壤中的总含量，还必须重视它们的各种存在状态的含量，在不同土壤及其不同土层中重金属含量及其形态组成也有巨大差异。因此，在实际进行重金属污染耕地土壤的诊断-评价-修复技术研究过程中，应该综合观测分析土壤所在地外围环境特征，以及土壤类型、物质组成、理化特性对土壤中重金属元素的影响，从土壤发生学过程入手剖析土壤中重金属迁移及形态转化的机理，以及重金属元素在耕地土壤-植物系统中的形态转化、运移和富集的规律，阐明"土壤重金属超标而农产品不超标"与"土壤重金属不超标而农产品却超标"（按现行土壤环境质量标准和食品安全国家标准）的科学机理，揭示耕地土壤中重金属含量及其存在形态和农作物受体的毒性效应之间的关系。

8.4　土壤污染的危害

从自然地理过程来看，地球陆地表层的土壤属于可以更新（地表土壤不断在形成与发育着）的自然资源；但从人类社会经济发展的时间尺度来看，土壤属于不易再生（土壤形成发育所需时间一般均在千年以上）的基本自然资源。土壤作为人类活动的平台，耕地土壤又是人类生态系统食物链的重要首端，因此如果耕地土壤遭受污染，不仅会导致耕地生产能力崩溃和农业生态系统崩溃，还将使区域土地的适宜性（包括对生产建设的适宜性）全面恶化。

土壤遭受污染的危害：①危害食品、饲料、燃料、纤维、中草药和原材料的品质；②土壤属于地表开放系统，土壤遭受污染将会持续危害地表水与地下水水质、区域空气及室内空气的质量；③土壤作为地表物质迁移转化的枢纽环节，土壤一旦遭受污染将直接危害区域生态系统（包括各类动植物和微生物）的健康；④土壤是人类活动的基本平台，土壤一旦遭受污染，在其上修建各种建筑物，那么土壤中各类污染物会通过扩散挥发直接影响建筑物室内环境质量与相关人群健康。

经过国家环境保护部门认定："被重金属或持久性有机污染物污染的耕地土壤，其生产的农产品品质确实未到达国家相关标准"的耕地，不能将耕地土壤污染状况作为一个简单的乘积因子纳入耕地质量等级评价系统之中；一是应该将该耕地的位置、四至、面积、使用者、污染认定机构及认定时间等信息单列出来，并注明该耕地未受污染之前的耕地质量等级；二是必须调整被污染耕地的种植结构与利用方式，将其暂时排除在食源性作物生产基地之外，并将其尽快划归为实施土地整治或被污染土壤修复的工程范围，采取必要的技术与工程措施修复被污染的土壤，以恢复耕地正常的生产能力与生态服务功能。由于土壤污染的复杂性、隐蔽性和危害的滞后性，土壤污染状况的监测必须依据国家相关土壤环境质量标准、规范的调查采样与化验分析方法，由具有相关资质的专业实验室加以监测。

第 9 章

重金属污染耕地土壤修复技术

9.1 耕地土壤中重金属元素性状

9.1.1 土壤重金属元素的生物有效性

在土壤科学领域，一般将土壤养分能被植物吸收利用的难易程度称为养分有效性（nutrient availability）。土壤中呈溶解态、交换态和易被分解有机态的土壤养分易被植物吸收利用，称为有效养分。根据养分对植物的有效程度分为速效养分、缓效养分、难（无）效养分。土壤中养分的 3 种形态一般处于动态平衡之中，土壤物质组成及其理化性质、土壤微生物活动状况对该平衡有重要影响。从植物营养学角度来看，土壤中的重（类）金属元素可以划归为：①生物必需营养元素，即对生物生长、发育、生殖等过程起促进作用的元素，或是维持生物正常生命不可或缺的元素，也称为生物有益元素，如 Fe、Mn、Cu、Zn、Mo、As、Se、Co、Cr、V、Ni 等，它们对植物生理代谢促进作用也是有条件的，即有其适宜的浓度区间（低端阈值浓度与高端阈值浓度）；②生物非必需元素，即对生物生长、发育、生殖等过程没有促进作用，且产生毒理作用的元素，又称为生物有害元素，如 Cd、Hg、Pb、Tl、Sb 等，它们对生物的毒害作用只在其高端阈值浓度，如图 8-3 所示。表 9-1 为一些国家对耕地土壤中重金属浓度的可允许限量。

表 9-1　不同国家耕地土壤中重（类）金属的限制标准

国家	土壤容许最高浓度 /（mg/kg）							
	As	Cd	Cr	Cu	Hg	Ni	Pb	Zn
通用基准	—	0.10	—	10	0.01	15	20	40
澳大利亚	20	1.00	100	100	1.00	60	150	200
比利时（砂质土壤）	—	3.00	150	50	1.00	30	50	150
比利时（黏壤质土壤）	—	1.00	150	140	1.50	75	300	300
中国（土壤 pH<6.5）	30～40	0.30	150～250	50～150	0.30	40	250	200
中国（土壤 pH>6.5）	20～30	0.30～0.60	200～350	100～200	0.50～1.00	50～60	300～350	250～300
荷兰	15	1.25	75	75	0.75	30	100	300
南非	2	2.00	80	100	0.50	15	56	185
英国	—	3.00 (pH5～5.5)	400 (pH6～7)	135 (pH5～5.5)	—	75	300	300 (pH5～5.5)
美国	—	39.00	1200	500	—	420	300	2800
瑞典	—	0.40	30	40	0.30	30	40	75
新西兰	—	—	—	140	—	35	—	300

资料来源：Sherameti and Varma，2015。

在讨论耕地土壤重金属元素对生命体（如农作物）的毒性效果的过程中，我们应该牢记两个事实，即重金属元素本身是无毒的；只有当生物细胞中重金属元素的浓度超过其高端阈值之后，重金属元素才会表现出毒害性。Appenroth 等（2010）研究指出，绝大多数铅族金属元素、稀土元素（化学元素周期表中 IIIB 族钪、钇和镧系元素的总称）和过渡性金属元素中的 Cd、Hg、Ag 等为生物非必需元素。Kovács 等（2009）研究指出，某些生物非必需重金属元素在极低浓度的条件下，它们对生物的生长具有刺激或诱引作用，将只有这种作用的重金属元素称为低浓度应激物（low concentration stressor）。

9.1.2　土壤重金属元素对植物的毒性剖析

通常人们对重金属元素的第一反应是其毒性，实际上重金属元素对生命体所表现出的毒性或营养价值主要取决于重金属元素在细胞内的浓度，这需要运用重金属元素的剂量-反应数据评价其对生命体的作用。Sherameti 和 Varma（2010）研究指出，自然界并不存在总是有毒的物质，对生命体中所有的重金属元素而言，只有当其浓度超过一定阈值之后，它才对生命体有毒害作用。Appenroth 等（2010）根据 ISO 20079 科学计划建立了由 10 种重金属元素与生物监测体（高等植物浮萍草，*Lemna minor*）组成的模拟系统，通过观测生物监测体的繁殖速率、生物体鲜重与干重、叶绿素 -a、叶绿素 -b 和总类胡萝卜素含量，定量地监测了 10 种重金属元素对浮萍草生长的抑制作用，并建立了上述重金属元素的毒性序列：$Ag^+ > Cd^{2+} > Hg^{2+} > Tl^+ > Cu^{2+} > Ni^{2+} > Zn^{2+} > Co^{6+} > Cr^{6+} > As^{3+} > As^{5+}$。

Appenroth 等（2010）将过渡性重金属元素、稀土元素和铅族重金属元素对植物的毒害作用归结为以下几方面。

1）普通效应（general effect），即重金属元素对植物生理过程的普通效应，常用观测植物生长状况和生长速率定量地阐述重金属元素对植物毒害的普通效应。由于植物根系直接与土壤中的重金属元素接触，根系的生长对此极为敏感。Clements 等（2006）研究发现，在镍污染土壤中，镍与其他重金属元素的共同作用会导致植物出现叶片的萎黄病、扰乱的水分平衡和叶面气孔的萎缩等特征。Fodor 等（2012）建立了植物体中重金属元素作用的五步连续模型，具体如下。

第一步：重金属元素在进入植物根际的核心微区域内与无机化合物相互作用，这不仅影响植物的新陈代谢过程，还影响植物细胞壁中线粒体反应氧体系（reactive oxygen species，ROS）和原生质膜的形成过程。

第二步：在植物细胞质中，重金属元素与蛋白质、高分子化合物、新陈代谢产物等多种反应物质发生相互作用，图 9-1 所示为马铃薯根块细胞中重金属元素 Cd 与其他活性物质形成的纳米级微颗粒。

第三步：重金属元素主要影响植物细胞体的水分吸收、转移和蒸腾作用等自我平衡机制，并使其出现受毒害的病症。

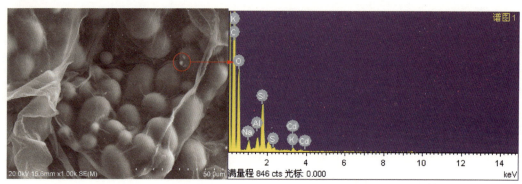

图 9-1　马铃薯根块（土壤 Cd 25mg/kg）的 SEM 图像及 X 射线能谱仪检测结果

第四步：植物受到重金属元素毒害的病症已经显现，即植物体叶绿素和类胡萝卜素的含量不断减少，并导致植物体光合作用和植物生长状况明显恶化。

第五步：植物细胞开始死亡。

由此可见，该模型清晰地揭示了特定重金属元素对植物新陈代谢过程不同程度的影响。

2）重金属元素毒性作用的主要靶点（primary target of heavy metal toxicity）。有关重金属毒性作用的主要靶点是当今学术界关注的热点议题。Clements 等（2006）研究指出，在重金属离子 Cd^{2+} 的胁迫下生物体内脯氨酸会发生聚集，但这种聚集并不是生物对 Cd^{2+} 胁迫的直接反映，而是对由于过量的 Cd^{2+} 导致水分平衡扰动的反映；也有研究表明，重金属会引起螯合肽合成反应，在一个后平移过程中，重金属元素或者重金属-谷胱甘肽化合物可以提升螯合肽的合成反应。这方面还需要运用微点阵技术进一步深入研究过量重金属离子引起的胁迫特殊性。

3）线粒体的呼吸作用（mitochondrial respiration）。许多学者简单地认为重金属元素胁迫会增强植物的呼吸作用，如当蚕豆在重金属离子 Cd^{2+} 浓度为 1μmol/L 时，蚕豆的呼吸作用有增强的趋势。但是必须指出，当重金属元素浓度超过高端阈值浓度时，重金属元素通常会抑制植物的呼吸作用（Losch and Heimbach，2007）。

4）水分关系（water relations）。许多重金属元素通常影响植物细胞的膜输送并抑制根系生长和酶活性，这种早期的影响也可能与水分相关。也有研究指出，在重金属元素的胁迫下，植物体出现水分缺乏并导致叶片气孔关闭。Poschenrieder 等（2005）年的实验观测表明，重金属对植物叶面气孔关闭具有直接的影响，作为植物体的渗压计的根系也会出现水力学的信号，植物根系也通过化学标志特别是脱落酸的释放来影响其躯体的水分含量。水通道蛋白的损伤也会引起水分输送被调整，这可能是植物对其体内重金属元素的早期反应。

5）活性氧簇的形成。在太阳光照射下，许多重金属元素的漂白效果已经被认为与活性氧簇的形成有关，其中的要点是活性氧簇具有高活性的单态氧和羟基，它们可以与许多有机分子发生快速地氧化反应。植物体中活性氧簇的形成是一个普遍现象，即高等植物在其演化过程中所形成的高度复杂的抗毒系统，这个抗毒系统包括多种酶［超氧化物歧化酶、过氧化氢酶、氧化酵素、抗坏血酸盐氧化酶、谷胱甘肽过氧（化）物酶和谷胱甘肽还原酶］和抗毒物质（抗坏血酸盐、谷胱甘肽和 α-生育酚）。在无重金属元素毒害的条件下，活性氧簇的形成主要与光合作用、呼吸作用中的电子转移过程有关，过量重金属元素对该方面的毒害作用主要有：重金属元素直接扰乱电子转移过程，使电子转移向氧原子而不是叶绿素和线粒体中的自然电子接受体；电子转移的改变导致新陈代谢的混乱；在不同生理条件和氧化条件下，氧化还原作用活跃的重金属元素能够参与 Fenton 型 Haber-Weiss 反应式，并产生羟基离子，导致抗毒防御系统中多种酶的活性钝化和下调，消耗抗毒系统的组成物质。

6）光合作用（photosynthesis）。当重金属元素浓度超过高端阈值浓度时，重金属元素通常会抑制植物的光合作用，这是植物的一个极为敏感的反应，故通过测量植物光合作用强度可以定量地阐述重金属元素对植物的胁迫作用。几乎所有的重金属元素均会影响参与植物光合作用的物质，这些物质包括叶绿素、类胡萝卜素、叶绿体膜结构、集光和放氧复合体、光合系统和光合作用的电子转移链的组成物质，同时与卡尔文循环（calvin cycle）过程相关的多种酶也会受到抑制（Barceló-Oliver et al.，2004）。

总之，土壤重金属污染对植物造成的负面影响是多方面的，其还有其他方面的负面影响：土壤农业生产力降低、食物品质降低、地表水与地下水污染、非适宜居住地的形成，以及重金属元素随着食物链富集所造成的危害，如哺乳动物出现癌症、呼吸系统疾病、皮肤疾病、器官衰竭、智力发育停滞等病变，以及区域生物多样性退化等。

9.2 重金属污染耕地土壤修复的含义及原理

自 20 世纪后期以来，土壤污染物对环境和人群健康的潜在危害已经促使学术界、政府积极研发能够合理利用和有效管理被污染土壤（土地）的技术与方法，特别是合理利用被污染土地（土壤）的经济价值和消除被污染土壤危害的社会责任，促进了土壤污染修复技术及其产业在欧洲、美国等工业化国家的兴起与发展。进入 21 世纪，污染土地修复已经成为全世界关注的热点议题，许多社区、农场主和管理者要求净化这些被污染土地，特别是那些对最终用户具有潜在健康风险的被污染土地及其污染物。当前关注的热点包括：基于污染土壤中污染物的生物有效性，以及对环境和人群健康风险的现场原位整治和异位处理；萃取土壤中污染物或将被污染土壤搬运至规范的垃圾填埋场加以填埋处理。

9.2.1 重金属污染耕地土壤修复的含义

修复在汉语中有两种解释，一是修理使恢复完整（多指建筑物、器皿和艺术品等），如许多机械设备中一些做相对滑动的零部件，如滑板与导轨、轴与滑动轴承、蜗杆与蜗轮等在运转一段时间后，其表面上常会出现划痕、沟槽等研伤并影响设备使用效能、安全性和寿命，在工程上常用电刷镀技术修复设备表面的研伤以恢复设备的性能，这属于被动修复之意；二是有机体的组织发生缺损时，由新生的组织来补充使恢复原来的形态，即有主动恢复之意，如在生物学上则用来描述细胞内部所存在的一套可将损伤修复的系统，在医学上则是指对机体缺损部分进行的修补恢复过程。土壤污染修复（polluted soils remediation）则是通过采用适当的物理、化学、生物等方法降低土壤中污染物浓度、降低土壤污染物、将土壤污染物转化成毒性较低或无毒的物质、阻断污染物在生态系统中的转移途径，从而减轻土壤污染物对人群和生物群落危害的总称。

土壤污染修复的定义大致包含两层含义，一是采取各种直接的物理措施，如处理、去除、破坏污染物，或者采取就地风险管理方法，如污染物覆盖隔离控制，以减轻或去除土壤污染物的危害；二是通过化学、生物化学等技术方法以降低土壤污染物的浓度和毒性，使土壤达到可以接受的水平并减少土壤污染对受体的损害，以恢复土壤应有的生产功能和生态环境服务功能。由此可见，土壤污染修复不仅包括被动修复之意，还包括土壤主动恢复之意，其实质是土壤环境中复杂的物理过程、化学过程和生物学过程及其对污染物的自净能力在土壤污染修复过程中发挥了重要作用。以消除污染毒害和恢复土壤功能为宗旨的土壤污染修复研究起步于 20 世纪中期，至今已经发展成为土壤环境科学中的一个新兴分支学科——土壤污染修复技术，该技术的研发与应用也已经成为一个新技术产业。纵观土壤污染修复的发展，可以将其发展历程划分为以下阶段。

1）20 世纪 80 年代中期之前的土壤重金属污染防治法建立与污染土壤工程修复阶段。20 世纪中期出现的土壤重金属污染事件，促使工业化国家开始关注土壤污染防治与修复，日本在采用翻土与客土法消除或缓解耕地土壤镉污染及其危害的同时，颁布了《农用地土壤污染防治法律》以促进土壤污染的防治与修复工作；1972 年欧盟颁布《欧洲土壤宪章》，并首次将土壤视为需要保护的重要物品；美国学者 1972 年在清除宾夕法尼亚州沿海石油管线泄露的过程中提出了土壤污染修复技术；美国于 1976 年制定了《固体废物处置法》，全面控制固体废物污染土地和其他环境，随后 1980 年美国国会确定了《综合环境反映、赔偿和责任法》（Comprehensive Environmental Response, Compensation, and Liability Act，CERCLA），即"超级基金法"，它规定了危险物质泄漏的治理责任；美国凯斯西储大学的学者 1983 年在南非考察石油泄露现场时，将修复引入环境污染治理实践中，在土壤重金属污染修复特别是场地土壤污染修复的研究与实践过程中，建立了镉污染土壤修复的客土法、化学冲洗法、化学物固化钝化法、电化学法等方法。

2）1985～2000 年土壤重金属污染的生物修复技术探索研究阶段。Chaney（1983）等提出了利用植物萃取技术修复被重金属污染土壤的新途径，土壤中重金属的生物有效性、生物富集系数及寻找或培育重金属超富集植物成为研究的热点。Baker 和 Brooks（1989）系统地分析了陆地高等植物对土壤中重金属元素的超级富集作用，探讨了运用农作物富集净化重金属污染土壤的可行性；并在 1994 年通过盆栽试验证实了十字花科的天蓝遏蓝菜（*Thlaspi Caerulescens*）对土壤中 Cd 和 Zn 具有超常的富集作用，可用来修复被 Cd 和 Zn 污染的土壤；还有学者研究发现印度芥菜（*Brassica Juncea L. Czern.*）、萝卜（*Raphanus Sativus*）、油菜（*Brassica Napu*）等作物也对土壤重金属元素有一定的富集作用。Ernst（1996）分析了土壤中重金属元素的生物有效性和运用植物净化土壤重金属污染的途径，夏立江等（1998）也开展了原位生物修复治理汞害的机制及作用的研究。在广泛研究工作基础上，1994 年在墨西哥召开的第 15 届世界土壤科学大会提出了组建国际土壤修复专业委员会的倡议，并在 1998 年于巴黎召开的第 16 届世界土壤科学大会上正式成立国际土壤修复专业委员会。Brennan 和 Shelley（1999）通过玉米萃取土壤中的重金属，创建了玉米对土壤中 Pb 的吸收-转移-富集模型，并提升了土壤重金属污染生物修复技术的水平。

3）2000 年以来土壤重金属污染的生物修复技术的集成化应用研究阶段。重视土壤污染生物修复的有效性和实用性是该阶段研究的重要趋势。2000 年 Lasat 等从土壤-植物-重金属元素相互作用方面综合分析了运用生物萃取被污染土壤中重金属元素的农业经济可行性。2001 年 Lena 等研究发现了一种强富集 As 的欧洲蕨可以用来对被 As 污染土壤进行生物修复。中国学者的研究也证实蜈蚣草根系高度表达的 As 酸还原酶对其富集 As 具有关键作用。Marchiol 等（2004）提出了用于生物萃取土壤中重金属元素的理想植物标准：一是能吸附土壤中重金属并能将其迁移至植物地上部分；二是对土壤中金属污染具有较强的忍耐性；三是生长速度快且生物量大；四是适应性较强和易收割的农作物。2005 年魏树和等提出超富集植物的衡量标准：临界含量标准，即将植物地上部分组织中 Cd 含量达到或超过 100mg/kg 的植物称为镉超富集植物；富集系数（bioconcentration factors，BCF）标准，即超富集植物标准为 BCF 大于 1.0；转移系数（transfer index，TI）标准，即 TI 大于 1.0，也是植物属于超富集植物的基本要求。

Purakayastha 和 Chhonkar（2010）指出植物萃取土壤中的重金属元素属于环境友好型新技术，其效益取决于运用何种对土壤中重金属元素具有超富集型的植物，只有那些能够抵抗土壤溶液与植物根系细胞之间重金属浓度梯度而吸收重金属元素，使其组织中重金属元素浓度保持在很高的水平且并未影响植物的正常生长和代谢功能的植物，才被划分为超富集植物（hyperaccumulator）。这种超富集植物具有以下特征：植物茎叶（干重）中重金属元素 Mn 和 Zn 的浓度应该超过 1%，或重金属元素 Cu、Ni 和 Pb 浓度超过 0.1%，或重金属元素 Cd 和类金属元素 As 浓度超过 0.01%；植物生长速度快且生物量大；植物能够从浓度较低的土壤中吸收重金属元素；植物能够有效地将其体内的重金属元素根系转移至茎叶之中。在此基础上综合分析 Rascio 和 Navari（2011）、Pollard 等（2014）的相关研究成果，将土壤中重金属超富集植物汇总，如表 9-2 所示。

表 9-2 一些重金属元素超富集植物名目及其植物体富集浓度

元素	超富集植物	报道植物体中浓度 /（mg/kg）
As	蜈蚣草（*Pteris vittata*）	23000
	粉叶蕨（*Pityrogramme calomelanos*）	8350
	井栏边草（*Pteris multifida*）	1977
	大叶凤尾蕨（*Pteris cretica*）	694
Cd	宝山堇菜（*Viola baoshanensis*）	2410
	天蓝遏蓝菜（*Thlaspi caerulescens*）	1800
	苜蓿草（*Alfalfa*）	1079
	白芥（*Sinapis alba*）	123
	龙葵（*Solanum nigtrum*）	114
	烟草（*Nicotiana tabacum*）	40
Co	星香草（*Haumaaniastrum robertii*）	10200
Cr	扫帚叶澳洲茶（*Leptospermum scoparium*）	20000
	大叶芥菜（*Brassica juncea*）	1400
	向日葵（*Helianthus annus*）	—
^{137}Cs	反枝苋（*Amaranthus retroflexus*）	对 ^{137}Cs 有潜在萃取能力
	大叶芥菜（*Brassica juncea*）	
	鹬草（*Phalaris arundinacea*）	
Cu	高山甘薯（*Ipomoea alpine*）	12300
	Aeollanthus subacaulis（暂无中文名）	13700
	紫花苜蓿（*Medicago sativa*）	85
	大叶芥菜（*Brassica juncea*）	22
Ni	庭花菜（*Bornmuellera tymphacea*）	31200
	九节木属（*Psychotha douarrei*）	47500
	（*Sebertia acumunata*）	250000
	十字花科（*Alyssum lesbiacum*）	47500
	紫花苜蓿（*Medicago sativa*）	437
	麦秆菊（*Alyssum bracteatum*）	2300

续表

元素	超富集植物	报道植物体中浓度 / (mg/kg)
Pb	圆叶遏蓝菜（*Thlaspi rotundifolium*）	8200
	天蓝遏蓝菜（*Thlaspi caerulescens*）	844
	豌豆（*Pisum sativum*）	8960
	大叶芥菜（*Brassica juncea*）	15000
	高山漆姑草（*Minuaritia verna*）	11400
	Vertiberia zizanioides（暂无中文名）	1450
	苣荬菜（*Sonchus Arvensis*）	3664
Se	黄芪属（*Astragalus Racemosus*）	149200
	黄芪属（*Astragalus Pectinalus*）	4000
	Stanleyea Pinnola（暂无中文名）	330
	Actiniopteris Radiate（暂无中文名）	1028
Zn	天蓝遏蓝菜（*Thlaspi Caerulescens*）	52000
	东南景天（*Sedum Alfredii*）	19674
	芦苇堇菜（*Viola Calaminaria*）	10000
	Streptantialla Polygaloides（暂无中文名）	6000
	长柔毛委陵菜（*Potentialla Griffithii*）	6250

Marchiol 等（2004）研究也指出，自然界还未见有生物量高且超富集镉的野生植物和农作物。Dyer（2007）研究表明，一些镉富集植物相对于棉花虽然 BCF 与 TI 较高，但其生物量普遍较小，提取 Cd 总量也有限。可见仅将积累量、BCF、TI 作为重金属污染土壤修复植物选择标准还需改进，即将植物生物量指标纳入实用性萃取土壤中重金属的植物标准更为合理。

20 世纪中期美国人口密集区域多个检疫垃圾填埋场遭受雨水的侵蚀，使含有多种化学废弃物的地表水或渗透液扩散至住宅区，并爆发轰动全球的"美国拉弗运河事件"，从而使简易垃圾填埋场和污染场地对公众健康和环境安全威胁成为全美社会关注的焦点。1980 年美国国会通过了《综合环境反映、赔偿和责任法》，通常称为"超级基金法"。该法案授权美国环境保护局（US-EPA）对全美国境内的污染场地进行管理，并责令责任者对污染特别严重的场地进行修复；对找不到责任者或责任者没有修复能力的，由超级基金来支付污染场地修复费用；对不愿支付修复费用或当时尚未找到责任者的场地，可由超级基金先支付污染场地修复费用，再由 US-EPA 向责任者追讨相关费用。该法案及其相关的污染场地管理制度已经成为欧盟国家、澳大利亚等构建场地土壤污染管理制度的范本。美国超级基金法的步骤包括编制简要报告书、初检报告、现场评价、列入国家优先名录（national priority list，NPL），其中国家优先名录定期更新，并通过 US-EPA 公布相关信息。

9.2.2 重金属污染耕地土壤修复原理

从土壤发生学角度来看，耕地土壤的重金属污染过程及被污染土壤的修复过程均是人为参与下相对缓慢的成土过程。土壤不仅是生物赖以生存的基础，人类生存发展的重要环境要素和自然资源，还是地球表层系统中物质循环和能量转化的一个重要枢纽。因此，耕地土壤重金属元素污染修复必须坚持以下原则：①确保耕地土壤的生物多样性及其活性不受损坏，针对在物理化学修复过程中对土壤微生物群落组成的伤害问题，荷兰生态学家 Wubs 等（2016）研发了土壤接种研究方法等，即在受损土壤区域按照 1%～3% 的比例接种邻近清洁区域的土壤，以促进受损土壤中微生物群落的恢复和土壤功能的恢复。②确保耕地土壤正常物质组分、结构和物理化学性状的稳定性。③有效控制耕地土壤中的重金属元素随地表径流或地下径流进入水环境系统，以防水体污染的发生。④对于耕地土壤重金属污染的生物修复必须采用非食源性生物（或永不作为食源性物质使用）修复，防止土壤中的重金属元素随修复植物体进入生态系统的食物链并对人群健康构成潜在性危害。

土壤污染修复的机理如下：一是将局部过度聚集的污染物通过适当的途径扩散到广阔的环境之中（环境要素中污染物含量均在其高端阈值之下），二是通过各种物理化学手段固化、钝化或净化土壤中的污染物，或者使土壤中重金属元素的生物有效性、毒性、移动性降低以减轻其对农作物的危害。土壤污染修复的核心是筛选和培育对重（类）金属元素具有超累积性的植物。

当前土壤重金属污染的生物修复技术集成化研究表现出了重要发展趋势，具体如下：①通过向被污染土壤中添加适量的络合剂或螯合剂以增强植物对土壤中重金属元素的萃取能力，Komárek 等（2007）研究了螯合剂对玉米萃取耕地土壤中 Pb 的促进作用。②通过基因改良强化植物对土壤中重金属元素的吸收与富集能力，如 Chiang 等（2006）研究了 Zn、Cd 超富集植物——拟南芥基因对重金属元素的忍耐性和富集性，Cherian 和 Oliveira（2005）综合分析了转基因植物在植物修复中的作用。③针对许多食源性农作物（如玉米、油菜、葵花、拟南芥等）生物量少，且富集重金属元素的植物体进入食物链易引起二次污染等问题，运用非食源性经济作物，如棉花、花卉、橡胶、蓖麻、造纸树木等吸收、富集土壤耕作层中重金属元素已成为一个重要的研究方向。例如，Jensen 等（2009）研究了柳树对重度和中度污染土壤中重金属元素的富集特征；郭艳丽等（2009）的研究表明，木本植物中杨树、柳树具有较强的富集土壤中重金属元素的能力；赵烨等（2010）通过田间实验和盆栽实验比较研究发现，非食源性经济作物——棉花对土壤中重金属 Cd、Cu、Zn 具有较强的忍耐性和富集性，且棉花主要将重金属元素富集至纤维之外植株体中，棉花秸秆可作为制作刨花板或三合板的原料，再加上棉花种植面积广泛且生物量大，因此种植棉花将是原位净化污灌区土壤中重金属元素的具有潜在应用前景的新型技术。针对不同的土壤重金属污染规模、风险等级、土壤环境特征及其社会经济条件，在原地少扰动土壤剖面的情况下对被重金属污染土壤实施修复，即原位土壤修复（in-situ remediation）；也可以将被重金属污染土壤物质搬运到特定的场所或者装置之中对其实施修复，即异位土壤修复（ex-situ remediation）。土壤重金属污染的修复方法主要有物理修复方法、物理化学修复方法、生物修复方法三大类，如图 9-2 所示。

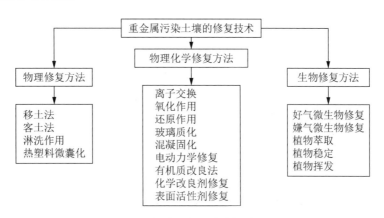

图 9-2　重金属污染土壤修复技术图示

9.3　耕地土壤中重金属离子的萃取胶囊

重金属污染土壤的物理化学修复技术是指运用化学制剂使土壤中污染物发生酸碱（或土壤 pH 调节）、氧化、还原、裂解、中和、沉淀、聚合、钝化、固化、玻璃质化等反应，使重金属污染物从土壤中分离、降解转化成低毒或无毒的化学形态。因此，重金属污染土壤的物理化学修复属于被动修复，其实施具有见效快和治理彻底等优点，但其也具有工程量大、投资大、易引起土壤性状恶化及二次环境污染等不足。

为了克服上述限制，课题组结合国土资源部、环境保护部、教育部、国家 973 课题和环境模拟与污染控制国家重点联合实验室等相关课题研究，对京津冀接壤区和华南低平原区部分耕地土壤-农作物系统进行了调查观测与采样分析，并在野外调查观测和室内盆栽试验的基础上，研究了土壤－植物系统中重金属迁移转化的规律，研发了从土壤中萃取重金属离子的方法及其装置——土壤中重金属离子的萃取胶囊（国家发明专利，ZL200910223493.4）。该胶囊由硬质聚丙烯胶管、微孔尼龙网膜、有机高分子聚合物吸附剂、复合纳米材料固化剂、腐殖质酸盐类等组成。在农作物播种过程中可将该胶囊随同农作物种子一起埋置在耕地土壤耕作层底部（20 ～ 40cm），这样胶囊就可吸收并固化农作物根际土壤中的多种重金属离子（每亩埋置约 1500 个胶囊），经 3 ～ 6 季可回收胶囊，在实验室进行无害化处理和重新装配。系列化盆栽试验表明，该技术装置能有效地萃取并固化土壤中的重金属离子，属于重金属污染耕地土壤修复的廉价、有效、环境友好型的实用性技术。

9.3.1 胶囊萃取大豆－潮土中重金属离子

试验土壤采自北京市通州区农田壤质潮土耕作层。将土样自然风干，过 18 目土壤筛，分别称量 12kg 装入 8 个清洁塑料盆。取 $Cd(NO_3)_2 \cdot 4H_2O$、$Cu(NO_3)_2 \cdot 3H_2O$、$Pb(NO_3)_2$、$Zn(NO_3)_2 \cdot 6H_2O$ 溶液适量，分别注入 6 个塑料盆并拌匀，使 3 个盆中土壤重金属浓度保持在 Cd=2.0mg/kg、Cu=200mg/kg、Pb=700mg/kg、Zn=600mg/kg。使另 3 个盆中土壤重金属浓度保持在 Cd=3.0mg/kg、Cu=300mg/kg、Pb=1050mg/kg、Zn=900mg/kg；然后将塑料盆同步静置，浇灌适量自来水，保持平衡老化 8 周。向 3 个高值重金属塑料盆中分别埋置 2 个胶囊，并在 8 个塑料盆中种植大豆并浇灌适量自来水，维持大豆生长发育，至 14 周大豆成熟时，收割大豆并进行样品处理和 ICP-AES 分析仪测定，测定其中重金属含量，如表 9-3 和图 9-3 所示。

表 9-3 潮土耕作层-大豆籽粒中重金属含量化验分析表　　（单位：mg/kg）

土壤样品	环境要素	Cd	Cu	Pb	Zn
国家标准	土壤（pH>7.5）[1]	1.0	100	1000	300
	大豆籽粒[2]	0.2	20	0.8	100
土壤背景	土壤	0.097±0.034	25.48±3.86	25.42±4.47	98.96±12.46
	大豆籽粒	0.087±0.013	9.84±1.06	0.024±0.008	45.68±9.67
污染土壤	土壤	2.000	200.00	700.00	600.00
	大豆籽粒	0.215±0.089	16.54±3.08	0.32±0.24	86.06±19.83
污染土壤（萃取胶囊）	土壤	3.000	300.00	1050.00	900.00
	大豆籽粒	0.135±0.051	12.54±2.86	0.22±0.12	67.28±14.74

① 根据《土壤环境质量　农用地土壤污染风险管控标准》（GB 15618—2018）。
② 根据《粮食（含谷物、豆类、薯类）及制品中铅、铬、镉、汞、硒、砷、铜、锌等八种素限量》（NY 861—2004）。

理论上每个胶囊萃取土壤中重金属离子潜能为：Cd^{2+} 或 Cu^{2+} 约 1200mg，Hg^{2+} 或 Pb^{2+} 约 2000mg，Zn^{2+} 约 1000mg。土壤重金属离子萃取胶囊盆栽试验表明：该胶囊能够有效地萃取并固化土壤中的重金属离子，可阻止农作物（大豆）对土壤中重金属离子的吸收，确保农作物品质达标；该胶囊还可为农作物根际释放适量或微量的腐殖质、K、P、Se、B 等养分，促进农作物生长发育；未见该胶囊对土壤-作物系统、地表水和地下水有危害性或潜在危害性影响，该胶囊也不影响正常的农田耕作活动。

图 9-3　土壤重金属离子萃取胶囊盆栽试验

9.3.2　胶囊萃取油菜－赤红壤中重金属离子

在我国优等、高等耕地集中分布的华南低平原区域，因低端电子垃圾拆解业的发展已造成了局部农田土壤重金属污染严重，并对食品安全、人群健康构成了潜在性威胁，亟待针对性地研发有效、廉价、环境友好的重金属污染农田土壤修复的实用性技术方法。因此，课题组将田间实验样区选取在华南低平原区重度重金属污染的耕地，采用田间小区试验研究。为了将田间试验误差降到最低，设计如下田间试验内容：田间试验样区为长 32m× 宽 5m，其面积为 160m^2。试验采用可重复随机区组实验设计，每组作物设置四次重复，分两部分：1/3 的油菜作物根际土壤中不填埋胶囊，处于自然生长状态；2/3 的油菜根际土壤中填埋重金属萃取胶囊，共计填埋约 200 个胶囊，如图 9-4 所示。

在经过风干称量后，每个胶囊的质量为 46.97 ~ 61.65g，平均质量为 55.35g；再用电子精密天平准确称取 0.4000g 风干的胶囊内含物于 50mL 的离心管中，加入 40mL 1%HNO$_3$ 进行洗脱；然后将离心管在室温（22℃ ±5℃）下置于摇床震荡 16h；震荡完成后将离心管置于转速为 3000r/min 的离心机中离心 20min；随后取上清液 10mL 后过 0.45μm 的滤膜，最后用 ICP-MS 测定胶囊内含物中 As、Cd、Cr、Cu、Pb、Zn 等重金属的含量，并计算胶囊内含物中吸附的各种重金属离子的总量，如图 9-5 所示。在土壤耕作层下部持续萃取半年的胶囊，其内含物中萃取的 As、Cd、Cr、Cu、Pb 和 Zn 的离子总量分别为 0.06mg、0.03mg、0.98mg、1.43mg、0.69mg 和 9.73mg；在土壤耕作层下部持续萃取一年的胶囊，其内含物中萃取的 As、Cd、Cr、Cu、Pb 和 Zn 的离子总量分别为 0.08mg、0.04mg、1.25mg、2.70mg、0.82mg 和 14.10mg。由此可见，随着胶囊萃取时间的延长，胶囊内含物中萃取聚集的重金属离子总量均在增加；胶囊对上述重金属离子的萃取量序列为 Cd < As < Pb < Cr < Cu <Zn，这不仅与土壤工作层中重金属的含量及其形态有关，还与土壤耕作层水分及其迁移状况、土壤理化条件与各重金属元素的化学性质密切相关。实际田间实验的萃取效果和盆栽人为添加污染的萃取效果相差很远。这可能是由于实际田间实验环境中重金属含量远远小于人为添加的浓度，实验环境如水热条件和土壤性质也可能影响胶囊对重金属的萃取。

图 9-4　田间试验场景

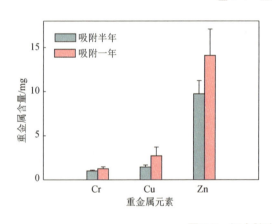
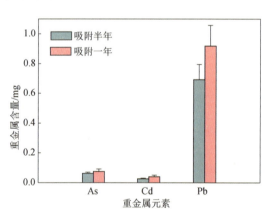

图 9-5　每个胶囊中重金属的含量

9.3.3　胶囊萃取对油菜吸收重金属的影响

在野外田间相近的条件及土壤耕作层中未加胶囊的情况下，油菜在试验农田中生长 135 ～ 145d，油菜地上部分（茎叶和籽粒）和地下部分（根系）六种重金属含量如图 9-6 所示。

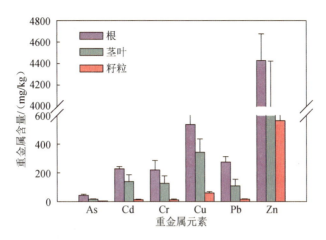

图 9-6　未添加胶囊处理时油菜各个器官中重金属元素含量

图 9-6 显示在没有添加胶囊的土壤条件下，经过油菜根系吸收与传递，六种重金属在油菜体各器官的分布特征是籽粒 < 茎叶 < 根系。这说明重金属元素主要在油菜根系中累积，然后通过根部向地上茎叶部转移，但从油菜茎叶向籽粒转移的速率缓慢，即油菜籽粒中重金属含量比油菜根系、茎叶中重金属含量低一个数量级。这与 2010 年 Gupta 等的研究结果吻合，他们在油菜超富集重金属的过程中发现重金属最大量累积在植物地下部分，然后是植物地上部分和籽粒中。这可能是因为土壤中重金属元素的浓度直接影响油菜根系和茎叶对重金属的吸收。但到了油菜的末梢器官籽粒，由于土壤-植物的壁垒作用和植物的分馏分异作用，重金属元素的含量已经很低。未添加胶囊的处理，油菜根系中六种元素的浓度为 As < Cr < Cd < Pb < Cu < Zn，油菜茎叶中六种元素的浓度为 As < Pb < Cr < Cd < Cu < Zn，油菜籽粒中六种元素的浓度为 As < Cr < Cd < Pb < Cu < Zn。其中，油菜籽粒中重金属含量分别是：As 为 3.37mg/kg ± 0.39mg/kg，Cr 为 12.29mg/kg ± 4.68mg/kg，Cd 为 13.18mg/kg± 3.04mg/kg，Pb 为 15.70mg/kg ±2.82mg/kg，Cu 为 60.22mg/kg ±9.15mg/kg，Zn 为 563.37mg/kg±162.83mg/kg。由此可见，修复之前油菜籽中的重金属元素含量较高。

在野外田间相近的条件下，在土壤耕作层中加胶囊的情况下（每平方米土壤耕作层底部放置两个胶囊，共计放置 160 个胶囊），同样品种的油菜在试验农田中生长 135 ～ 145d，油菜地上部分（茎叶和籽粒）和地下部分（根系）六种重金属含量如图 9-7（与上述未放置胶囊的油菜管护、采样处理均同步进行）所示。

图 9-7 显示在添加胶囊的土壤条件下，经过油菜根系吸收与传递，六种重金属在油菜体各器官中分布特征是籽粒 < 茎叶 < 根系，说明添加胶囊后，重金属元素仍然在油菜根部累积，然后通过根部向地上部分转移，地上部分茎叶和籽粒对不同金属的吸收量不同。油菜根系中六种重金属的含量顺序为 As <Cd< Pb < Cr < Cu < Zn，茎叶和籽粒中重金属元素含量依次为 As < Pb < Cd < Cr < Cu < Zn。其中，在油菜籽粒中重金属元素浓度分别如下：As 为 2.04mg/kg± 0.95mg/kg，Pb 为 8.67mg/kg±2.59mg/kg，Cd 为

9.72mg/kg ± 2.66mg/kg，Cr 为 10.70mg/kg±3.84mg/kg，Cu 为 36.85mg/kg±19.56mg/kg，Zn 为 400.91mg/kg±57.91 mg/kg。添加胶囊处理时油菜籽粒中重金属元素含量也大于国家卫生标准。

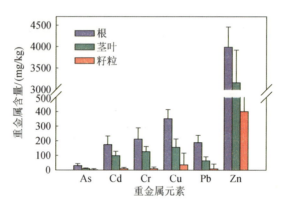

图 9-7　添加胶囊处理时油菜各个器官中的重金属元素的含量

　　由此可见，与未添加胶囊的土壤中生长的油菜相比较：土壤耕作层有胶囊萃取处理的油菜根系、茎叶和籽粒吸收和富集的重金属的含量均有显著的降低，即油菜根系吸收重金属元素 As、Cd、Cr、Cu、Pb 和 Zn 的含量分别降低了 26%、24%、4%、35%、31% 和 10%，油菜茎叶吸收六种重金属的含量分别降低了 39%、29%、0.48%、54%、52% 和 12%，油菜籽粒吸收六种重金属的含量分别降低了 45%、26%、13%、39%、45% 和 29%。胶囊萃取对油菜吸收土壤中重金属 Cr 的影响相对较小，这可能与油菜生理特性、研究区土壤处于常湿状态，以及土壤理化特性有关。

9.3.4　胶囊萃取对油菜体内重金属迁移的影响

　　植物的不同组织和器官对重金属元素的需求不同，再加上不同重金属元素在同一植物体内迁移的能力各不相同，植物不同器官对重金属元素的生理需求不同，因此金属元素在植物体内各个器官中的含量也有差异。通常用 BCF 表示植物从土壤中吸收和积累重金属的能力，以及植物不同器官对不同元素的吸收、累积差异。BCF 越大，表示该植物的某个组织或器官对该元素的富集能力越强。植物迁移是指植物根系从土壤中吸收的重金属元素从根系向上转运到地上部分。植物迁移能力的大小则直接影响到该植物的修复效率，植物通过收获地上部分来达到移除重金属的目的。BCF 指植物体或植物的某个组织或器官中某种重金属的含量与该金属在土壤中的含量比值。迁移系数（transportation factor，TF）通常是指某种元素在植物地上部分与该元素在植物根部的含量比值。用这两个参数来评估植物的修复能力，计算得出添加胶囊和未添加胶囊油菜对重金属的富集能力，如图 9-8 和图 9-9 所示。

$$BCF=\frac{重金属元素在油菜各器官中含量}{重金属元素在土壤中含量}$$

$$TF=\frac{重金属元素在油菜地上器官茎叶和籽粒中含量}{重金属元素在油菜根系中含量}$$

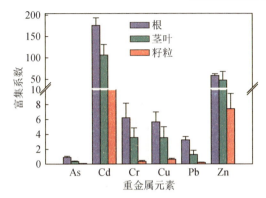

图 9-8　未添加胶囊时油菜对重金属的富集系数

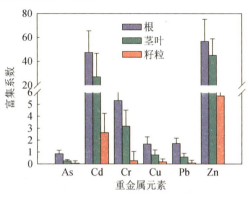

图 9-9　添加胶囊时油菜对重金属的富集系数

由图 9-8 可知，未添加胶囊的处理，油菜在自然生长状态下，对 6 种重金属的 BCF 顺序都是籽粒＜茎叶＜根系，且油菜根系对六种重金属的 BCF 由高到低依次是 As＜Pb＜Cu＜Cr＜Zn＜Cd，茎叶是 As＜Pb＜Cr≈Cu＜Zn＜Cd，籽粒是 As＜Pb＜Cr＜Cu＜Zn＜Cd。除了 As 以外，油菜根系和茎叶对其他 5 种元素的 BCF 都大于 1，籽粒对 Cd、Zn 的 BCF 大于 1，对其他几种金属的 BCF 小于 1。说明在自然状态下，油菜对于复合污染的重金属都具有超富集能力。尤其是对金属 Cd 和 Zn，油菜根系对 Cd 的平均 BCF 为 175.52±18.35，对 Zn 的平均 BCF 也可达 58.44±4.22；油菜茎叶对 Cd 的平均 BCF 为 106.54±24.59，对 Zn 的 BCF 是 47.30±20.23，说明根系与茎叶对 Cd 的富集能力大于 Zn。

在野外田间相近的条件下，在土壤耕作层中加胶囊的情况下（每平方米土壤耕作层底部放置两个胶囊，共计放置 160 个胶囊），油菜对于 6 种重金属元素的 BCF 如图 9-9 所示。油菜对重金属的 BCF 从小到大仍依次为籽粒＜茎叶＜根系；油菜根系对重金属的富集系数顺序依次为 As＜Cu＜Pb＜Cr＜Cd＜Zn，只有对 As 的 BCF 为 0.85±0.31，其余的都大于 1，说明加胶囊以后油菜根系对这几种元素的吸附能力依然很强；油菜茎叶对 6 种元素的 BCF 大小为 As＜Pb＜Cu＜Cr＜Cd＜Zn，其中茎叶对 As、Cu、Pb 的平均富集系数小于 1，但是有 55.56% 的样品中茎叶对 Cu 的 BCF 都超过 1，有 16.67% 的样品茎叶对 Pb 的 BCF 超过 1。籽粒对 6 种元素的 BCF 大小排序为 As＜Pb＜Cu＜Cr＜Cd＜Zn。其中籽粒对 Cd 和 Zn 的 BCF 仍大于 1。总体来讲，添加胶囊后，油菜各器官对 6 种元素的 BCF 均有所降低。但是油菜各器官对重金属的 BCF 仍然较高，尤其对于 Zn

和 Cd。

同样采用同步田间试验、观测、采样分析的方法，在综合比较研究了土壤耕作层底部未添加胶囊与添加胶囊（每平方米土壤耕作层底部放置两个胶囊，共计放置 160 个胶囊）的情况下，6 种重金属在油菜根系、茎叶、籽粒中的迁移特征如图 9-10 和图 9-11 所示。

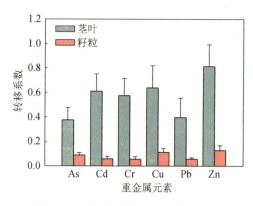

图 9-10　未添加胶囊处理组油菜体中　　　图 9-11　添加胶囊处理组油菜体内
　　　　重金属转移系数　　　　　　　　　　　　　重金属转移系数

油菜在自然条件下未添加胶囊时，油菜茎叶对 6 种重金属元素的 TF 平均值顺序依次为 As<Pb<Cr<Cd<Cu<Zn，油菜茎叶对 6 种重金属元素 TF 平均值都低于 1.0，油菜籽粒对 6 种重金属的 TF 都小于 0.2。在土壤耕作层底部添加胶囊的情况下，茎叶对重金属 As、Cd、Cu、Pb 和 Zn 的 TF 稍微减小，籽粒对 6 种金属元素的 TF 全部都小于 0.2。

由此可见，未添加胶囊的处理和添加胶囊的处理，油菜茎叶的 TF 值均大于籽粒的 TF，说明重金属从油菜根系迁移至茎叶的能力高于从茎叶迁移至籽粒的能力。添加胶囊对油菜根际土壤中的重金属离子具有吸附、聚集、阻隔等作用，并抑制了重金属从根系向茎叶和籽粒转移，对于保障食品安全具有一定的作用。当然土壤耕作层中胶囊埋置位置与密度也对保障油菜品质有重要影响，这方面还有待进一步地研究与探索。

9.4　重金属污染耕地土壤生物修复技术

9.4.1　生物修复的方式

采用传统常规物理或化学方法净化污染土壤不仅工程量巨大，费用昂贵，难以大规模改良，还会导致土壤结构破坏、土壤生物活性下降和土壤肥力退化。重金属污染土壤生物修复（bioremediation）是利用微生物、真菌、绿色植物及其酶类等生物吸收、富集、萃取、转化、固化土壤中重金属元素，使土壤中重金属元素浓度降低，毒性减小或消失的过程。现代生物技术的发展，分子生物学和基因工程技术应用于超富集、高耐性生物的培育、筛选和鉴定，以及对重金属元素忍耐性极强的基因培育与移植，促进了生物修复技术的发展。目前生物修复主要包括植物修复、微生物修复和动物修复三种类型，其中植物修复成为当今国际学术界关注的重点。这里重点介绍运用非食源性植物萃取土壤中不同重金属元素。

土壤重金属污染的植物修复（phytoremediation）是利用特定植物对重金属元素的忍耐性、富集性和去除性能，使土壤中重金属元素被去除或被固定的过程。人们利用某些耐盐植物萃取土壤中的易溶性盐分，治理盐化土壤已经有上百年的记载，故人们已有利用植物修复土壤的经验。经过众多专家调查与模拟实验研究，已形成较为成熟的重金属污染土壤的植物修复方式，即植物萃取、植物挥发、植物钝化、根际过滤等。

植物萃取（phytoextraction）是指利用某些植物对土壤中重金属元素具有的强忍耐性和高富集性，通过植物吸收土壤中的重金属元素并将其传输至植物秸秆之中，收获植物秸秆以减少土壤中重金属含量，如图 9-12 所示。一般认为植物萃取是借助太阳辐射能和植物光合作用驱动下的绿色有效的土壤重金属污染修复技术，用于植物修复的植物主要分为两类：超富集植物和诱导的积累植物。

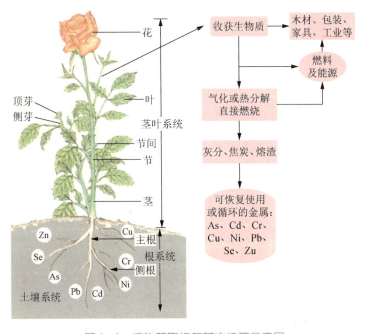

图 9-12　植物萃取修复基本机理示意图

（资料来源：Purakayastha and Chhonkar，2010。）

9.4.2 通过种植棉花萃取土壤中重金属

1. 棉花的生产状况

1994 年美国创建了"全球土壤修复网络"(Golbal Soil Remediation Net, GSRN),这标志着污染土壤的修复技术已成为国际环境科学和土壤科学研究的热点,学术界已经建立了污染土壤的物理修复、化学修复和生物修复技术。进一步的研究也表明运用生物萃取土壤中有毒重金属是可行的修复技术,而寻找或培育具有经济价值、无二次污染、可大面积种植、能积累有毒重金属的植物,则是实施污染土壤修复的关键所在。棉花(*Gossypium Spp.*)是离瓣双子叶植物,其具有喜热、好光、耐旱、耐盐等特点,适宜在疏松深厚土壤上种植,是世界上广泛种植的非食源性经济作物。

根据国际棉花咨询委员会报告,2000 ~ 2010 年全世界棉花种植每年面积为 3010 万 ~ 3400 万 hm^2,其棉花主要种植区位于印度、美国、中国、巴基斯坦、土耳其、巴西、中亚各国、非洲法郎区和澳大利亚等地。全世界棉花年总产量为 2000 万 ~ 2350 万 t,按照 2010 年朱宇恩等调查观测的棉花纤维占棉花地上收获部分(未含叶片)的 17.5%估计,全世界每年收获的棉花生物量高达 11428.6 万 ~ 13428.5 万 t。由于棉花秸秆可以作为刨花板、三合板的原材料,再加上如此巨大的生物量,使棉花成为修复重金属污染的耕地土壤的潜在植物。

棉花是中国境内广泛种植的非食源性经济作物,在中国,棉花主要栽培种包括陆地棉、海岛棉、亚洲棉和非洲棉,其中陆地棉种植面积最大。在中国,棉花多种植于黄河流域、长江流域、西北内陆、华南和东北南部局部地区,1987 ~ 2010 年中国大陆棉花的播种面积为 373 万 ~ 684 万 hm^2/a,平均为 506 万 hm^2/a。这些地区是我国人口相对密集、土壤重金属污染较为集中分布的区域,因此,通过种植棉花修复重金属污染耕地土壤具有巨大优势。

2. 棉花对土壤重金属的忍耐性

棉花是耐盐性较强的农作物之一,当土壤含盐量在 0.2%以下时有利于棉花出苗、生长、产量和品质的提升。例如,陈德明和俞仁培(1996)通过盆栽试验对小麦、大豆、棉花、玉米等作物的苗期耐盐性进行了比较研究,发现棉花的耐盐性最强。微量的重金属离子对于植物的正常生长发育是有利或必需的,许多重金属离子是一些酶的辅助因子,但过量重金属离子会对植物造成严重的毒害。Clemens(2001)研究指出,植物主要通过螯合肽(PC)和金属硫蛋白(MT)螯合重金属离子,来降低胞质中重金属离子的浓度,达到解毒的作用。Angelova 等(2004)在保加利亚普罗夫迪夫的一个金属冶炼厂外围,对距离金属冶炼厂 500m 和 15000m 等不同程度重金属污染土壤及其生长棉花进行了比较研究,结果表明在土壤表土层(0 ~ 20cm)中重金属 Cd、Cu、Pb、Zn 含量分别高达 12.2mg/kg、95.7mg/kg、200.3mg/kg、536.1mg/kg 的情况下棉花仍然能够正常生长发育,如表 9-4 所示。赵烨等(2008)在连续对华北平原北部城郊污灌区的土壤-棉花系统进行调查观测的同时,同步进行了棉花盆栽试验,其结果也表明,当通过添加重金属盐溶液使土壤中 Cd、Cu、Zn、Ag 含量达到 10mg/kg、400mg/kg、500mg/kg、10mg/kg 且土壤中六六六（HCHs）含量为 10mg/kg 的复合污染条件下，棉花仍然能够正常生长发育；只有当土壤中 Cd、Cu、Zn、Ag 含量达到 20mg/kg、500mg/kg、600mg/kg、20mg/kg 且土壤中六六六含量为 20mg/kg 的复合污染条件下，棉花在发芽及幼苗期生长状况受到抑制，但随后也能够完成其生长发育过程，如图 9-13 和图 9-14 所示。综上所述，棉花对土壤重金属污染具有较强的忍耐性。

表 9-4 保加利亚普罗夫迪夫金属冶炼厂外围土壤及棉花各组织中重金属元素含量

项目	距厂距离 /m	Cd/（mg/kg）	Cu/（mg/kg）	Pb/（mg/kg）	Zn/（mg/kg）
棉花纤维	500	0.154±0.030	1.50±0.03	5.80±0.20	15.5±0.2
	15000	0.069±0.006	1.10±0.01	2.50±0.10	11.5±0.2
棉花籽粒	500	0.100±0.002	3.50±0.05	1.10±0.10	20.7±0.4
	15000	0.050±0.002	3.30±0.05	0.50±0.02	17.3±0.2
棉花花蕾	500	0.070±0.002	1.30±0.03	2.10±0.10	6.6±0.1
	15000	0.030±0.001	1.10±0.03	0.80±0.03	2.9±0.1
棉花叶片	500	0.620±0.001	8.70±0.10	29.60±0.80	45.4±0.7
	15000	0.020±0.001	6.10±0.10	2.60±0.10	10.7±0.1
棉花茎秆	500	0.050±0.002	1.80±0.03	1.00±0.10	3.5±0.1
	15000	0.030±0.001	1.20±0.02	0.80±0.03	2.3±0.1
棉花根系	500	0.155±0.003	2.70±0.05	3.90±0.10	13.9±0.2
	15000	0.045±0.001	1.40±0.03	0.90±0.05	2.9±0.1
0 ~ 20cm 土壤	500	12.200±0.240	95.70±1.80	200.30±6.00	536.1±4.0
	15000	2.700±0.180	16.00±0.30	24.60±0.70	33.9±0.3
20 ~ 40cm 土壤	500	10.000±0.180	89.90±1.80	181.80±5.10	434.0±3.2
	15000	2.500±0.020	13.90±0.20	22.70±0.70	31.9±0.3

图 9-13　土壤 - 棉花重金属及 HCHs 盆栽试验过程示意图（一）（共计 6 个系列，2009 年 6 月 27 日摄）

土壤中 Cd、Cu、Zn、Ag 和 HCHs 含量（mg/kg）梯度分别为

1-1：背景值；

1-2：0.5、50、200、0.1、0.4；

1-3：1.0、100、300、1.0、1.0；

1-4：5.0、200、400、5.0、5.0；

1-5：10.0、400、500、10.0、10.0；

1-6：20.0、500、600、20.0、20.0

图 9-14　土壤 - 棉花重金属及 HCHs 盆栽试验过程示意图（二）（共计 6 个系列，2009 年 10 月 8 日摄）

土壤中 Cd、Cu、Zn、Ag 和 HCHs 含量（mg/kg）梯度分别为

1-1：背景值；

1-2：0.5、50、200、0.1、0.4；

1-3：1.0、100、300、1.0、1.0；

1-4：5.0、200、400、5.0、5.0；

1-5：10.0、400、500、10.0、10.0；

1-6：20.0、500、600、20.0、20.0

3. 棉花对土壤重金属的吸收富集性能

植物可以通过根系直接吸收土壤溶液中的重金属离子，其吸收的生理过程主要是植物根系表面细胞壁对重金属离子的吸收，植物根际的重金属离子通过渗透进入根系细胞之中。Wierzibika 和 Antosiewicz（1993）研究指出，植物从土壤溶液中吸收的 Pb 首先沉积在根系表面，然后以非共质体方式进入根冠细胞层中。随着根系对根际外围土壤溶液中重金属离子的吸收，土壤中的重金属离子以两种方式向植物根际迁移：一是质体流作用，即在植物根系吸收水分的过程中，重金属离子随土壤溶液向根际流动；二是扩散作用，即植物根系的吸收使根际溶液中重金属离子浓度降低，这样的浓度梯度力可使重金属离子向植物根际迁移。植物对土壤中重金属离子的吸收及传输能力与土壤理化性状、土壤微生物活动状况、酶活性、植物种类、土壤污染物中相互作用等条件密切相关。表 9-5 为几种重金属元素在土壤、普通植物和超富集植物体中的含量，以及在华北平原北部污灌区土壤与棉花体中重金属含量，其结果表明棉花对土壤中重金属元素的吸收富集能力略微强于普通植物，但尚未达到超富集植物的标准，但棉花作为适应性强、种植广泛、生物量巨大的非食源性经济作物，探索其萃取土壤中重金属元素的有效性仍然具有重大的意义。

表9-5 土壤、普通植物和超富集植物体中几种重金属元素的含量及临界标准（单位：mg/kg）

元素	土壤	普通植物体	超累积植物临界标准	污灌区土壤	棉花体*
Cd	0.50	0.05～0.32	100.00	0.25	0.05～0.20
Co	10	1	1000	17.8	—
Cr	60	1	10000	72.9	2.0～18.5
Cu	20	10	1000	29.4	0.8～10.5
Mn	850	80	10000	663.8	3.7～115.3
Ni	40	2	1000	31.6	—
Pb	10	5	1000	38.4	0.4～6.1
Zn	50	100	1000	84.7	11.3～107.0

* 其低值为棉花纤维中含量，高值为棉花秸秆中含量。

4. 棉花萃取土壤中重金属 Cd 的效果分析

在进行污灌区土壤–棉花实地调查采样、同步盆栽实验研究的基础上，运用 ICP-MS 测定土壤及棉花各组织中重金属 Cd 的含量。结果表明，棉花各组织中 Cd 含量的序列为果壳＞秸秆＞根系＞籽粒＞纤维，其中棉花根系中 Cd 含量要显著小于其地上组织果壳（$P=0.03<0.05$）和秸秆（$P=0.02<0.05$）含量，也小于地上部分 Cd 含量的均值 150.2μg/kg（$P=0.04<0.05$）；回归分析也表明棉花植株（$P<0.05$）、纤维（$P<0.01$）、籽粒（$P<0.01$）、果壳（$P<0.05$）中 Cd 含量与表土层中 Cd 含量具有显著的正相关，如图 9-15 和图 9-16 所示。

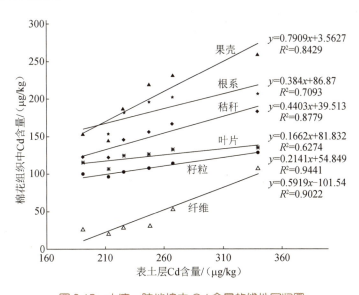

图 9-15 土壤、陆地棉中 Cd 含量的线性回归图

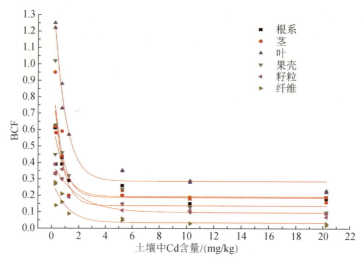

图 9-16　土壤中 Cd 含量与对于棉花组织 BCF 相关性图式

Kabata-Pendias 和 Mukherjee（2007）的研究也证实谷物、豆类和马铃薯体中 Cd 含量与对应土壤中 Cd 含量具有显著的正相关性；而棉花根系、秸秆的 R^2 值分别为 0.6274 和 0.7093，在 0.05 水平上未呈现显著相关性，出现这一差异的原因，推测可能是在城市郊区含有重金属 Cd 的大气气溶胶，通过陆地棉叶片、茎秆及果壳表面密布的冠毛和分泌油脂的色素腺体（又称为油腺），阻挡、吸附和黏着粉尘，进而吸附含有 Cd 的城郊大气悬浮颗粒直接进入棉株体内，从而造成陆地棉秸秆、果壳中 Cd 含量异常增加。

棉花盆栽试验结果表明，随着盆栽试验土壤中 Cd 质量比的增加，陆地棉各组织对土壤中 Cd 的 BCF 具有以下特征：①土壤中 Cd 质量比小于 1.0mg/kg，即 C31、C41、C32、C42 盆中陆地棉各组织对土壤 Cd 的 BCF 序列为叶片（1.02）＞茎秆（0.65）＞果壳（0.56）＞根系（0.51）＞籽粒（0.35）＞纤维（0.23）；②土壤中 Cd 质量比在 1.258～10.258mg/kg，即 C43、C34、C44、C35、C45 盆中陆地棉各组织对 Cd 的 BCF 序列为叶片（0.37）＞根系（0.22）＞茎秆（0.20）＞果壳（0.19）＞籽粒（0.13）＞纤维（0.05）；③当土壤中 Cd 质量比在 20.258mg/kg 时，即 C36、C46 盆中陆地棉各组织对土壤 Cd 的 BCF 序列为叶片（0.23）＞根系（0.19）＞茎秆（0.18）＞果壳（0.10）＞籽粒（0.08）＞纤维（0.03）。这预示陆地棉叶片对土壤中 Cd 的富集能力最强，Meers 等（2007）、Klang-Westin 和 Eriksson（2003）也研究证实柳树叶片对土壤中 Cd 具有很强的富集能力。陆地棉叶片对土壤中 Cd 富集能力强，但在收获时节田间陆地棉的叶片绝大多数已脱落至土壤表面，因此陆地棉叶片对从土壤中萃取 Cd 的作用甚小，但叶片腐烂分解之后又将 Cd 归还于表土层，这对持续性萃取土壤中的 Cd 具有间接的促进作用。

对田间和各盆栽试验中陆地棉各组织对土壤中 Cd 的 BCF（Y）与土壤中 Cd 质量比（X）运用 Origin 7.5 软件进行拟合，发现 Y 值随 X 值的增加呈现指数递减，如

图 9-16 所示。

其拟合关系式为

$$Y=Y_0+ae^{-bx}$$

式中：纤维为其平均剩余残差平方和（Chi^2/Dof）=0.00159，R^2=0.8586；籽粒为 Chi^2/Dof=0.00129，R^2=0.92918；果壳为 Chi^2/Dof=0.02198，R^2=0.76509；叶片为 Chi^2/Dof=0.00344，R^2=0.98168；茎秆为 Chi^2/Dof=0.01187，R^2=0.85125；根系为 Chi^2/Dof=0.00394，R^2=0.88162。

这表明陆地棉各组织对土壤中 Cd 的 BCF（Y）的差异中有 76.5% ～ 98.2% 是由土壤中 Cd 质量比（X）的差异所引起的。从拟合曲线来看，随着土壤中 Cd 质量比由 0.258mg/kg 增加到约 1.00mg/kg，陆地棉各组织对 Cd 的 BCF 值急剧递减；当土壤中 Cd 质量比由 1.00mg/kg 继续增加时，陆地棉各组织对 Cd 的 BCF 值趋于平缓的低值区间，即这时陆地棉对土壤 Cd 污染只具有忍耐性，其吸附机能可能已经退化，这方面涉及土壤中 Cd 存在形态对陆地棉吸附机理的影响，有待进一步试验研究（Huynh et al.，2008；Liang et al.，2009）。

观测结果还表明，棉花各组织对 Cd 的 BCF 序列为果壳（0.805）＞秸秆（0.746）＞根系（0.516）＞籽粒（0.444）＞纤维（0.168），棉花地上部分整体对土壤中 Cd 的富集系数为 0.612；Cd 在棉花体内的转移系数 TI 序列为果壳（1.604）＞秸秆（1.475）＞籽粒（0.877）＞纤维（0.168），棉花地上部分整体对根部的转移系数为 1.22；棉花地上部分 Cd 含量在 0.121 ～ 0.186mg/kg。有关超富集植物的衡量标准如下：①临界含量标准，Baker 等（1983）将植物地上部分组织中 Cd 含量达到或超过 100mg/kg 的称为镉超富集植物；②富集系数标准，超富集植物标准为 BCF 大于 1.0；③转移系数标准，TI 大于 1.0 也是植物属于超富集植物的基本要求。在研究区，陆地棉植株地上组织中 Cd 含量、BCF、TI 标准中，只有 TI 满足镉超富集植物的标准。可见，陆地棉还不属于镉超富集植物。但是 Lombi 等（2000）和 Dyer（2007）的研究表明：一些镉富集植物相对于陆地棉虽然 BCF 与 TI 较高，但其生物量普遍较小，提取的 Cd 总量也有限。Marchiol 等（2004）的研究也指出，自然界还未见有生物量高且超富集镉的野生植物和农作物。可见仅将积累量、BCF、TI 作为重金属污染土壤修复植物选择标准还需改进，即将植物生物量指标纳入实用性萃取土壤中重金属的植物标准更为合理。Marchiol 等（2004）提出了用于生物萃取的理想植物标准：①能吸附土壤中重金属并能将其迁移至植物地上部分；②对土壤中金属污染具有较强的忍耐性；③生长速度快且生物量大；④适应性较强和易收割的农作物。实地调查发现，棉花的年收获生物量（干重）在 33000 ～ 38000kg/hm^2，平均为 36000kg/hm^2，按照陆地棉纤维、籽粒、果壳、秸秆、根系质量比例 17.5%、10.6%、12.8%、52.6%、6.5% 与陆地棉各组织中平均 Cd 含量进行质量加权平均，得出陆地棉（可采集）植株体平均 Cd 含量为 148.4μg/kg，那么每季陆地棉收割后可从土壤中萃取镉达 5342.13mg/hm^2。按土壤体积密度 1.32g/cm^3 和耕作层厚度20cm计算，可使土壤耕作层Cd含量每季降低2.02μg/kg，即提取比例为0.82%。1997年Felix等研究发现，镉富集植物庭荠属植物（*Alyssum Murale*）、遏蓝菜（*Thaspi Caerulescens*）、烟草（*Nicotiana Tabacum*）、玉蜀黍（*Zea Mays*）、芥菜（*Brassica Juncea*）、青岗柳（*Salix Viminalis*）每季植物Cd提取量占土壤中w（Cd）比例分别为0.14%、0.97%、0.45%、0.41%、0.32%、1.11%，对照发现，陆地棉作为一种非超富集非食源性植物，有与超富集植物相当的提取比例。陆地棉虽然BCF不高，但它对土壤Cd污染的耐性较强，再加陆地棉属灌木状草本，非食源性作物，适宜性强，生长快，生物量大，从土壤中提取的总镉比例高等特点，陆地棉在净化土壤Cd污染方面具有一定的应用潜力。

棉花作为一种非食源性经济作物，各部分的综合利用途径多样。目前，棉絮多为纺织业原料；棉秆除少部分作为农村燃料外，大多被回收用于造纸，生产人造纤维、纤维胶合板；棉籽则成为榨油原料，榨油后的棉仁饼早先作为家畜饲料，因所含棉酚有毒性，现多与棉叶作为堆肥返田。从以上使用途径分析，污灌区陆地棉纤维中Cd含量在0.021～0.108μg/kg，平均值为0.045μg/kg。Angelova等（2004）测定在金属矿区土壤Cd含量高达12.20mg/kg±0.24mg/kg的钙质土壤上，生长的棉花纤维中Cd平均含量也仅为0.154mg/kg±0.030mg/kg，可见陆地棉纤维中Cd含量均低于国家食品中Cd限量标准《食品安全国家标准　食品中污染物限量》（GB 2762—2017）——大米和大豆的0.200mg/kg，也低于欧盟规定大豆中Cd含量的最大限量0.200mg/kg，目前世界各国也未见有陆地棉中Cd含量的相关标准或者最大限量。因此，陆地棉纤维中少量Cd不会给居民和环境造成危害；秸秆用于制作刨花板或三合板等建材，可使棉花从土壤耕作层中萃取出来的Cd被固化在家具及建筑材料之中，使Cd脱离陆地生态系统食物链，实现净化土壤Cd的目的；棉籽中除少量作为堆肥返还的Cd外，只要严格执行禁止棉籽油用作食用油的规定，对人类和农田生态系统的影响是有限的。棉花是世界上广泛种植、生物量巨大的非食源性经济作物，通过种植棉花萃取土壤耕作层Cd将是一个高效、低耗的绿色修复技术，具有广泛的应用前景。

9.4.3　土壤中重金属铊的处理

Tl是一种环境中分布广泛的稀有剧毒微量金属元素，其毒性与重金属元素Pb、Hg、Cd相当，水体中浓度为1.00mg/L的Tl就会使植物中毒。中国境内土壤中Tl的95%置信度含量为0.292～1.172mg/kg，其中位值为0.58mg/kg，略高于世界土壤中Tl的平均含量。植物体中Tl含量通常低于0.1mg/kg。也有研究发现，在污灌区及施用钾肥的园地植物体中Tl含量有增加的趋势，世界卫生组织（World Health Organization，WHO）1996年制定的Tl环境健康标准为正常人饮食摄入Tl量应低于5μg/d，正常人体中Tl含量极低，一般不足0.07mg/kg，Tl的成人致死量为6.0～40.0mg/kg。

对华北平原北部的6块棉田样地进行调查与采样，选取6个面积为334m²的棉田样区，每个样区采集 5 个土壤样品和 1 份含 12 株的棉花样品，随机抽取 6 个棉花植株用手工分解并在 80℃烘箱中烘烤至恒重，按照土壤环境监测技术规范和土壤农业化学分析方法进行样品处理，测定棉花纤维、籽粒、果壳、茎秆和根系的平均质量比例分别为 17.5%、10.6%、12.8%、52.6% 和 6.5%，因采样时棉花叶片已经干枯脱落，但据黄春燕等的研究资料，棉花在吐絮期，其叶片质量比例约为 22%。运用 Tessier 法和 ICP-MS 测定土壤中不同形态的 Tl 和棉花各组织中 Tl 含量，结果表明土壤中残余态、有机结合态、碳酸盐结合态、铁锰氧化物结合态、交换态和水溶态 Tl 的比例分别为 89.67%、9.58%、0.06%、<0.01%、<0.01% 和 <0.01%。土壤及棉花各组织中 Tl 含量如表 9-6 所示。

表 9-6　采样区土壤样品及棉花不同组织中 Tl 含量

田间样区编号	土壤样品	Tl 含量 /（mg/kg）	棉花样品	Tl 含量 /（μg/kg）
MH-1	S1	0.293	纤维	5.2
	S2	0.308	籽粒	5.2
	S3	0.301	果壳	30.1
	S4	0.279	茎秆	27.4
	S5	0.317	根系	77.5
MH-2	S6	0.343	纤维	5.3
	S7	0.411	籽粒	8.4
	S8	0.278	果壳	31.8
	S9	0.275	茎秆	23.3
	S10	0.315	根系	78.6
MH-3	S11	0.357	纤维	5.0
	S12	0.405	籽粒	3.9
	S13	0.366	果壳	30.1
	S14	0.420	茎秆	32.3
	S15	0.347	根系	76.5
MH-4	S16	0.320	纤维	5.0
	S17	0.257	籽粒	5.4
	S18	0.260	果壳	31.6
	S19	0.388	茎秆	27.9
	S20	0.314	根系	66.2
MH-5	S21	0.265	纤维	3.5
	S22	0.294	籽粒	4.0
	S23	0.266	果壳	31.0
	S24	0.264	茎秆	16.6
	S25	0.293	根系	61.2

续表

田间样区编号	土壤样品	Tl 含量 /（mg/kg）	棉花样品	Tl 含量 /（μg/kg）
MH-6	S26	0.318	纤维	7.4
	S27	0.343	籽粒	5.3
	S28	0.342	果壳	30.3
	S29	0.364	茎秆	25.6
	S30	0.270	根系	77.3

华北平原北部 6 个研究样区中各土壤剖面中 Tl 平均含量依次为：表土层（0～20cm）为 0.328～0.364mg/kg，心土层（20～40cm）为 0.270～0.275mg/kg，底土层（40～60cm）为 0.216～0.268mg/kg。这表明人类污灌活动已向土壤表土层排入了一定量的 Tl，且表土层中有机质结合态 Tl 含量比例较大，在表土层中 Tl 的形态特征为残余态＞有机结合态＞碳酸盐结合态＞交换态≥水溶态＞铁锰结合态，即黄土质旱地表土层中铁锰结合态 Tl 极少。这些均表明近 20 多年来进行污水灌溉已对农田土壤产生了影响。表 9-6 显示，研究区表土层中 Tl 含量在 0.257～0.420mg/kg，与研究区土壤中 Tl 背景值（0.330mg/kg）相当，个别样点表土层中 Tl 含量有明显增高的趋势，但总体上研究区污灌土壤中 Tl 含量都低于中国土壤 Tl 的中位值 0.58mg/kg；与世界土壤中 Tl 的中位值（0.20mg/kg）相比较，土壤中 Tl 含量明显偏高。根据加拿大土壤中 Tl 含量标准值 1mg/kg，研究区土壤中 Tl 含量水平尚处于安全状态。研究区土壤中 Tl 的分布具有不均一性，其含量主要与土壤有机质含量、质地、pH、Eh 和人类活动等因素有关。

由于土壤中的 Tl 有两种氧化状态，即 Tl^+ 和 Tl^{3+}，且 Tl^+ 半径与 K^+ 半径接近（Tl^+=0.147nm，K^+=0.133nm），Tl^+ 可以通过类质同象置换长石、水云母等黏土矿物晶层中的 K^+；Tl^+ 比 K^+ 具有更强的电负性和更高的水合能，因此土壤中的 Tl 易被土壤黏土矿物和腐殖质选择性的保持并固定于土壤有机-无机胶体之中。研究区土壤的成土母质为黄土状的河流沉积物，其黏土矿物以水云母和蛭石等 2：1 型矿物为主，且因污灌而富含有机质，也有研究表明长期污灌也使研究区表土层中有机质含量由 20 世纪 80 年代平均 8.8g/kg 提高到 6.85～32.14g/kg，故对进入土壤中的 Tl^+ 具有较强的吸附能力并使其保持于表土层。

棉花植株各组织中 Tl 含量在 3.5～78.6μg/kg，其中棉花纤维中 Tl 含量在 3.5～7.4μg/kg，平均为 5.2μg/kg；棉花籽粒中 Tl 含量在 3.9～8.4μg/kg，平均为 5.4μg/kg；棉花果壳中 Tl 含量在 30.1～31.8μg/kg，平均为 30.8μg/kg；棉花茎秆中 Tl 含量在 16.6～32.3μg/kg，平均为 25.5μg/kg；棉花根系中 Tl 含量在 61.2～78.6μg/kg，平均为 72.9μg/kg。棉花植株中 Tl 含量具有显著的分布规律，即根系＞果壳＞茎秆＞籽粒＞纤维。Kabata-Pendias 和 Mukherjee（2007）综合研究了植物体中 Tl 的平均含量约为 50μg/kg，其中蔬菜体中 Tl 含量在 20～130μg/kg，苜蓿体中 Tl 含量在 8～10μg/kg，牧草体中

Tl 含量在 20 ~ 25μg/kg，瑞典谷物籽粒中 Tl 含量仅在 0.2 ~ 1.1μg/kg，但在某些蘑菇体中 Tl 含量可高达 5500μg/kg；也有研究表明乔木体中 Tl 含量最高，可达 140 ~ 435μg/kg，灌木体中 Tl 含量在 125 ~ 183μg/kg，野生草本植物体中 Tl 含量最低，仅在 28.7 ~ 43.6μg/kg。由此可见，作为植株为灌木状的棉花，其根系和秸秆具有较强吸附和萃取土壤中 Tl 的能力。

根据调查分析获得的棉花各组织灰分的平均含量值和表 9-6 中的数据，运用 1980 年 Fortescue 和 1982 年别乌斯定义的生物吸收系数，即某元素在有机体（通常是植物）灰分中的含量与该元素在生长这种植物的土壤中含量比例，可计算得出棉花各组织对土壤中 Tl 的生物吸收系数分别如下：A 纤维 -Tl=0.935，A 籽粒 -Tl=0.368，A 果壳 -Tl=1.176，A 茎秆 -Tl=1.450，A 根系 -Tl=6.186。这表明生物非必需元素 Tl 被棉花吸收之后主要集中于棉花根系之中，按照棉花纤维、籽粒、果壳、茎秆和根系的平均质量比例进行加权平均，得出棉花植株对土壤中 Tl 的平均吸收系数为 2.477。按 1982 年别乌斯划分的生物吸收序列，土壤中 Tl 属于棉花中等摄取元素或棉花强烈聚积元素。Angelova 等（2004）比较分析了土壤重金属污染区棉花组织中 Pb 和 Cd 的含量，即棉花各组织中 Pb 平均含量：根系中 3.9mg/kg、茎秆中 1.0mg/kg、籽粒中 1.1mg/kg、纤维中 5.8mg/kg；棉花各组织中 Cd 平均含量：根系中 0.155mg/kg、茎秆中 0.05mg/kg、籽粒中 0.10mg/kg、纤维中 0.154mg/kg。其研究结果证实，土壤中的生物非必需元素 Pb 和 Cd 被棉花吸收之后也主要集中于棉花根系之中，对于棉花纤维中重金属存在较高含量，其主要原因可能是棉花体可以从空气及降尘中直接吸附重金属元素，这还需要进一步的观测与实验分析加以证实。课题组的相关研究也表明棉花对土壤中的 Cu、Ag 和 Au 具有一定的吸收富集能力。

华北平原北部的污灌-淡色潮湿雏形土表土层中 Tl 含量（0.257 ~ 0.420mg/kg）与研究区土壤中 Tl 背景值（0.33mg/kg）相当，个别样点土壤表土层中 Tl 含量有增高的趋势；土壤剖面各土层中 Tl 含量分布特征为表土层＞心土层≥底土层，这表明以污灌为主的人类活动已经向土壤表土层排入了一定量的 Tl，且进入土壤中的 Tl 多被表土层中的有机 -无机胶体所吸收。Tl 作为一种稀有剧毒微量金属和生物非必需的元素，由于其环境地球化学特性与植物营养元素 K 相近，常被植物吸收和富集，棉花植株对土壤中 Tl 的平均吸收系数为 2.477，其中棉花根系对土壤中 Tl 的平均吸收系数可达 6.186，即进入棉花植株体中的 Tl 主要集中在根系、茎秆和果壳等类木质部分，而棉花籽粒和纤维中较少。在华北平原北部地区，棉花作为农民广泛种植的非食源性经济作物，除棉花纤维作为生活用品和工业原料外，棉花植株（包括茎秆、根系和果壳）大都作为制作刨花板的原料，因此，除棉花叶片在收获时脱落外，其余各部分组织都转移离开土壤，并且棉花的根系、茎秆、果壳对土壤中 Tl 具有较强的吸附能力，使种植棉花对于降低土壤中有毒重金属元素 Tl 的污染风险具有显著的经济效益、环境效益和社会效益。

9.4.4 通过种植柳树萃取土壤中重金属

1. 柳树的生态概况

柳是杨柳科柳属植物的泛称，属于落叶乔木或灌木，该属种类繁多，可达 300～500 种，广泛分布于热带、亚热带、温带和亚极地带（Kuzovkina and Volk，2009）；中国约有 257 种和 120 个变种，各省都有分布。由于柳属植物具有可无性繁殖、极易存活且生长迅速，性喜湿润，河岸及池塘外围更为适应等特点，其已成为重要的绿化树种。自 1990 年以来，欧美工业化国家在开展柳树育种与栽培研究的基础上，研发了柳树的短期矮林轮作（short rotation coppice，SRC）种植技术，使柳树能源林和污染土壤修复林得到快速发展。例如，瑞典就有 1.5 万 hm² 农用地被种植柳树，形成能源森林（energy forest），并且在实施重金属污染土壤修复过程中，还发现柳树对土壤中 Cd 和 Zn 具有显著的富集能力，每年可从土壤中吸收的 Cd 达到 236g/hm²；德国、比利时、丹麦等地的调查研究也表明柳树对土壤中 Cd、Cu、Zn 等重金属元素具有较强的吸收富集能力。英国学者的综合研究还表明，运用能源植物——柳树处理废弃物填埋场沥出液具有显著的经济效益和环境效益。柳树作为中国重要的绿化树种之一，因其具有较高观赏价值，栽培广泛、速生、适应性强，已经成为许多城市绿化、农田防护林网、河渠防护林网的重要树种之一。正是柳树所具有的种类多、生长快、易于繁殖、分布广泛、耐盐碱、抗旱、抗寒、耐涝、根系发达、与人群食物链不连接等优点，使柳树成为适宜进行重金属污染土壤修复的木本（非食源性）植物，可通过超短轮伐期栽培和周期性收获地上柳树枝条逐步降低土壤中重金属含量，达到修复和净化土壤的目的。

2. 柳树对土壤重金属元素的忍耐性

许多柳树种对土壤中的重金属也具有较强的忍耐性。Stoltz 和 Greger（2002）调查研究发现，在土壤中重金属 Cd、Zn 含量分别为 52.4mg/kg、14500mg/kg 的金属矿区，柳树（*Salix phylicifolia*，*Salix borealis*）仍然能够正常生长发育；Robinson 等（2000）调查研究发现，当土壤中 Cd 含量达到 60.6mg/kg 时，柳树（*Salix alba*）的生长量将会降低 50%，即土壤中 Cd 对柳树的毒害作用已经显现。杨卫东和陈益泰（2008）试验比较研究表明，当水培液中 Cd 含量在 10μmol/L（相当于 1.124mg/kg）的情况下，杞柳（*Salix integra*）的三品种微山湖（*Weishanhu*）、一枝笔（*Yizhibi*）、大红头（*Dahongtou*）的生长情况正常，其枝条和根系未见明显异常；当水培液中 Cd 含量在 50μmol/L（相当于 5.620mg/kg）的情况下，3 种杞柳品种的枝条出现严重黄化，叶片部分失绿，根系粗短且发黑，这表明水培液中的 Cd 已经使 3 种柳树出现明显的中毒反应。由于在绝大多数重金属污染土壤之中，水溶态 Cd 含量占土壤全 Cd 含量的比例不足 5%，当水培液中 Cd 含量在 10μmol/L（相当于 1.124mg/kg）时，则相当于土壤中全 Cd 含量在 20mg/kg 以上。由此可见，柳树对土壤中重金属具有较强的忍耐性。不同品种的柳树对土壤中重金属的忍耐性也会有所不同，在实际应用研究过程中，如果通过田间试验或盆栽试验等方法，选择适应性、忍耐性和富集性强的柳树品种，其工作量大，过程难以控制和比较，因此通常利用柳树性喜湿润的特点，采用柳树水培试验方法选择适合的柳树品种。水培试验方法能够快速、规模化筛选不同树种、杂交种和无性系对重金属毒性反应的差异。现在水培筛选方法已成为选择耐重金属、高吸收重金属柳树的常规方法。

3. 柳树对土壤重金属元素的富集性

柳树具有根系萌发快、须根发达、生长迅速、蒸腾速率高、生产能力和生物量巨大等特点，它对土壤或浅层地下水中的重金属污染物具有较强的吸收和富集能力。Klang-Westin 和 Eriksson（2003）研究发现，柳树具有较强的吸收和富集有毒重金属元素（特别是 Cd）的能力，即柳树每年可从土壤中去除 Cd 的量在 $5 \sim 17 \text{g/hm}^2$，相当于使耕作层（$0 \sim 25 \text{cm}$）土壤中 Cd 含量降低 $0.001 \sim 0.005 \text{mg/kg}$；Meers 等（2007）综合研究了 5 种柳树（毛枝柳，*Salix dasyclados*；三蕊柳，*Salix triandra*；爆竹柳，*Salix fragilis*；杞柳，*Salix purpurea*；蒿柳，*Salix schwerinii*）对萃取剂乙烯二胺丁二酸酯（ethylene diamine disuccinate，EDDS）处理下土壤中重金属 Cd、Cr、Cu、Ni、Pb 和 Zn 的吸收与富集特征。结果表明，柳树对土壤中重金属具有显著的吸收和富集能力，这种富集能力还受柳树品种、土壤类型及萃取剂的影响；在 5 种柳树中，蒿柳、毛枝柳和爆竹柳对土壤 Cd 和 Zn 的吸收富集能力最强，其每年从土壤中可萃取 Zn 量为 $5 \sim 27 \text{kg/hm}^2$、Cd 量 $0.25 \sim 0.65 \text{kg/hm}^2$；EDDS 能够促进柳树对土壤中某些重金属如 Cu 的吸收。Wieshammer 等（2007）通过室外盆栽试验，比较研究了在中等污染土壤中山羊柳（*Salix caprea*）、爆竹柳（*Salix fragilis*）、长叶柳（*Salix smithiana*）和丸网拟南芥（*Arabidopsis halleri*）对土壤中 Cd 和 Zn 的吸收与富集特征。结果表明，长叶柳的叶片中 Cd 积累量为 250mg/kg，Zn 积累量为 3.300mg/kg，其叶片的富集系数 $^{Cd}\text{BCF}=27$ 和 $^{Zn}\text{BCF}=3$；柳树的经历 3 个生长阶段之后，共计从土壤中移去 20% 的 Cd 和 5% 的 Zn；山羊柳和拟南芥套种增加了清除的 Zn 总量，但未见有促进清除 Cd 的作用。

蒋德明等（1992）通过盆栽试验研究了木本植物对土壤 Cd 污染物吸收蓄积能力，其结果表明杨柳科树种对土壤中 Cd 均有较强的吸收蓄积能力，特别是旱柳在土壤中 Cd 含量较低的情况下，其吸收蓄积土壤 Cd 的能力更强，而刺槐、紫穗槐等豆科树种和榆树、桑树则对土壤 Cd 的吸收蓄积能力较弱。杨卫东等（2009）研究指出，Cd 对垂柳生长参数影响与无性系和介质中 Cd 的剂量有关，低浓度 Cd 对无性系生长参数影响不显著；垂柳根系与地上部分 Cd 含量随介质中 Cd 浓度升高而增加，且 Cd 主要积累于垂柳根部，无显著性的增强，即其迁移系数（TF）小于 1；垂柳为 Cd 高积累型植物而不是超积累植物，用金属迁移总量评价植物修复重金属污染潜力，超积累植物因其生物量小且生长慢，重金属迁移总量相对并不高；柳树虽然累积率尚未达到超积累植物临界标准，但由于柳树具有适应性强、易于栽植、萌发和生长快、生物量巨大，且与人类食物链不连接等优点，仍然属于修复重金属污染土壤的理想植物。柳树用于植物修复有两种策略：一种是植物固定方面的，即柳树能在污染地土壤中生长并且根部积累量高，适合固定土壤中重金属；另一种策略为植物提取方法，即地上部分金属积累量高，可以通过收获地上部分生物量提取土壤中重金属。目前许多国家已经研发了绿色能源生产与重金属污染土壤修复集成体系——短轮伐期柳树矮林（short rotation willow coppice，SRWC），以满足从可再生能源到环境修复的诸多社会需求，即通过 SRWC 把绿色能源生产、区域环境美化和污染土壤修复有机结合起来，SRWC 具有修复污染土壤和地下水潜力，作为非超积累植物——柳树也适应于低污染浓度。

总之，在人类活动的驱动下，各种重金属元素及其化合物通过多种途径进入土壤，并不断在土壤中累积而形成了土壤重金属污染。而防治土壤重金属污染也只有两个基本途径：一是优化人类生产方式和生活方式，减少重金属污染物的排放，这属于防患于未然的措施；二是采取适当的技术方法修复或净化被重金属污染的土壤，这属于末端治理性的措施。因此，应该立足于综合分析区域土壤重金属污染特征、自然环境特征、社会经济发展水平、人们的生产生活习惯及工程技术水平等的基础上，坚持以重金属污染源控制、减少重金属污染物排放为前导，积极稳妥地修复或净化已经被重金属污染的土壤。

当前学术界已经研发了土壤重金属污染的原位（in-situ 或 on-site）修复和异位（ex-situ 或 off-site）修复技术，以及 20 世纪 80 年代物理修复方法、90 年代的物理化学修复方法和 21 世纪初期生物化学修复方法。其中土壤重金属污染的物理修复方法和物理化学修复方法均属于被动修复，其实施一般具有见效快和治理彻底等优点，但也具有修复的工程量大、投资大、易损害土壤结构和生物活性、易引起土壤二次污染等不足，故物理修复方法和物理化学修复方法仅适用于修复小面积城市或场地土壤污染；生物修复属于原位型的被动与主动相互统一的修复技术，它具有不破坏土壤的理化性状和生物活性、不会引起土壤的二次污染、修复过程操作简单、工作量小、处理成本低、处理方式多样等优点，但也具有修复过程漫长、见效慢等不足。

当今国际土壤重金属污染修复向着植物-微生物联合修复技术或以生物修复技术为核心的多技术集成化方向发展，其主要趋势如下：①采取生物工程技术和基因工程技术培育新型广谱的超富集性植物，特别是研发非食源性树木修复方法、非食源性经济作物修复方法及其实用技术；②集成相关物理化学方法，采取添加适量络合剂或螯合剂固化土壤中的重金属元素，或增强土壤中重金属元素的生物活性，加速非食源性植物对其的吸收与富集；③研发土壤微生物与植物的联合修复技术，这些修复技术将使重金属污染土壤的修复向着高效、安全、绿色、节能、经济、持久的方向发展，为确保土壤健康、食品安全、人群健康做出重要贡献。

第 10 章

边际耕地质量提升与建设占地表土
剥离再利用对策

10.1 京冀生态脆弱区边际耕地及其特征

10.1.1 边际耕地概念

微观经济学中的边际（marginal）是指自变量增加所引起的因变量的增加量。土地作为人类社会生存与发展的最基本生产资料，其作用的经济效益历来受到人们的关注，国际学术界早在 20 世纪 30 年代就提出了边际土地 / 耕地（marginal lands）或边际土壤（marginal soils）的概念。边际耕地是指从农业经济学的角度来看，农业经营耕作无经济利润或少有经济利润可获得的耕地。欧盟学者 Brouwer 和 Spaninks（1999）综合分析了欧洲农用地边际化的现状，指出"农用地边际化可以被看成一种受社会、经济、政治和自然环境等因素综合驱动作用的过程，其结果是一种在现有的土地利用模式和社会、经济结构条件下，农用地耕作利用过程变得不再有或少有经济收益的过程"。美国学会 Milbrandt 等（2014）调查研究认为，边际土地是指具有固有不利因素属性的土地或者被自然环境变化、社会经济发展、人们土地利用方式变化等外驱动力所边缘化的土地；边际土地通常是被人们弃置未利用、难以利用、利用经济价值低下的土地，如弃耕的土地、被扰动至难以利用的土地、废地（或棕地）、遭受强度退化的土地等。众多学者认为边际土地是对上述土地概念的高度全面的概括。

自 2005 年以来，随着国际粮食与能源价格的飞涨、全球经济通胀的出现，边际耕地调查评价及再利用才受到学术界的重视，且基于边际土地 / 耕地发展生物能源生产成为欧美土地利用的新方向，欧盟出现了"间接土地利用变化"（indirect land use change，iLUC）、"食物与燃料的争辩"（food versus fuel），在英国，部分农民已将柳树（生物能源）作为边际性作物。在农业经济学和土地利用领域，边际土地 / 耕地具有宽泛的定义，通常从对粮食作物的适宜性、粮食产量、农业经济效益、农业及其生物多样性价值等方面来界定边际土地 / 耕地，并将边际土地 / 耕地划分如下：不适宜粮食生产的土地、具有模棱两可低质量的土地、处于边际经济状态的土地。美国橡树岭国家实验室的专家 Kang 等（2013）指出低下生产能力、不断减少经济回报、有农业耕作的严重制约因素是边际土地 / 耕地的特征，并从土地自然属性以及生物学、环境与生态、经济学、土地利用规划角度综合分析了边际土地 / 耕地状况，结果表明全球有 1 亿～ 10 亿 hm^2 的边际土地 / 耕地适宜于生物能源生产。意大利学者 Cosentino 等（2015）从农业经济学角度剖析了地中海沿岸边际土地 / 耕地的主要障碍因子是严重干旱、陡坡与盐碱化。2014 年美国康奈尔大学研究组指出边际土地 / 耕地是脆弱生态系统的核心组成部分，其边际性也是相对的，边际土地 / 耕地管护与利用将对区域环境质量、生态服务功能、社会经济持续性、水资源和土地退化产生多种影响。由此可见，应该从以下方面来认识边际耕地。

1）耕地作为重要的生产资料，传统上常围绕耕地使用者或者经营者，从事农业生产过程中的投入-产出状况或者收益多少，作为判定边际耕地的标准。如果从事农业生产过程中的投入-产出状况或者经济收益接近零或者是负值，则认定该耕地已属于边际耕地。

2）中国属于季风性气候显著的国家，其许多耕地受季风性气候影响，再加耕地基础设施缺乏或者滞后，耕地及其农业生产过程的抗逆性较差，不同年际之间从事农业生产过程中的投入-产出状况或者收益差异巨大，即有些年份从事农业生产过程中的投入-产出状况或者收益较好，而另一些年份从事农业生产过程中的投入-产出状况或者收益为零或者为负值。这就造成针对具体的耕地地块和具体耕地经营者而言，在有些年份耕地利用有较好收益（广种薄收，确实有可观的收成），该耕地不属于边际耕地；而在另一些年份耕地利用没有收益（广种薄收、绝收，亏本），该耕地确实属于边际耕地。针对具体的耕地地块和具体耕地经营者而言，应该根据多年平均状况来综合评价从事农业生产过程中的投入-产出状况或者收益，作为最终评定边际耕地的依据。

3）耕地不仅是人类劳动的基本生产资料，也是人类生存环境的重要组成要素，因此，任何耕地的开发利用必将对人类生存环境与社会经济发展产生一定程度的影响。传统的针对具体的耕地地块和具体耕地经营者，依据耕地经营者的收益状况作为评定耕地利用的经济效益及边际耕地的指标，显然存在一定的缺陷。边际耕地及其评定的指标体系如图 10-1 所示。

人类生存环境系统耕地经营者收益Q_F、农产品经销商收益Q_D、农资经销商收益Q_C、耕地利用对生态或生存环境的影响Q_{EIA}、农产品对使用者健康的影响Q_{JK}

耕地经营者多年来耕地农业生产投入总和Q_t、多年来耕地农业生产总收益Q_s，Q_t-Q_s=Q_F

评定边际耕地的指标：$Q=Q_F+Q_D+Q_C+Q_{EIA}+Q_{JK}$
$Q\leqslant0$或者$Q\gg0$

图 10-1　边际耕地及其评定的指标体系

Richards 等（2014）综合比较分析了 2008～2012 年发表的包含"边际土地""边际土壤"的 51 篇英文文献，尽管事实上的边缘化是依赖于土地利用及其经济背景，但仍然有 56% 的文献依据土地的生物物理特性来显式或隐式地定义边际土地；16% 的文献则从土地的生物物理特性与经济特性方面综合定义边际土地；8% 的文献仅从土地利用的经济特性方面定义边际土地；其余 20% 的文献则从土地利用程度、土地区位、土地经营规模等方面定义边际土地，如图 10-2 所示。

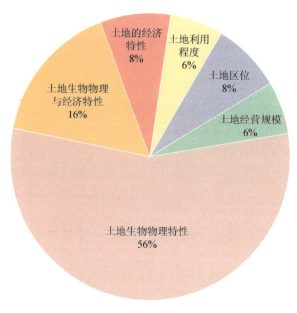

图 10-2　边际土地内涵指标图解

（资料来源：Richards et al.，2014。）

　　国土资源部依据耕地的光温／气候生产潜力、土地的 12 个生物物理特性指标、土地利用系数和经济系数综合评价耕地质量等级，将全国耕地质量由高到低划分了 1～15 个等级，其中的指标体系与 Richards 等（2014）定义边际耕地的指标类似。根据国土资源部 2014 年发布的全国耕地质量等级调查与评定成果，13 等、14 等、15 等耕地，即低等耕地占全国耕地总面积的 17.7%。这些低等耕地多处于生态环境脆弱区域，在农业经营耕作过程中面临土壤风蚀沙化、水土流失、土壤次生盐碱化等威胁，一方面耕作者没有或少有经济利润可获，另一方面还会对区域环境质量构成多种危害。

10.1.2　京冀生态脆弱区边际耕地特征

　　依据 2022 年第 24 届北京-张家口冬季奥林匹克运动会（以下简称冬奥会）规划，冬奥会雪上项目比赛场馆设在张家口市崇礼县。据统计资料，崇礼县人口平均密度约为 46 人/km^2；年均气温为 3.2℃，年均降水量为 490mm；崇礼县境内灌丛林、草地面积比例大，少有工业企业，其自然环境质量优越，是举办冬奥会的理想场地。但是北京经张家口市至崇礼沿线区域生态环境脆弱、耕地质量等级低下，有集中连片的边际土地，在冬奥会筹备—建设—运行—后期管护中亟待解决边际土地管护与再利用的问题。北京和河北接壤的西北部地区各县市区的自然环境状况、人口密度、土地开垦率、耕地质量等级（国家级利用等）及其空间分布状况如图 10-3 所示，拟定将边际耕地较为典型的北方农牧交错区——河北省丰宁满族自治县坝上地区作为典型区域，开展边际耕地的质量限制因子分析及等级提升方法的综合研究。

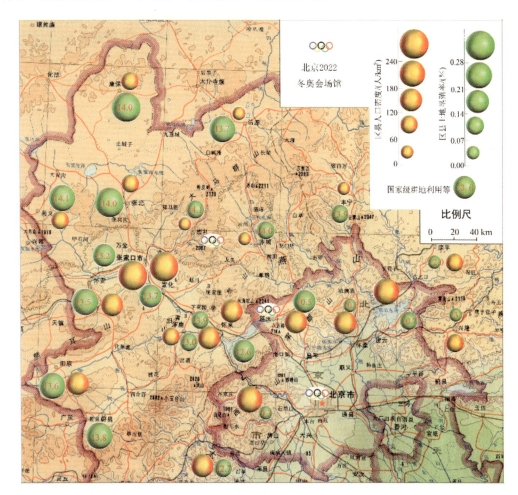

图 10-3　京冀西北部地区人口密度、土地开垦率、耕地质量及其空间分布示意图

10.1.3　边际耕地属性及其质量限制因子分析

丰宁坝上地区位于河北省北部，丰宁满族自治县的坝上地区，其地理位置为 115°55′～116°53′E、41°22′～42°03′N，包括大滩镇、鱼儿山镇、四岔口乡、苏家店乡、草原乡、万胜永乡和外沟门乡共 7 个乡镇，土地总面积为 2897.65km²。该区域距京津约 255km，是京津重要的天然生态屏障和滦河的源区。

1. 自然环境特征

丰宁坝上地区处于坝上高原区边缘区，属于燕山山峰东猴顶及千松坝向高原过渡的侵蚀剥蚀丘陵、洪积冲积高原和湖积高原，海拔为 1560～2195m，气候上属中温带大陆性气候坝上寒冷干旱区，年均气温为 0.5～0.8℃，≥10℃积温为 1682℃，无霜期 85d 左右，年均降水量为 420～470mm，且 70% 集中在 6～8 月，年平均风速为 4.5m/s，其冬春季最大风速可达 20m/s 以上。该区域是中国北方季风性气候向大陆性气候、湿润向干旱、森林向草原、农区向牧区过渡的枢纽地段，是温带农牧交错带内典型的脆弱生态环境样区，年均气温低、生长期短，再加降水量少，多干旱大风天气，导致耕地的农作物光温生产潜力和气候生产潜力偏低，这是造成丰宁坝上耕地质量等级整体偏低的重要原因。据统计，丰宁坝上地区耕地质量等级平均值不足 14 等，属于典型的边际耕地集中分布区。该区域属滦河源区，主要河流有闪电河、沙井子沟河和滦河等河流，但水资源不足，大部分耕地干旱缺水，土壤侵蚀较为严重。区内土壤成土母质以黄土、洪冲积物、风积物、玄武岩残积物为主，土壤类型划分为棕壤、棕壤性土、褐土、淋溶褐土、暗栗钙土、栗钙土、草甸栗钙土、栗钙土性土、潮土、石灰性草甸土、潜育草甸土、盐化草甸土、草原风沙土、粗骨土 14 个土属。山地棕壤分布面积最广，占区域面积的 39.9%，其次是栗钙土、暗栗钙土，分别占区域面积的 16.2% 和 13.5%；耕地土壤以暗栗钙土类型为主，占耕地面积的 37.9%。

2. 社会经济发展状况

2013 年大滩镇等 7 乡镇的国民生产总值为 13.82 亿元，实现农林牧渔业总产值为 6.58 亿元，区域内总人口为 67552 人，农村居民人均纯收入达 2350 元。区域内经济以农牧业为主，农业生产机械化程度较低，标准耕作制度属冀北中山春玉米一年一熟区，粮食总产量为 7936t。区域内旅游业发展初具规模，仅大滩镇从事旅游业的农民就占全镇劳动力的 50% 左右，极大地增加了农民收入。另外，区域内农业种植结构调整效果显著，在交通便捷的区域错季蔬菜种植使耕地亩收益超过 2200 元，养殖产业也稳步发展。社会经济发展滞后及地处中国北方典型的农牧交错区，丰宁坝上地区耕地基础设施建设缺乏，耕地利用经营管理技术缺乏，耕地利用方式整体粗放，致使耕地及其农业生产处于"靠天吃饭"的境地，这也是造成耕地质量等级整体偏低的社会经济原因。

3. 土地利用状况

丰宁坝上地区土地总面积为 2897.65km²，包括农用地 2684.02km²（其中耕地为 282.16km²，园地、林地及草地为 2401.86km²），建设用地 15.28km²，未利用地 198.35km²。耕地占区域土地总面积的 9.7%，且多为旱地。由于退耕还林还草政策的实施，近年来，区域内耕地面积自 1999 年的 305.79km² 减少到 2013 年的 262.16km²，基础设施建设是占用土地的主要方式，目前基本趋于稳定。从整体上看，丰宁坝上地区耕地面积数量较多，而人口相对偏少，再加上青壮年劳动力外出打工经商，耕地处于广种薄收的利用境界，这也是造成耕地质量等级整体偏低的土地利用方式的主要原因。

4. 耕地质量等级

河北省丰宁坝上地区距离丰宁县城较远，且海拔一般为 1450～1950m，远高于丰宁县城海拔（约 660 m），丰宁坝上地区多年平均气温为 0.8℃，≥10℃ 年积温仅为 1682℃，无霜期仅为 85d，年均降水量为 442mm，年大风日数约为 70d；位于坝下的丰宁县城多年平均气温为 6.1℃，≥10℃ 年积温为 2921℃，无霜期 110～140d，年降水量为 503mm。因此，依据丰宁县城气象观测资料计算的耕地作物光温生产潜力或气候生产潜力值难以代表丰宁坝上地区的耕地作物光温生产潜力或气候生产潜力实际值。综合调查分析发现，丰宁坝上地区气候特征与相邻的河北省沽源县（海拔约 1410m）气候特征相似，即沽源县多年平均气温为 1.4℃，≥10℃ 年积温仅为 1700～1800℃，无霜期为 89d，年平均降水量为 410mm，年大风日数为 66d。故运用沽源县耕地作物光温生产潜力或气候生产潜力值，能较为客观地反映丰宁坝上地区实际状况，如表 10-1 和表 10-2 所示。

表 10-1　研究区农用地分等相关指标体系比较

	县域	农作物熟制	光温生产潜力值	气候生产潜力值
光温/气候生产潜力值	丰宁	春玉米一年一熟	春玉米 2144	春玉米 1694
	沽源	春小麦一年一熟	春小麦 1339	春小麦 877
产量比系数	冬小麦为 1.00，春玉米为 0.54，春小麦为 1.30			

表 10-2　研究区农用地分等指标体系

分值	有效土层厚度/cm	表土质地	坡度/(°)	灌溉保证率	有机质/%	剖面构型
100	≥150	壤土	<2	充分满足	—	通体壤-壤/黏/壤
90	100～150	黏土	2～5	基本满足	—	壤/黏、黏-壤/砂/壤-砂/黏/黏
80	—	—	5～8	—	>2.0	黏/砂、黏-通体黏
70	60～100	砂土	—	可满足	—	砂/黏/砂
60	—	—	8～15	—	1.5～2.0	壤/砂/砂
50	—	—	—	—	1.0～1.5	黏/砂/砂
40	30～60	砾质土	—	无灌溉	0.6～1.0	通体砂
30	—	—	15～25	—	—	通体砾
20	—	—	—	—	<0.6	
10	<30	流动沙	≥25	—	—	
权重值	0.28	0.10	0.27	0.20	0.06	0.09

依据《农用地质量分等规程》（GB/T 28407—2012）和《河北省农用地分等技术报告》，通过实地调查观测发现，研究区边际耕地的质量限制因子包括以下内容。

1）丰宁坝上地区边际耕地自然属性中的年均气温低、生长期短、年均降水量不足、冬春季多大风、多春旱是形成耕地质量等级偏低的基本原因，也是造成边际耕地大面积形成的先天性原因。

2）丰宁坝上地区偏砂性（土壤质地类型多为壤砂土、砂壤土或砂土），以及缺乏必要农田灌溉水源与灌溉设施是造成耕地质量等级偏低的主要原因，这是造成边际耕地大面积形成的自然与人为原因。

3）丰宁坝上地区因靠近京津大都市，近些年来，一方面丰宁坝上地区大力发展观光旅游业；另一方面，本地青壮年劳动力大多外出打工经商，致使耕地利用与经营管理粗放，耕地利用系数与经济系数偏低，造成耕地质量等级偏低，这是造成边际耕地大面积形成的社会经济原因。

另外，由于自然环境条件相对脆弱，耕地质量整体偏低且耕地抗逆性较差，再加上耕地基础设施建设缺乏或者滞后、耕地利用方式粗放，常引起耕地土壤遭受强烈的风蚀沙化、水土流失、盐碱化等土地退化，耕地土壤有机质含量下降、耕作层减薄、表土层质地粗化，如图10-4和图10-5所示。这些土地退化过程最终也加速形成了大面积边际耕地与斑块状荒地镶嵌分布的土地利用空间格局。

图10-4　丰宁坝上地区遭受强烈风蚀的弃耕地景观（地表砂砾质化）

图10-5　丰宁坝上地区滨河的沟谷侵蚀景观（如有基础设施，可保障相关耕地）

10.2　边际耕地利用及土地退化机理

丰宁坝上地区作为中国北方典型的农牧交错区和生态脆弱区，其土地退化原因与机制受到学术界的广泛关注，也是我国土地退化的重要研究区与防治示范区。土地退化是指土地受到人为因素或自然因素或人为、自然综合因素的干扰、破坏而改变土地原有的内部结构、理化性状，土地环境日趋恶劣，逐步减少或失去该土地原先所具有的综合生产潜力的演替过程。众多的调查研究工作可以表明如下问题。

1）土地退化虽然是一个非常复杂的问题，但引起其退化的原因是自然因素和人为因素共同作用的结果。自然因素包括破坏性自然灾害和异常的成土因素（如气候、母质、地形等），它是引起自然退化过程（侵蚀、沙化等）的基础原因，而人与自然相互作用不和谐即人为因素是加剧土地退化的根本原因。人为活动不仅直接导致天然土地的被占用等，更危险的是人类盲目的开发利用土、水、气、生物等农业资源，造成生态的恶性循环。

2）我国生态环境脆弱区域是土地发生持续退化的集中发布区，同时也是低等耕地或者边际耕地的聚集区域，由此可见，低等耕地或边际耕地在自然环境背景方面，处于"屋漏又逢连阴雨"的窘境。

3）在我国低等耕地或边际耕地集中分布区，自然环境的脆弱性特征是构成土地退化的先天性因素，人类粗放式土地利用活动则是土地退化的引发性或触发性因素；在传统观念上对低等耕地或边际耕地的利用，坚持"广种薄收"的理念，而从资源环境经济学角度来看，对低等耕地或边际耕地采用"广种薄收"的利用方式，最终的结果必然是"广种绝收"或"广种贻害"。

10.2.1 气候及其变化对边际耕地退化的影响

丰宁坝上地区县地处温带大陆性季风气候的边缘区域，其气候特征表现为：年降水高度集中在 6～8 月的夏季，即农作物重要的生长期，但降水日数少、降水强度比较大，年降水量为 450mm 左右，再加上年均 8 级及其以上大风日数为 56d，因此干旱是丰宁坝上地区影响农作物生长发育的主要气候害之一，"十年九旱"是该地区干旱的概括总结。丰宁坝上地区干旱以春旱（4～5 月）为主，这时正是春小麦或春玉米的播种期，对农作物发芽出苗影响重大；初夏旱和伏旱也常常发生，这是影响农作物生长发育的主要气候障碍因子。丰宁坝上地区 ≥10℃年积温为 1600～1800℃，年平均气温多为 0～2℃，气温稳定高于 0℃的日期大约在 4 月中旬，日均气温稳定通过 5℃的日期在 4 月末期，即全年无霜期一般为 70～90d。农作物生长期间的干燥指数为 1.0～1.2，属干旱时期；农作物发芽出苗期的干燥指数为 0.9～1.7，属半干旱时期。依据丰宁县 1978～2013 年气候资料，研究区气候年际变化巨大，如图 10-6 和图 10-7 所示。这些均是耕地质量等级偏低，即边际耕地形成的气候原因。

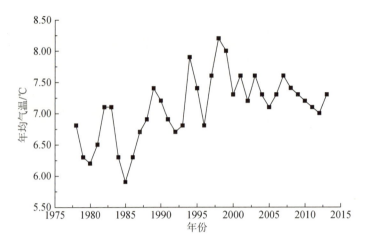

图 10-6　丰宁县 1978 ～ 2013 年年均气温变化状况示意图

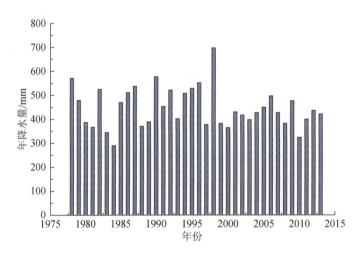

图 10-7　丰宁县 1978 ～ 2013 年年均降水量变化状况

10.2.2　中等-微地貌条件对边际耕地退化的影响

　　丰宁坝上地区处于华北燕山山脉东猴顶及千松向河北坝上高原、内蒙古高原的过渡地带，是温带季风性大陆气候向温带大陆性气候、湿润区向干旱区、森林向草原、农区向牧区过渡的枢纽地段，也是中国温带农牧交错带内典型的脆弱生态环境样区。该区域距京津约 240km，是京津的重要天然生态屏障和水源地。据中国科学院地学部发表的中国华北沙尘天气途径区风蚀类型及其强度分级图显示，这里正处于土壤轻度风蚀的前缘区，也是历年春季侵入京津的沙尘气流北侧分支的通道。其耕地土壤风蚀不仅直接破坏耕地质量及其农业生产，还直接影响着京津人民生活和区域社会发展。课题组在综合考察丰宁坝上地区中等-微地貌条件、土壤类型分布、耕地分布状况的基础上，结合研究区近些年来开展退耕还林、退耕还牧的实际情况，在滨河低平原的暗栗钙土区，选择了 4 个耕地比较集中、连片分布的观察样区，如图 10-8 所示，进行中地形-草甸土-暗栗钙土-栗钙土性土-耕地系列断面调查观测与采样分析，以分析中等地形条件对耕地土壤退化的影响机制。

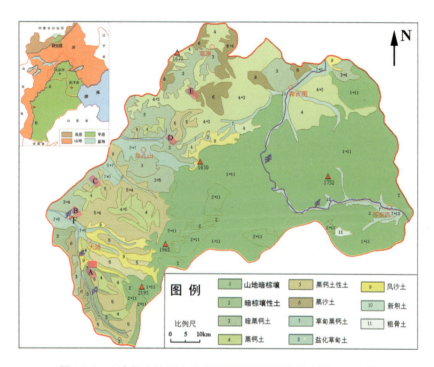

图 10-8　丰宁坝上地区土壤类型图及边际耕地调查样区分布图

　　调查研究发现，在滦河源区的闪电河及其支流平坦宽阔的河漫滩或低阶地区域，这里地表水和地下水相对丰富，在自然条件下发育了密集草甸草原植被，其下发育了富含腐殖质的草甸土和暗栗钙土，属于农业与牧业均比较密集的区域。

　　丰宁坝上地区耕地多种植有春小麦、莜麦、马铃薯、燕麦、饲料用春玉米等一年一熟的农作物，这些农作物一般每年 5 月上中旬种植，每年 9 月上中旬收获。由于该区域的耕地经营者多兼有牧业养殖，因此在农作物收割过程中他们常将农作物秸秆全部收获以作为牧业养殖冬季饲料，特别是马铃薯及其秸秆收获，这种耕作方式常造成从每年 10 月至次年 5 月中下旬，冬春季耕地土壤表土层一直处于松散、干燥、裸露状况，这时期（多于 200d）的气候正是以寒冷、干燥、多大风为特征，寒冷干燥的大风（空气密度大、风速高、动能巨大）具有强大风力侵蚀能力，极易造成强烈的耕地土壤风蚀持续发生，常造成耕地土壤表土层因黏粒、粉粒和腐殖质随风大量丧失，导致耕地土壤表土层质地的趋向砂质化，土壤有机质含量显著降低（表土层有机质含量已经降低约 45%），使边际耕地得以形成，如图 10-9 所示。

土壤有机质含量
（TOC仪测定）

0~5cm —— 12.68~14.54g/kg
（*n*=5）

15~20cm —— 11.38~15.69g/kg
（*n*=5）

35~40cm —— 22.37~26.89g/kg
（*n*=5）

图 10-9　丰宁坝上基本农田土壤有机质丧失状况图解

10.2.3　耕地粗放利用方式对边际耕地退化的影响

根据我国北方地区土壤风蚀沙化的地理分布特点，项目组在丰宁坝上地区选该区风蚀变化敏感区三道河的上风向平坦区为取样地，各样地土壤为暗栗钙土，其土壤特点是：草地（当地发展牧业主要用地）土壤植物根系多且有机质含量高，土壤结构以团块结构为主；弃耕地（近年由大面积耕地退耕撂荒而成）已轮歇两年且主要用于放牧，土壤表层已形成少量团块结构，受表层植被覆盖的影响而表土保存较好；耕地受翻耕的影响土壤松散且无结构；林地为人工林地，受放牧影响而林下草本植物稀疏，林木长期拦截风沙致使林下积沙厚度为 2～3cm，土壤质地较为松散。

分别采集未受干扰林地、草地、休闲地和耕地 0～25cm 耕作层土壤样品，并置室内风干后压磨过筛，按《农用地质量分等规程》（GB/T 28407—2012）和已有的研究区土壤调查采样化验分析数据 [运用美国 Munsell Soil Color Charts 野外现场观测土壤蒙氏颜色，运用国家专利产品野外现场观测土壤质地（美国农部制）类型，在实验室运用 pH 计测定土壤 $pH_{1:5}$，采用气量法测定土壤 $CaCO_3$ 含量，采用 TOC 法测定土壤有机质（organic matter，OM）含量，运用激光粒度仪测定土壤质地类型]，其化验分析结果如表 10-3 所示。结合已有的研究成果综合构建在耕地粗放利用方式下，丰宁坝上地区耕地土壤的风蚀潜在方程，用以计算耕地土壤的潜在可蚀性，其计算公式为

$$EF=61.28+0.59SC+13.82EC-19.21OC-0.26Si \quad (R^2=0.69)$$

表 10-3　河北省丰宁坝上地区部分耕地土壤理化性状分析

| 表土状况 | 蒙氏颜色 /
干色 | OM/
（g/kg） | CaCO₃/
（g/kg） | pH₁₅ | 目测土壤质地 | 美国农部制土壤质地 / （g/kg） | | | 质地类型 |
						砂粒	粉粒	黏粒	
自然暗栗钙土	10YR3/3 暗棕色	8.67±0.34	0.75±0.13	7.30～7.50	壤砂土	894.22±26.12	49.92±1.04	55.86±1.23	砂土
A 区旱耕地	10YR4/4 暗黄棕色	6.82±0.23	1.84±0.27	7.36～7.58	砂土	913.66±32.17	47.37±0.98	36.90±1.13	砂土
B 区旱耕地	10YR4/4 暗黄棕色	7.57±0.25	2.17±0.25	7.43～7.62	砂土	902.78±24.68	45.37±3.12	38.97±1.78	砂土
C 区旱耕地	10YR4/4 暗黄棕色	6.54±0.27	3.28±0.34	7.51～7.74	砂土	913.66±27.07	48.41±2.78	39.82±1.97	砂土
D 区旱耕地	10YR4/4 暗黄棕色	8.24±0.32	3.75±0.35	7.38～7.56	砂土	914.12±26.84	47.37±2.13	40.16±2.78	砂土
E 区旱耕地	10YR4/4 暗黄棕色	7.68±0.27	3.78±0.38	7.40～7.62	砂土	911.98±26.76	47.39±2.46	40.09±2.43	砂土
风蚀残余土	10YR5/4 黄棕色	2.87±0.19	7.84±2.67	7.67～7.83	砂土	963.35±29.82	20.84±2.06	15.81±1.07	砂土
风积土层	10YR3/3 暗棕色	8.12±0.21	4.69±1.07	7.48～7.76	壤砂土	853.64±23.43	73.2±5.68	73.16±2.45	砂土

式中，EF 为耕地土壤可蚀性（%）；SC 为耕地土壤表土层中砂粒与粉粒比例；Si 为耕地土壤表土层中黏粒的百分含量（%）；OC 为耕地土壤表土层中有机碳含量（g/kg）；EC 为耕地土壤表土层的饱和电导率（mS/cm）。

结合丰宁坝上地区农用地分等指标可见，丰宁坝上地区耕地土壤风蚀直接影响或者间接影响农用地分等指标的累积权重值高达 0.53。

10.3 边际耕地退化对土壤性状的影响

土地退化的直接结果就是地表土壤物质及其营养元素快速流失，土壤结构与土壤质地等物理性状与化学性状恶化，并导致耕地生产能力衰竭以至耕地生态系统崩溃。在《农用地质量分等规程》（GB/T 28407—2012）中，耕地地表坡度、有效土层厚度、表土层土壤质地、土壤有机质含量、土壤 pH、地表岩石露头度等耕地质量评价指标也是农业生产过程中田间易变性指标。其中有的是土地退化的驱动因素（如地表坡度、土壤质地、土壤 pH 等），但是区域土地退化过程也必将导致耕地地表坡度、有效土层厚度、表土层土壤质地、土壤有机质含量、土壤 pH、地表岩石露头度等的恶化，并导致耕地质量等级降低。

10.3.1 土壤风蚀对有效土层／耕作层厚度的影响

耕地表土层／耕作层是农作物赖以生存的基础，是粮食综合生产能力的根本。根据《农用地质量分等规程》（GB/T 28407—2012）和《河北省农用地分等技术报告》，耕地耕作层厚度是决定耕地质量等级高低的关键性指标，在耕地自然质量分评价中，耕地耕作层厚度的权重最大，高达 0.28。耕地耕作层厚度对耕地质量等级提升的作用表现为：耕地耕作层厚度越大，对农作物生长发育通过的机械支持越加牢靠；耕地耕作层厚度越大，对农作物生长发育适时适量地提供养分的能力越强；耕地耕作层厚度越大，对农作物生长发育适时适量地提供水分、热量条件的能力越强，同时土壤的保水保肥能力也越强，这一点在河北省丰宁坝上地区尤为重要。

土壤风蚀是干旱、半干旱地区及部分半湿润地区土地沙漠化过程的首要环节，河北省丰宁坝上地区是中国北方典型的半干旱农牧交错区和生态脆弱区域，这里的土地退化和耕地土壤风蚀沙化也是地处下风向区域——京津冀地区输送沙尘及 $PM_{2.5}$ 的重要源地，也是引起耕地质量等级降低，加速边际耕地形成的主要方式。国内外学术界常用年均土壤风蚀厚度作为定量研究土壤风蚀过程强度的重要指标，我国学者对国内部分地区的年均土壤风蚀厚度进行了系统性的实地观测研究，其研究结果如表 10-4 所示。

表 10-4　中国部分地区年平均土壤风蚀速率结果及测定方法

测定地点	测定方法	气候类型	土地利用类型	风蚀厚度 /（mm/a）	风蚀速率 /[t/（hm²·a）]
内蒙古呼伦贝尔	插钎法	半湿润	沙地	10.40	156.00
内蒙古奈曼旗	插钎法	半干旱	留茬农田	3.00～18.00	43.50～261.10
			新垦农田	32.00～271.00	464.20～3931.50
内蒙古科尔沁	插钎法	半干旱	开垦沙地	11.60～23.30	174.00～349.50
内蒙古乌兰察布后山地	插钎法	半干旱	伏沙带	37.50	562.50
山东夏津	插钎法	半湿润	沙地	1.00～2.00	15.00～30.00
			河滩地	9.25	138.75
北京永定河沙地	插钎法	半湿润	稀疏荒草地	5.95	89.25
			荒草地	1.05	25.50
			农田	1.70	25.50
山西右玉	插钎法	半干旱	农田	10.65	159.75
			林地	1.00	15.00
			沙地	0.34	5.15
内蒙古多伦	C-WEA 方程	半干旱	林地	0.01	0.03
			农田	0.16	2.32
内蒙古武川	粒度对比分析	半干旱	农田	3.00	45.00
内蒙古四子王旗	粒度对比分析、插钎	半干旱	农田	2.31	34.65
内蒙古商都、化德	粒度对比分析、风蚀遗迹	半干旱	农田	0.96～2.74	14.40～41.10
			雅丹	30.00～100.00	450.00～1500.00
新疆罗布泊	风蚀遗迹	干旱	雅丹	4.00	60.00
			灌丛	5.68	84.14
			沙地	4.31	69.43
青藏高原	^{137}Cs 法	半干旱	草地	1.80～2.16	22.62～22.69
			农田	2.40	30.68
			沙地	1.51～2.67	3.10～55.18
青海共和盆地	^{137}Cs 法	半干旱	草地	0.24～0.91	3.18～16.86
			农田	0.34～0.64	11.79～22.36

续表

测定地点	测定方法	气候类型	土地利用类型	风蚀厚度/(mm/a)	风蚀速率/[t/(hm²·a)]
西藏	¹³⁷Cs法	半干旱	草地	—	33.03～45.85
			农田	—	51.33
			荒地	2.64～4.14	39.54～62.08
新疆库尔勒	¹³⁷Cs法	半干旱	草地	1.34～3.36	20.08～50.39
			农田	0.57～3.82	8.60～57.31
晋陕蒙	集沙仪	半干旱	沙地	0.15～2.91	2.30～43.60
河北康保	¹³⁷Cs法	半干旱	农田	5.50	89.50
河北丰宁	¹³⁷Cs法	半干旱	林地	12.00（风积）	—
河北丰宁坝上地区	¹³⁷Cs法、风蚀遗迹	半干旱	草地	1.84～2.90	27.60～43.50
			农田	8.65	
			农田/防护林	13.08（风积）	

资料来源：鹏飞和刘孝盈，2012。

在综合研究已有的相关研究成果的基础上，结合项目先期对丰宁坝上地区三道河村残存三北防护林地段的土壤调查发现，这里三北防护林（杨树）的主根系多数已经裸露在地表124～165mm处；据调查考证，这些杨树属于1972年栽植，因此在1972～2011年三北防护林地段地表因土壤遭受风力侵蚀，致使地表已经有厚度为264～336mm的土壤被侵蚀，估算该期间地段（因杨树根系强烈地吸收水分、养分的能力，致使草本植物退化；林下因牲畜常集中于此歇凉践踏，造成地表土壤处于松散状态，极易被风力侵蚀；未有植被覆盖区）土壤风蚀速率为6.80～8.04 mm/a，如图10-10所示。

图10-10 丰宁坝上地区三道河村残存林地土壤风蚀状况

土壤风积研究样区位于河北省丰宁满族自治县坝上的骆驼沟乡和大滩乡境内，其地理坐标为 116°05′～116°15′E，41°30′～41°35′N，海拔为 1500～1980m，如图 10-11 所示。研究区在 2000 年公路修建之前属于人口稀少的自然农牧业区，据调查，火石沟村到 2005 年还是不通电力和电信的依靠旱作农业和放牧为生的自然村，故人类活动对自然环境的影响相对微弱，研究区自然环境特征已在先期研究成果中进行了论述。据野外土壤调查资料和前人的研究成果，其土壤划归为栗钙土（按中国土壤系统分类则为简育干润均腐土），且栗钙土多集中分布在滦河及其支流两岸的阶地上，受成土母质二元结构的影响，栗钙土剖面上部为暗棕色的、碎屑状砂壤质土，其厚度不足 50cm，下部主要由粗砂和砾石组成，这决定了土壤抗风蚀能力较弱。研究样区为典型的温带半干旱农牧交错带，只有在沿河平坦地段因过度开垦或过牧的影响，栗钙土的风蚀沙化过程明显，并形成了栗钙土与风沙土（干润砂质新成土）呈复区状分布的景观格局，同时对京津和当地人民的社会经济活动造成了严重的危害。

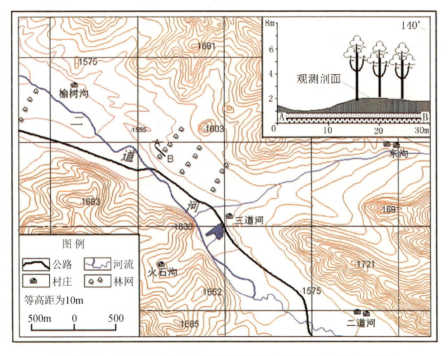

图 10-11　丰宁坝上地区土壤风积样区自然地理景观及采样点位图

近十多年来，对丰宁坝上地区的自然地理特征、土地利用状况进行了连续的调查，观测了不同季节耕地土壤-植物系统的变化特征，揭示了区域暗栗钙土风蚀过程及其土壤诊断特性，并调查发现，土壤风蚀沙化多发生在滦河及其支流两岸阶地的暗栗钙土区，且以轻度及中度风蚀过程为主。在距离居民点较远的低阶地面的旱耕地上还残存 1972 年营造的防护林网，其山杨现已长成高为 5～7m 的成年树木，防护林网区内地表因风积作用已经堆积了厚度为 30 ～ 50cm 的砂壤质土壤层，可见林网对局部土壤起到了良好的保护作用，在公路修建之前这里距离自然村庄较远（三道河属沿公路新建居民点），故过去这里的林网区土壤很少受到人类活动的扰动，基本保持着自然风积成土过程，如图 10-12 所示。

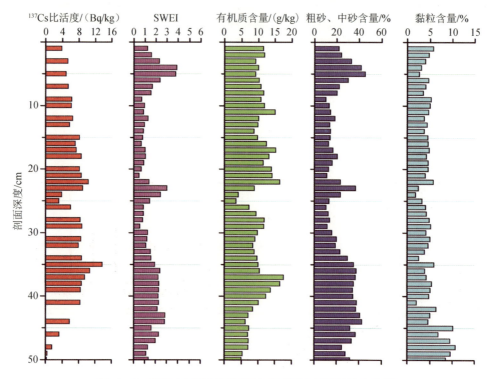

图 10-12　风积土层及其下埋原自然栗钙土剖面性状变化图

（137Cs 比活度为 2002 年实测值，粗砂和中砂是指粒径在 2.00 ～ 0.25mm 的颗粒。）

据此在林网内地表挖掘深度在 75cm 的土壤剖面，观测发现由地表 0 ～ 38cm 为砂壤质风积层，38 ～ 65cm 为原自然暗栗钙土的腐殖质层（A 层），65 ～ 75cm 为原暗栗钙土的 AB 层。对土壤剖面进行观测并按 1cm 间距连续采集土壤样品 50 个，用蒙赛尔土壤颜色卡现场测定土壤颜色，用环刀法采集土壤样品以分析土壤密度及含水量；所有土样及时带回实验室进行风干、过筛、称重等预处理，用重铬酸钾-硫酸硝化法测定土壤有机碳含量，用电位法测定土壤 pH，用气量法测定土壤 $CaCO_3$ 含量，用吸管法测定土壤质地。上述观测结果表明，砂壤质风积层的土壤蒙氏颜色为暗棕色（10YR3/3）到暗黄棕色（10YR4/4），土壤有机质含量多为 8.0 ～ 15.0g/kg，土壤 pH 一般为 7.2 ～ 7.8，土壤 $CaCO_3$ 含量多为 2.5 ～ 5.5g/kg，土壤中粒径为 0.25 ～ 2.00mm 的极粗砂、粗砂和中砂含量为 12.0% ～ 36.0%，0.10 ～ 0.25mm 的细砂含量为 35.0% ～ 60.0%，0.05 ～ 0.10mm 的极细砂含量为 6.5% ～ 14.0%，0.01 ～ 0.05mm 的粗粉粒含量为 2.5% ～

8.5%，0.002 ～ 0.01mm 的细粉粒含量为 1.0% ～ 6.5%，粒径小于 0.002mm 的黏粒含量为 2.0% ～ 5.5%。按照美国制土壤质地划分标准，风积层土壤多为壤质砂土或砂质壤土；原自然栗钙土的腐殖质层（A 层）的土壤蒙氏颜色为暗棕色（10YR3/3），土壤有机质含量为 15.0g/kg，土壤 pH 为 7.4，土壤 $CaCO_3$ 含量为 4.5g/kg，土壤质地为砂质壤土；原自然栗钙土的过渡层（AB 层）的土壤蒙氏颜色为暗黄棕色（10YR4/3），土壤有机质含量为 6.8g/kg，土壤 pH 为 7.8，土壤 $CaCO_3$ 含量为 7.2g/kg，土壤质地为壤质砂土。运用 ADCOM100 超低本底 γ 谱仪测定了上述 50 个不同深度土层样品中的 34 个土壤样品中 ^{137}Cs 比活度。探测器为高纯锗探测器，其对 NaI 晶体的探测效益为 52%，对 ^{60}Co 1332keV 能量分辨率为 1.71keV，谱仪在 30 ～ 2000keV 能区内的积分本底约为 3cps，测量时探测器置于壁厚 10cm、内腔为 60cm×60cm×60cm 的复合屏蔽铅室内。土样的测量时间根据其放射性水平而定，土样在测量 10000s 时，如测量统计计数误差 < 10%，即可结束测量，否则继续测量，直至测量统计计数误差 < 10% 为止。上述各土壤样品的测量时间一般为 10000 ～ 80000s。防护林网内的风积层土壤及其下埋原自然栗钙土剖面各层土壤样品的 ^{137}Cs 比活度、有机质含量、黏粒（≤ 0.002mm）含量、土壤风蚀相对强度指数 SWEI（soil wind erosion index，土壤风蚀指数）［SWEI= 土壤层中粗砂（0.25 ～ 2mm）含量 / 风蚀粒子（0.01 ～ 0.10mm）含量］如图 10-12 所示。

上述观测分析表明：①在丰宁坝上地区半干旱和半湿润条件下，从大气沉降至地表的 ^{137}Cs 易被暗栗钙土（干润均腐土）表层的黏粒和腐殖质所吸附，并且在土壤连续风积层剖面中具有 1963 年的 ^{137}Cs 比活度的沉降高峰和 1986 年的 ^{137}Cs 的沉降次高峰。因此，结合风积层中土壤颗粒参数，如土壤风蚀相对强度指数 SWEI 就可以重建过去区域土壤风蚀过程。②近 30 多年来丰宁坝上地区耕地土壤风蚀强度变化特征为：20 世纪 70 年代和 80 年代早期为土壤风蚀较弱的时期，80 年代中期为一个较短的土壤风蚀强化时期，80 年代末期至 90 年代中后期为土壤风蚀较弱的时期，90 年代末期至近期为一个较短的土壤风蚀强化时期。随着近些年来因退耕还林还牧及生态环境建设措施的实施，丰宁坝上地区耕地土壤风蚀过程得以缓解。在气候干旱年份，冬春季干燥寒冷的西北气流是丰宁坝上地区耕地土壤风蚀的重要驱动力，也是影响京津地区沙尘天气及大气颗粒物沉降量的重要自然因素。

10.3.2　土壤风蚀对耕地表土有机质含量的影响

耕地土壤退化是造成耕地表土层中有机质及其他养分流失的重要途径。中国农业科学院杨泰运和陈广庭的调查研究表明，在河北坝上地区有 70 % 的农田土壤常年遭受侵害、土壤风蚀、沙漠化的威胁，每年剥蚀土层平均达 1cm，土壤风蚀使地表细土吹扬，导致耕地表土层中黏粒、粉粒和有机质大量流失，而砂粒和砾石则在耕地地表相对富集。中国农业大学工学院冯晓静等在丰宁坝上地区的调查观测表明，在耕地土壤风蚀过程中，距地表不同高度收集的沙尘颗粒组成具有如下规律：收集距地表不同高度中风蚀悬浮物中，粒径小于 0.1mm 的土壤颗粒（包括极细砂 + 粉粒 + 黏粒）在近地（距地表 10cm）大气层中占比为 40.8%，距地表 25cm 的大气层中占比为 61.0%，距地表 60cm 的大气层中占比为 83.4%，距地表 100cm 的大气层中占比为 90.7%，距地表 150cm 的大气层中占比为 91.1%，如图 10-13 所示。这表明，在遭受风蚀过程中，耕地表土层中的极细砂、粉粒、黏粒确实大量流失。

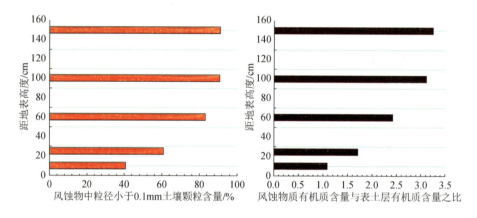

图 10-13　丰宁坝上地区耕地土壤风蚀特征剖析

在耕地土壤风蚀过程中，距地表不同高度收集的沙尘中有机质含量具有如下规律，即距地表不同高度收集的风蚀物或者悬浮物中有机质含量与耕地表土层土壤有机质含量之比表现为：在近地（距地表 10cm）大气层中悬浮物中有机质含量与耕地表土层土壤有机质含量之比为 1.09，距地表 25cm 的大气层中悬浮物中有机质含量与耕地表土层土壤有机质含量之比为 1.71，距地表 60cm 的大气层中悬浮物中有机质含量与耕地表土层土壤有机质含量之比为 2.43，距地表 100cm 的大气层中悬浮物中有机质含量与耕地表土层土壤有机质含量之比为 3.12，距地表 150cm 的大气层中悬浮物中有机质含量与耕地表土层土壤有机质含量之比为 3.25，如图 10-13 所示。这表明，在遭受风蚀过程中，耕地表土层中有机质确实大量流失。土壤黏粒与有机质具有较强吸附能力，因此随着耕地表土层中黏粒与有机质的流失，也必然伴随有大量的氮素、磷素、钾素等土壤中的植物有效性养分的流失，其共同作用使土壤肥力快速下降且耕地质量等级也快速下降或者沦为弃耕荒地。

10.3.3　土壤风蚀对耕地表土层土壤质地的影响

土壤质地是指土壤中不同大小直径的土壤矿物颗粒的组合状况，土壤质地不仅与土壤通气、保肥、保水状况及耕作的难易有密切关系，土壤质地状况还是拟定土壤利用、管理和改良措施的重要依据。肥沃的土壤不仅要求耕层的质地良好，还要求有良好的质地剖面。因此，依据《农用地质量分等规程》（GB/T 28407—2012），耕地表土层土壤质地与耕地土壤剖面质地构型均是评价耕地自然质量分的重要指标。

土壤风蚀是狭义的风蚀概念，它是指干燥且松散的土壤物质被风力吹起、搬运和堆积的过程以及地表物质受到风吹起的颗粒的磨蚀过程，其实质是在风力的作用下表层土壤中细颗粒和营养物质的吹蚀、搬运与沉积的过程。风蚀过程主要包括土壤团聚体和基本粒子的分离、输送和沉积，土壤风蚀的概念模型如图 10-14 所示。

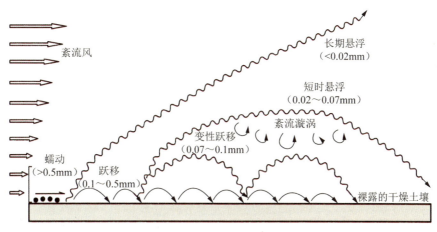

图 10-14　土壤风蚀的概念模型
（丰宁坝上地区年均大风日数为 50 ~ 60d）

国际土壤风蚀方程（wind erosion equation，WEQ）的创建者 Chepil 和 Woodruff（1963）认为，在综合评价土壤风蚀度（EF）时，在考虑气候条件与防护措施的基础上，耕地地表土壤性状参数如砂土与黏粒之比（SC）、粉粒含量（Si）、有机质含量（OM）和土壤土层的饱和电导率（EC）是决定土壤风蚀度的重要参数。当耕地表土层中砂粒含量（变化范围为 5.50% ~ 93.99%）或者粉粒含量（变化范围为 0.5% ~ 70.3%）增加时，土壤风蚀度也随之增加；当耕地表土层土壤有机质含量为 1.00g/kg ~ 26.60g/kg 时，随着土壤有机质含量的增加土壤风蚀度减少。粗质地的砂质土壤，其风蚀度几乎是细质地的黏土或粉壤质土风蚀度的两倍。

1991 年 Kenneth 通过风洞实验综合研究了起沙风速与土壤颗粒粒径的关系，指出土壤颗粒粒径约为 0.08mm 时，起沙风速最小，即土壤中粒径为 0.08mm 的颗粒最容易随风起动。我国学者的实验观测资料表明，当土壤颗粒的粒径范围为 0.015 ~ 5.000mm 时，只有粒径在 0.1mm 左右的颗粒最易随风起动，且粒径为 0.05 ~ 0.10mm 的土壤细砂颗粒既可随风悬移，也可跃移。在中等风暴（相当于风速为 15m/s）时，耕地表土层中粒径≤0.01mm 的细颗粒可随紊流风以长时悬浮形式被搬运至数千千米之外，而粒径在 0.01 ~ 0.02mm 的颗粒，只能以短时悬浮或跃移形式分散于 500km 范围之内。1985年刘东生据风洞实验得出土壤尘粒在空气中悬浮的粒级，提出了"风尘基本粒级（0.01 ~

0.05mm）"的概念，即易浮动和易分散粒级。通过对丰宁坝上地区耕地表土层土壤颗粒与邻近风积物的观察发现，土壤细颗粒多为土壤黏粒、粉粒与有机质结合而形成的细粒有机-无机结合体，即土壤有机质多包裹在黏粒或者粉粒的外围；再加上丰宁坝上地区施加耕地土壤表土层的风力大，且为干燥寒冷的气流，其风力侵蚀能力巨大，丰宁坝上及其外围地区气候特征如图 10-15 所示。

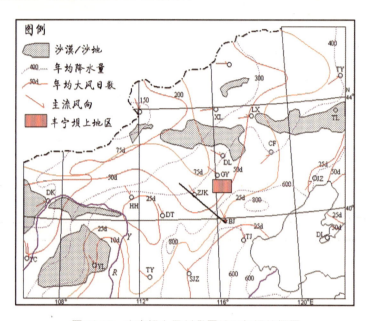

图 10-15　丰宁坝上及其外围地区气候特征图

综上所述，丰宁坝上地区旱耕地土壤（暗栗钙土）表土层中这些细粒的有机-无机结合体（0.01～0.10mm），即土壤中细砂和极细砂是极易被风蚀的颗粒，即风蚀粒子。耕地表土层中粒径在 0.25～2.00mm 的极粗砂、粗砂和中砂则是非可风蚀性颗粒，但在没有植被保护的耕地地表，在干燥寒冷的大风驱动下，这些极粗砂、粗砂和中砂也可在地表做短距离蠕动，从耕地地块尺度来看，在整个风蚀过程中这些极粗砂、粗砂和中砂常会在低洼背风处聚集，其在耕地表土层中的绝对量相对稳定，而相对含量明显增加，这就构成了耕地地表土壤的沙化，如图 10-16 所示。

在丰宁坝上地区的调查结果表明，在传统粗放旱耕、放牧和樵采活动驱使下，耕地及其暗栗钙土表土有机质及其养分大量流失，土壤水分损耗加快，土壤团聚体结构恶化，地表快速砂质化。在半干旱地区多寒冷干燥大风的气候条件下，缺乏植被保护旱耕地地表的砂质土壤极易遭受更强烈的风蚀过程，这种人为触发驱动与自然恶性反馈的过程将导致整个区域耕地土壤-植物系统的彻底崩溃。可见自然环境提供了土壤风蚀的物质条件，区域日益强化的粗放农牧业及砍薪材活动则是耕地土壤风蚀沙化的触发驱动力。

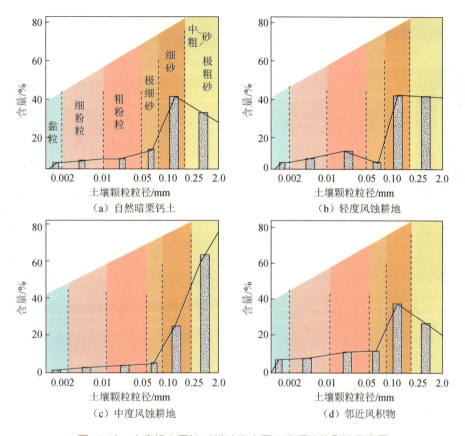

图 10-16　丰宁坝上风蚀对耕地表土层土壤质地的影响示意图

10.4　边际耕地退化对耕地质量等级的影响

10.4.1　土壤侵蚀对耕地质量等级的影响剖析

俄罗斯著名学者 Krupenikov（2006）在综合研究 "农业与耕地土壤健康" 时指出，自然生态系统的重要特征是异质性、能量与养分的平衡性，以及土壤形成及其功能的自我调节与再生；相反，传统的农业生产系统则展示出均质化、投入与产出的非平衡性，以及微弱的自我调节能力和对环境约束的弱化适应能力。因此构建农业生产系统与土壤健康的持续体系包括以下措施：①在地表景观尺度与田块尺度上寻求匹配土地利用与土地生产能力；②以轮作方式抵抗农作物病虫害，以获得对土壤养分和能量的全额返还。依据上述学术观点，针对河北省丰宁坝上地区质量等级较低的耕地／边际耕地，优化土地利用方式显得尤为重要。依据调查资料构建丰宁坝上地区土壤风、水侵蚀对耕地质量等级的影响概念模型，如图 10-17 所示。

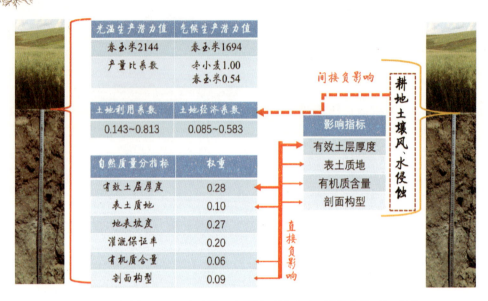

图 10-17　丰宁坝上地区土壤风、水侵蚀对耕地质量等级的影响概念模型

自然环境变化与人类不良活动引起区域土地生物生产能力的递减和陆地生态系统复杂性的降低，即土地退化是国际社会关注的议题，2012 年里约联合国可持续发展会议提出"需要采取紧急行动，以扭转土地退化"。土地作为包含土壤、植被、水体、人类劳动凝结物等众多要素的综合体，其退化过程可发生于地表所有的气候区。据估计，全球约有 20% 的陆地已遭受退化，导致土地生产能力以及相关生态服务供应持续下降，并已影响到全球约 15 亿人的安全生产和健康生活。

据联合国报告，到 2030 年，全球对粮食、能源和淡水资源的需求量将分别增加至少 50%、45% 和 30%，故人类对土地资源的压力将成倍增长，预计到 2050 年，全球耕地扩张的范围将全面超过"安全的操作空间"（safe operating space）。人类对土地资源相关需求的持续增长与土地的持续退化已成为人类社会持续发展面临的挑战。但荷兰阿姆斯特丹大学 Imeson 教授研究指出：土地退化可被阻止且大面积土地功能可得以恢复，土壤被认为是保护与恢复那些功能受损的土地的关键所在。中国北方农牧交错区地处中温带半干旱向半湿润过渡地带，呈现旱作农业、草原、森林灌丛等不同生态系统镶嵌分布的空间格局，在脆弱多变的自然环境与人类粗放土地利用的驱使下，以土壤风蚀沙化为特色的土地退化极为严重，其耕地生产能力／耕地质量等级及其相关生态服务功能的持续下降已成为京津冀协调发展的重要障碍。课题组选择在典型农牧交错区——河北省丰宁坝上区的旱耕地开展实地土壤调查观测与采样分析，剖析耕地土壤风蚀沙化对耕地质量等级的影响，探讨了土壤风蚀沙化的相关防止和提升相关耕地质量等级的技术对策。

丰宁坝上区年均气温低、年均降水量少、生长期短，致使旱耕地农作物适宜性降低、气候生产潜力指数低，即春小麦的气候生产潜力指数仅为 875 左右，这是区域耕地质量等级低的主因；该区冬春季盛行寒冷干燥大风的气候条件也是驱动旱耕地土壤遭受风蚀沙化的重要原动力。实地调查表明，研究区耕地种植的农作物为燕麦、马铃薯、春小麦、谷子、胡麻、春玉米（青饲料）等，即每年 5 月中旬载 / 播种，当年 9 月初农作物地上部分几乎全被收获，随后有 250d 左右的耕地表土层土壤处于松散、干燥且裸露的状态，这期间在寒冷干燥大风作用下，旱耕地遭受强烈的风蚀，其中表土层中的黏粒可漂移成为京津都市大气颗粒物的来源。现有调查观测也证实，研究区土壤风蚀速率一般在 1.84～5.50mm/a 或土壤风蚀流失量为 27.6t/（hm²·a）。

土壤侵蚀是指土壤或成土母质在外力（水、风）作用下被破坏剥蚀、搬运和沉积的过程，土壤水蚀过程即为水土流失过程，二者基本上是一致的，是自然和人为因素综合作用的结果。气候、植被、地形、土壤等自然条件以及人类不合理的经济活动，均会对土壤侵蚀的形态、程度、分布产生不同程度的影响，并且随着时间推移而使其发生变化。根据美国用于定量预报农地或草地坡面多年平均土壤流失量一个经验性土壤侵蚀预报模型，即通用土壤流失方程 USLE（universal soil loss equation），即

$$A=R \cdot K \cdot LS \cdot C \cdot P$$

式中，A 为单位面积坡地的土壤流失量，主要指降雨及其径流使坡面上出现细沟或细沟间侵蚀所形成的多年平均土壤流失量 [t/（hm²·a）]；R 为降雨的径流因子，常用多年平均年降雨侵蚀力指数表示 [MJ·mm/（hm²·h·a）]；K 为土壤可蚀性因子，表示标准小区下单位降雨侵蚀力形成的单位面积上的土壤流失量 [t·hm²·h/（hm²·MJ·mm）]；LS 为地形因子（地表坡度与坡长）；C 为植被与作物覆盖管理因子；P 为水土保持措施因子。

国内外的众多研究表明，上述 R、K、LS、C、P 与土壤侵蚀量或者土壤侵蚀速率 A 都具有十分密切的关系，每一个生态影响因子对评价土壤侵蚀程度都具有十分重要的作用。

河北省丰宁坝上地区年降水量仅 442mm，再加上降雪部分，能够造成土壤遭受侵蚀的降雨十分有限，即丰宁坝上地区的降雨侵蚀力 R 因子微小；丰宁坝上地区旱耕地土壤多为砂壤质暗栗钙土，在未受侵蚀作用下其土壤层次较厚，土壤通透性和透水性较好，故对于降雨而言土壤的可蚀性较小，即 K 因子较小；丰宁坝上地区属于坝头向高原面平缓过渡的区域，其旱耕地多处于宽阔河谷滩地或低阶地面上，地表坡度一般都小于 8°，故地形因子 LS 对土壤侵蚀的贡献也较小；丰宁坝上地区年降雨多集中于 7 月和 8 月，这时植被与农作物生长旺盛，地表植被或作物覆盖较好，这也在一定程度上抑制了土壤侵蚀的发生量。因此，丰宁坝上地区旱耕地土壤遭受降雨侵蚀的程度较小，土壤降雨侵蚀对耕地土壤影响也较小。2013 年王卫等对河北省土壤侵蚀的综合研究也证明，丰宁坝上地区属于河北省土壤侵蚀较轻的区域。

实地调查也表明，受区域气候变化与退耕还林还草政策的影响，近两年来丰宁坝上地区河滩地草甸植被得以恢复，春季地表土壤表面的物理蒸发得到抑制，耕地及其土壤次生盐碱化过程也得到充分的抑制，基本上难以找到大面积的土壤次生盐碱化的

耕地。对该区域的土壤盐碱化进行调查研究表明，可以运用便携式电导率仪监测耕地土壤盐碱化过程。

实地调查显示，该区自然暗栗钙土与旱耕地（被开垦的暗栗钙土）表土层的土壤 pH 尚无显著变化。由于翻耕与风蚀风积，土壤蒙氏颜色亮度与彩度均有变化，即从原来暗棕色变为暗黄棕色；土壤 $CaCO_3$ 含量也由原来的 0.41g/kg 增加到 0.71～1.28g/kg；土壤有机质含量由原来的 20.46g/kg 减少至 9.94～11.98g/kg，即已降低了 46% 左右。在 B 区南侧闪电河沿岸的草甸栗钙土区为大滩镇基本农田保护区的土壤剖面调查分析显示，耕作层（0～20cm）与心土层（30～50cm）土壤蒙氏颜色和有机质含量分别为 10YR3/4（暗棕色）和 17.85g/kg、10YR3/1（极暗灰色）和 34.16g/kg，这表明粗放利用与风蚀已使耕地表土层有机质大量流失。旱耕地表土层中砂粒含量有所增加，其增加幅度在 4% 左右；粉粒和黏粒含量均有减少，其中粉粒含量减幅约为 26%，黏粒含量减幅约为 31%，可见旱耕地表土层中的黏粒、粉粒均易随大风漂移流失。但按照美国农部制标准，表土层土壤质地类型均为砂土，这表明该耕地土壤质地类型对土壤风蚀过程不敏感。

依据《中国耕地质量等级调查与评定》（河北卷）所采用的指标体系与权重、调查结果综合测算，自然暗栗钙土开垦为旱耕地（A、B、C、D、E），因持续多年的耕地土壤风蚀沙化导致有效土层厚度减小、有机质含量降低、土壤质地粗骨化，可导致耕地的自然质量分或质量等级降低 8.9%～13.9%；如果耕地遭受强烈的土壤风蚀沙化，致使旱耕地演变为风蚀残余土的状态，那么其耕地的自然质量分或质量等级可降低 30.1%，如图 10-18 所示。这种风蚀残余土地，就已经失去稳定的生产能力而被弃耕成为砂砾裸露的荒地。

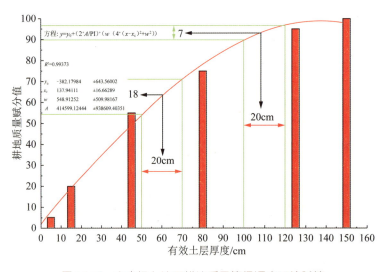

图 10-18　丰宁坝上地区耕地质量等级调查评价赋值

根据耕地质量等级评价指标、方法和数据，土壤风蚀主要通过降低表土层有机质含量、减小有效土层厚度两个途径影响耕地质量等级。据已有实地调查观测，研究区耕地土壤风蚀速率为 1.84 ～ 5.50mm/a，平均为 3.67mm/a，被吹失黏粒粉粒中有机质含量为 8.00 ～ 15.00g/kg，其原因是土壤有机质含量与黏粒、粉粒含量之间呈极显著的正相关；在被风蚀耕地表面以上 0 ～ 60cm 集砂点收集的被风蚀土壤物质中有机质含量为 7.50 ～ 18.00g/kg，其值是耕地耕作层有机质含量的 1.25 ～ 1.75 倍。根据该区耕地耕作层厚度为 20cm、有机质含量为 7.50g/kg，土壤风蚀速率 3.67mm/a、风蚀流失物有机质含量为耕作层的 1.50 倍进行估算得出，风蚀过程造成耕地耕作层有机质含量每年降低 2.75%，造成耕作层厚度损失 1.84%。按其权重值估计，两者可使耕地质量等级每年降低 0.75%。随着土壤有机质含量的降低，土壤可蚀性及风蚀速率将会不断增加；依据耕地质量等级调查评价赋值拟合图式，如图 10-18 和图 10-19 所示。有效土层厚度由 120cm 降至 100cm 时，其对应耕地质量赋值降低 7 分；当其由 70cm 降至 50cm 时，对应赋值降低 18 分。同样当表土层有机质含量由 25g/kg 降至 20g/kg 时，对应耕地质量赋值降低 6 分；当其由 15g/kg 降至 10g/kg 时，对应赋值降低 16 分。这表明随着土壤风蚀的进行，耕地质量等级将加速递降。

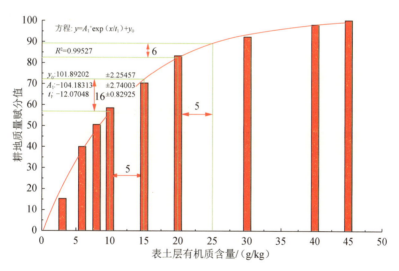

图 10-19　丰宁坝上地区耕地质量等级调查评价赋值过程

10.4.2　土壤风蚀对耕地质量等级的影响剖析

丰宁坝上地区年均气温低，年均降水量少，年均生长期短，年均大风日数为 60d 左右，农作物气候生产潜力指数低，这是耕地质量等级低（即边际耕地形成）的主要自然原因。耕地基础设施滞后、耕地利用方式粗放造成冬春季（多于 240d）干燥裸露的表土层遭受寒冷干燥的大风侵袭，不仅是耕地质量等级低的重要原因，还是耕地土壤遭受风蚀沙化的主要驱动因子。

在农牧交错区的旱耕地经营利用过程中，农民不仅收获农作物的果实，还收取农作物秸秆，用于牛、马、羊等牲畜的冬饲料，而极少向旱耕地施用有机肥，常导致耕地表土层有机质含量不断降低，即与自然暗栗钙土表土层相比较，耕地耕作层有机质含量已下降约46%。在闪电河沿岸草甸栗钙土区的基本农田保护区，其耕作层（0～20cm）有机质含量只有心土层（30～50cm）的约50%，即粗放的耕地利用方式与土壤风蚀致使表土层有机质大量流失，土壤颜色亮度值增大。旱耕地土壤风蚀沙化主要通过降低表土层有机质含量、减小有效土层或耕作层厚度两个途径降低耕地质量。据已测算的耕地土壤风蚀速率估计，风蚀沙化可使耕地质量等级每年降低0.75%。按照RWEQ（revised wind erosion equation，修正的土壤风蚀方程）和耕地质量等级调查评价赋值拟合图式，耕地土壤风蚀沙化将会导致耕地质量等级加速下降。

旱耕地遭受土壤风蚀致使表土层砂粒含量增加，而黏粒和粉粒含量减少，致使耕地表土层土壤质地粗骨化，而表土层黏粒与粉粒随风漂移流失并成为下风向区域大气颗粒物的重要来源。将土壤质地分为砂土、壤土、黏土和砾质土4个级别，以及美国农部制12个土壤质地类型，均对耕地土壤风蚀过程不敏感。

初步的调查观测与土壤质地测试分析表明，土壤质地类型卡钦斯基制中9个质地大类及其51个质地二级类能够较好地反映土壤侵蚀、风蚀沙化对土壤质地类型的影响，如果在耕地质量等级评价中土壤质地类型采用卡钦斯基制中51个土壤质地二级类，如表10-5所示，这样就能够将土壤质地类型变化对耕地质量等级的影响较好地体现出来。

表10-5　卡钦斯基制土壤质地类型

质地二级类	质地大类
粉黏质、黏粉质	（2）重黏土
粉黏质、粗粉黏质、黏粉质、黏粗粉质	（4）中黏土
粉黏质、粗粉黏质、黏粉质、黏粗粉质、粉质、粗粉质、黏砂质	（7）轻黏土
粉黏质、粗粉黏质、黏砂质、黏粉质、黏粗粉质、粉砂质、粉质、粗粉质、砂粉质	（9）重壤
粉黏质、粗粉黏质、黏砂质、黏粉质、黏粗粉质、粉砂质、粉质、粗粉质、砂粉质	（9）中壤
粗粉质、黏砂质、粉砂质、砂质、砾砂质	（5）轻壤
粗粉质、黏砂质、粉砂质、砂质、砾砂质	（5）砂壤
黏细砂质、细砂质、中砂质、中砂砾质	（4）紧砂土
细砂质、中砂质、粗砂质、细砂砾质、中砂砾质、粗砂砾质	（6）松砂土

10.5　提升边际耕地质量的对策

河北省丰宁满族自治县坝上地区在自然地带上，属于中国北方农牧交错带的生态脆弱区；在土地利用上，呈现林地-草地-耕地-未利用土地-建设用地镶嵌分布区，且耕地以集中连片的边际耕地为主；在生存环境上，这里地处河流源头，是京津重要的水源地，同时也是京津及华北地区大气中沙尘的主要来源地；在社会经济上，这里是京津冀区域内社会经济发展的滞后区、少数民族人口与贫困人口的集中分布区。因此，在国家相关政策的支持下，丰宁坝上地区在积极开展退耕还林还草的基础上，只有通过土地利用格局优化、土地利用方式的现代化、土地整治-农田基础设施建设与环境建设，才能尽快摆脱贫穷落后的局面，促进社会经济与自然环境的协调发展和区域的均衡发展。

10.5.1　依据耕地质量等级优化土地利用格局

作为京津都市圈生态腹地的重要组成部分，丰宁坝上地区是京津直接或间接从生态系统中取得利益的具体区域，是京津城市的水源涵养地、空气净化地、绿色产品供应地和生态缓冲地，它以其生态服务性维持着城市赖以生存的自然条件和效用，生态腹地环境的好坏直接影响京津地区的大气环境质量和水资源的质量。我国对丰宁坝上地区的生态环境建设一直十分关心，政府实施了一系列林业生态环境建设工程。坝上地区从 20 世纪中后期开始，曾多次营造防风固沙林和各种防护林；70 年代以 "三北" 工程造林为契机，开始了大规模的植树造林；1986 年河北省又进一步启动了首都周围绿化工程，并实施了大规模的退耕还林还草工程。但是尽管经过各级政府多年的努力，丰宁坝上地区的生态环境却并没有很大的改观。据了解，丰宁每年可治理 $100km^2$ 土地，而土地沙化速度却达到每年 $220km^2$，治理始终赶不上沙化，一直无法达到防治风沙和水土流失的预期目的。在退耕还林还草过程中，应该严格依据耕地质量等级，将耕地土壤风蚀沙化严重、位置偏远的边际耕地（国家级利用等 14 等、15 等）优先转为草地或灌丛林地；将农民节省下来的生产要素（如灌溉用水、化肥、劳动力等）投向经过土地整治与基本农田建设的高产稳产耕地；杜绝在没有灌溉水源的条件下，在边际耕地集中的区域实施退耕还林工程，因为有人经营管理的农作物都无法正常生长发育，乔木树种则更无法生存。

10.5.2　摒弃广种薄收粗放耕作的土地利用方式

实地调查表明，丰宁坝上地区农牧民大约一个劳动力经营的旱耕地为 15 ～ 30 亩，这些农牧民尚未拥有必要的农业机械，在经营旱耕地种植业生产的同时，还兼营放牧业和旅游服务业，即农牧民旱耕地利用方式极为粗放，属于典型的 "广种薄收、靠天吃饭" 的农业生产方式。农牧民每年 4 月底或 5 月初耕作播种农作物；在 6 ～ 8 月底农牧民外出打工、放牧或从事旅游服务业，其中偶尔有农牧民返回旱耕地给农作物施用一些化肥；在 9 月初农牧民则返回开展农作物收割。由于农牧民家普遍饲养有牲畜（绵羊、山羊、牛、马等），因此农牧民在农作物收割过程中会将农作物秸秆全部收回，以作为牲畜的冬季储料。这样旱耕地表土层土壤将以松散、裸露状态迎接强大、寒冷、干燥的西北风的侵袭，至冬春季常发生强烈的耕地土壤风蚀沙化现象。

摒弃广种薄收粗放耕作的土地利用方式，强化农田基础设施建设，适度发展附加值高的绿色农副产品，其主要途径如下：一是土地整治工程和较高标准农田（国家级利用等为 11～12 等，仅相对较高）建设，创建适度规模的、高效的精耕细作农业生产基地，利用当地得天独厚的自然条件，发展错季农产品，建设无公害、无污染的绿色农产品生产基地。马铃薯、燕麦、蔬菜（胡萝卜、菜花、圆白菜等）、甜菜、杂豆、亚麻、错季李子等是丰宁的特色产业，应从发展高效农田入手，建立这些作物的高效种植园区。二是利用丰宁坝上区土地辽阔，气候相对高寒的天然优势，积极进行农业生产方式改革，逐步由粗放型经营方式向集约型生产方式转变；适度发展日光温室塑料大棚等设施农业，推广地膜种植，可采用打井兴水和工程蓄水相结合的方式，启动小水库建设、坡改梯等多种工程方式蓄水，同时要发展喷灌、滴灌、渗灌等节水灌溉措施。这些措施不仅可增加地表温度、延长经济作物的生长期，同时还能够增强土壤保墒抗旱的能力，即可以极大地提升耕地质量等级。三是适度增加绿色农副产品生产基地的规模，进一步延长绿色农副产品的生产链条，组建生产—销售一体化的耕地高效利用—农业绿色生产—农产品便利营销的新型土地利用方式和农业生产经营方式，确保耕地利用能够获得较高的收益。据调查，丰宁坝上地区已有这方面的试点，并取得了较好的收益，如图 10-20 和图 10-21 所示。

图 10-20　农牧民修建蔬菜-地下水灌溉系统

图 10-21　农牧民修建蔬菜-节水型滴灌灌溉系统

　　通过上述局地的耕地基础设施（打井—抽水—节水灌溉方式）建设，建成了高产稳产、高附加值的绿色蔬菜生产基地，并取得了可观的经济效益和社会效益，受到当地农牧民的普遍欢迎。考虑到丰宁坝上地区地处半湿润向半干旱的过渡区域，淡水资源相对贫乏，目前在闪电河河谷地带修建的上述生产基地，均以抽取地下水为主。政府土地管理部门、科研机构应该从区域可持续发展的角度，综合研究利用地下水发展高产稳产、高附加值的绿色蔬菜生产对地下水资源的影响，并结合区域地下水资源储量及其变化特征，提出利用地下水发展高产稳产、高附加值的绿色蔬菜生产的规模和空间布局。

10.5.3　研发丰宁坝上地区基本农田的培肥方式

　　丰宁坝上地区地处半湿润向半干旱的农牧交错区，但受劳动力、生产工具和生产习惯的影响，在农业生产过程中农牧民很少向耕地施用有机肥，这就造成了耕地表土层有机质含量的普遍降低。由于耕地表土层有机质含量的降低，促成耕地土壤风蚀沙化过程的强化，进一步加速耕地表土层有机质含量的降低，即处于一个恶性循环过程之中。

　　实地调查发现，丰宁坝上地区生产的农产品和畜牧产品主要是销往京津大都市，课题组在综合研究的基础上，运用营养物质与土壤养分在区域之间的被迁移与再平衡理论，倡导探索矛盾双方相互转化的可能性与统一性，强调人与自然的和谐共生、和谐互动、和谐发展，阐述了运用"和谐共生"思维模式解决环境问题的重要性，试图缓解丰宁坝上地区耕地表土层有机质含量减少的状况。1842 年德国著名学者李比希从农业化学和生理学的角度，丰富和发展了"新陈代谢"的概念，使之成为研究有机体与它们所处环境之间相互作用的系统方法，并创建了矿质营养归还学说。马克思非常重视李比希的相关学术思想，他从哲学的高度将"新陈代谢"内涵扩展到了包括自然界、人类及人类社会的广泛领域，分析了资本主义社会农业停滞现象，即大土地所有制使农业人口不断减少至最低限度，而在他们的对面，则组成大城市的人口的不断膨胀。马克思运用物质变换描述人类利用自然的不循环型、不可持续性的现象，提出了必须弥补"新陈代谢断裂"或"物质变换裂缝"，即有效地消除物质循环过程中的污染物，化废弃物为原料，使其重新进入再生产过程。

城镇生活垃圾是指城市日常生活中或在为城市日常生活提供服务过程中产生的固体废物，按物质组成可将其分为厨余类、纸类、橡塑类、纺织类、木竹类、灰土类、砖瓦陶瓷类、玻璃类、金属类、其他及混合类；按产生来源可将其分为厨房垃圾、普通垃圾、庭院垃圾、清扫垃圾及商业垃圾等。随着城镇化进程的加快及居民生活水平的提高，城镇生活垃圾的产生量快速增加，城市生活垃圾已成为城市环境的主要污染源和制约城市发展的重大问题。针对物质组成复杂多样的城镇生活垃圾，目前国内外城镇生活垃圾处理方法主要有垃圾填埋、焚烧发电、堆肥、沼气发电、裂解制油、生化处理、露天堆放等。由于受区域人地关系、产业结构、人群生活习惯与环境意识等的限制，如处理场地布设、垃圾分类、副产品处置、处理投入-产出效益等，再加上这些方法尚未遵守"新陈代谢"与物质循环的相关理论，上述垃圾处理方法在实施过程中面临诸多不足，具体如下。

1）垃圾填埋与露天堆放从本质上不属于城镇生活垃圾的处理方法，中国城镇生活垃圾集中的区域也是土地资源最为紧缺的区域，没有足量的土地供我们进行生活垃圾填埋或堆放。

2）生活垃圾焚烧发电、堆肥、沼气发电、裂解制油、生化处理需修建工厂，且处理过程中常有废气（如二噁英、多环芳烃等）排放，绝大多数居民反对在住宅区外围修建垃圾处理厂。

3）这些处理方法均需对城镇生活垃圾进行严格分类分离处理，尚有部分垃圾得不到应有的处理，同时处理还会增加区域 CO_2 排放总量。

从马克思主义生态观和陆地生态系统物质流来看，城镇生活垃圾的产生包含两个环节，一是全程输入端，二是灰洞式聚集。全程输入端是指源于农用地（耕地、林地、牧草地、湿地及水域）的多种多样的生活副食品与原材料、清洁的淡水与空气通过多种产业途径输入城镇区，供城镇人口生活消费；灰洞式聚集是指城镇人群生活消费及其代谢的物质以生活垃圾、污水、废气等聚集于城镇地域及其外围区，如图 10-22 所示。近百年全球城市化进程在空间与人口产业规模上表现如下：①城镇地域面积、人口、产业规模持续增加；②农用地面积、从业人口在不断减少。在物质流通量上表现为：①从多数农用地输出的营养物质一直持续不断；②大量营养物质以生活垃圾的形式持续在城镇地域聚集。这是由于农用地因营养物质长期输出而退化（如原农业部 2015 年调查显示，目前许多耕地土壤长期处于亚健康状况，存在退化面积大、污染面积大、有机质含量低、土壤地力低等"两大两低"问题，而城镇地域营养物质长期聚集，致使环境质量持续恶化。

图 10-22　农用地与城镇地域之间的物质流示意图

　　在马克思主义生态观的指导下，运用陆地生态系统物质循环与土壤发生学的基本原理，课题组将城镇生活垃圾经过多道密闭处理工艺，制成富含有机质且具有黏结性的有机肥胶粒，其具体流程包括：①集成研发能够在密闭状态下将城镇生活垃圾高速粉碎并传送垃圾粉末的机械装置；②研发由有益微生物菌剂、菌剂休眠附着介质、培养基原材料等组成的特制添加剂，并将适量添加剂与城镇生活垃圾粉末进行快速发酵腐化、高温水蒸气消毒的密闭罐仓；③研发促使半腐解状态的城镇生活垃圾粉末可多次脱水聚合胶结、吸水离散与扩散、脱水再次聚合胶结的可降解无毒副作用的高分子聚合胶剂，以及集成研发有机肥胶粒（粒径为 0.5～1.0cm）的造粒机。经过化验分析，利用生活垃圾研制的土壤有机肥胶粒，其中有机质含量 ≥65%，重（类）金属 As、Pb、Hg、Cr、Cd、Cu、Zn 含量均满足《有机-无机复混肥料》（NY 481—2002）。

　　利用城镇生活垃圾研制的土壤有机肥胶粒的优先应用领域：①京津风沙源重点治理区和 2022 年北京-张家口冬季奥运会雪地场馆建设区，以及丰宁坝上地区及其外围区，通过飞播方式将土壤有机肥胶粒施用至土壤表面，遇到适量降水后这些土壤有机肥胶粒可溶解进入土壤，待水分蒸发之后，其中的有机质粉末将与土壤黏粒、粉粒或砂粒胶结在一起，将会起到培肥土壤和稳固土壤物质免受风蚀飞扬、抑制地表源 $PM_{2.5}$ 释放的重要作用；②道路边坡绿化带，将土壤有机肥胶粒、适宜性绿化植物籽粒（草籽）与适量水混合制成悬浮富含有机质的泥浆，喷洒至待绿化的边坡，将会有极佳的道路绿化和稳固道路边坡的效果；③城镇绿地与盆栽绿植，在城镇绿化草地、树木的养护过程中，可将土壤有机肥胶粒施于绿化植物的根部地表；盆栽绿植过程中可以向上部施用适量土壤有机肥胶粒并灌溉适量的水分，这样可为绿化植物或花卉提供必要的养分，同时也可以稳固绿化区地表土壤物质，防止地表扬尘。总之，在应用探索、不断观察分析、持续完善改进的基础上，力争研发出能够运用城镇生活垃圾制作可施用于耕地的土壤有机肥胶粒，以实现维护陆地生态系统物质循环与城镇环境质量不断改善的目标。

10.6 建设占用耕地区表土剥离与再利用的实践

10.6.1 建设占用耕地区表土剥离的基本思路

自 20 世纪中期以来，随着世界人口的持续攀升、工业化与城镇化的持续发展，再加上人类生活水平与年人均消费量的快速增长，导致全球耕地面积总量持续减少，人均耕地面积急剧下降，耕地质量状况恶化与单位面积耕地承载的压力急剧攀升。据联合国粮食及农业组织统计数据，1960 年世界耕地总面积约 12.80 亿 hm^2，人均耕地面积约 0.42hm^2，而 2009 年世界人均耕地面积约只有 1960 年的 49.5%。由于人口总量的增加和人均食品消费量的增长，单位耕地面积供养人口数量约增加到 1960 年的 5 倍（已扣除海洋食品量）。为此，人们采取科技手段和增加耕地投入方式以维持人类生活需要，也致使局部耕地质量状况出现恶化的趋势。国际土壤科学联合会与联合国粮食及农业组织共同倡导并建立了 2015 国际土壤年，其核心议题就是健康的土壤是健康食品生产的基地，以唤醒国际社会对耕地面积数量、质量等级、健康状况的关注。为此，国际众多学者深入探索了运用取自健康陆地生态系统中表土/客土移置法修复/恢复退化陆地生态系统的研究，如 2016 年美国农业部自然资源保护局的专家 Nichols 在 *Science* 上发文阐述了"从一个健康的生态系统获取的土壤能够恢复退化的生态系统方面（Soil taken from a healthy ecosystem can help restore a degraded one）"，从学术理论方面论证了耕地表土剥离-回填再利用的重要作用。2016 年荷兰瓦格宁根大学 Wubs 教授等在 *Nature* 上发文阐述了通过"土壤接种将陆地生态系统恢复（soil inoculation steers restoration of Terrestrial ecosystems）"的途径，其研究结果表明：在野外条件下移置/接种土壤，能够激活/加速退化耕地中生物群落发育的进程；当去除被污染的表土之后再移置/接种健康的表土，其效果更好；调控土壤接种是恢复退化陆地生态系统中土壤生物群落的有效工具。

耕地是指种植农作物的土地，包括熟地，新开发、复垦、整理地，休闲地（含轮歇地、轮作地）；以种植农作物（含蔬菜）为主，间有零星果树、桑树或其他树木的土地；平均每年能保证收获一季的已垦滩地和海涂。联合国粮食及农业组织及世界银行所划定的耕地包括：种植临时性农作物的土地，临时性种植牧草割草的土地，以及种植商业花卉以及临时（不超过 5 年）休耕的土地。依据国家标准《土地利用现状分类》（GB/T 21010—2017），耕地类型分为水田、水浇地、旱地三大类。在原国土资源部的组织领导下，通过全面的耕地质量等级调查与评定工作，中国全国耕地评定为 15 个质量等别，1 等耕地质量最好，15 等最差。将全国耕地按照 1～4 等、5～8 等、9～12 等、13～15 等划分为优等地、高等地、中等地和低等地，并构建全国耕地质量等级信息系统。根据北京市国土资源局和国土资源部的综合调查评价，北京市耕地质量等级介于 7～9 等，绝大多数耕地属于高等地和中等地。

耕地是人类社会赖以生存的基本资源和条件，是社会经济发展最宝贵的资源。耕地保护是关系中国经济和社会可持续发展的全局性战略问题，"十分珍惜和合理利用土地，切实保护耕地"是我国保护工地的基本国策。随着社会经济的发展与改革开放的推进，我国土地管理已经由"土地由无偿、无期限、无流动使用向有偿、有期限、有流动使用转变"，这有效地促进了土地资源优化配置。《中华人民共和国土地管理法》明确规定"国家实行土地用途管制制度。国家编制土地利用总体规划，规定土地用途，将土地分为农用地、建设用地和未利用地。严格限制农用地转为建设用地，控制建设用地总量，对耕地实行特殊保护""省、自治区、直辖市人民政府编制的土地利用总体规划，应当确保本行政区域内耕地总量不减少""国家实行占用耕地补偿制度，非农业建设经批准占用耕地的，按照'占多少，垦多少'的原则，由占用耕地的单位负责开垦与所占用耕地的数量和质量相当的耕地，没有条件开垦或者开垦的耕地不符合要求的，应当按照省、自治区、直辖市的规定缴纳耕地开垦费，专款用于开垦新的耕地"。

耕地的组成要素包括所在地段的近地表气候、地貌、地质、水文、土壤、动植物及人类活动的物质结果。土壤是地球陆地的表面由矿物质、有机质、水、空气和生物组成的具有肥力并能生长植物的疏松表层，是地球表层自然成土因素和人为因素长期综合作用的产物，同时土壤是土地/耕地的核心组成要素、耕地生产能力的核心所在。耕地土壤耕作层是由自然成土过程（植物根系与微生物作用、下行水淋洗作用、矿物风化等）与人类耕作培肥长期综合作用形成的，其形成速度极为缓慢。在土壤不遭受侵蚀的情况下，土壤形成速率为 0.04～0.08mm/a，相当于每公顷每年只形成 0.5～1.0t 的表土物质，因此耕地耕作层或者表土层土壤属于难以再生且极为珍贵的资源。

为了有效地贯彻落实国家基本国策和相关政策，并考虑到北京市发展定位、生态及水源涵养区建设的实际需要，以及北京市耕地后备资源十分紧缺的现状，运用现代科学理论与技术，在对建设占用耕地区的耕地土壤进行综合评价的基础上，依据北京市土地整治综合规划，由占用耕地的单位负责并组织实施建设占用耕地区表土剥离、客土造地或者培肥现有低等耕地，即"表土剥离、造地、培肥耕地"，以补充与所占用耕地的数量和质量相当的耕地。

10.6.2 国内外表土剥离及再利用的经验与借鉴

20世纪初期，德国、美国、英国和澳大利亚等工业化国家的政府和学者已经意识到工矿开发建设对土地/耕地的破坏问题，开始着手对矿区废弃土地/耕地的管护与再利用进行研究，提出了土地复垦、表土剥离回填再利用及一些针对土地恢复使用的措施建议，拉开了进行矿区土地复垦及相关研究的序幕。初期的矿区土地复垦/表土剥离回填再利用工作比较简单，如英国学者 Hall 在给复垦委员会的报告中提到要把采矿后废弃的土地复垦供农业使用，并提出两种整地方法：一是对废弃地进行局部修复，二是对整个破坏区进行覆土/客土或表土移置；还有学者提出若是把废弃矿区复垦为草地，则需对矿渣等排出的污染物进行处理。与此同时，德国已开始在矿区废弃土地上的种树实验研究，认为在不同生态环境的区域应进行不同树种的混合种植，尽量满足混交林成林过程中的需求。

20世纪中期，随着工矿业的快速发展，世界各国对各种矿产资源开始进行大规模开发，工业化国家境内的矿区大面积土地和生态环境遭到严重的破坏，矿区废弃土地复垦/表土剥离回填再利用和生态环境重建因此被重视起来。德国、美国、苏联、澳大利亚和英国等相继开展了土地复垦/表土剥离回填再利用的研究工作，德国在1950年通过了 Law Over the Whole Planning in the Rhenish Lignite Area（《莱茵褐煤区域整体规划法》），首次要求对矿区废弃土地进行复垦规划，德国的一个州也补充了 Prussian General Mining Law（普鲁士采矿法）这一决议，并规定"在开采时和开采后应保护和保持矿区表土及原有景观"。这是德国首次对土地复垦做明确定义，矿区废弃地多被用于农业和林业。英国当时开展土地复垦主要是为了改善矿区环境和消除矿山边坡不稳定的现状，土地多复垦为农业用地或公众绿地。1954年苏联在部长委员会议中就明确指出"利用后的土地必须恢复到适宜农业利用或其他建设需要状态"，于1960年各加盟共和国通过的《自然保护法》和1962年的部长委员会决议中更明确地要求进行土地复垦。同一时期，澳大利亚的土地复垦工作也逐渐起步。20世纪70年代随着人类对环境问题的日益关注和重视，美国、苏联等相继修订和颁布了有关矿区土地复垦的全国性法规，有了相关法律约束，土地复垦工作步入正轨，矿区土地复垦理论研究空前活跃，复垦工程也大范围地开展起来。1977年美国颁布了《露天采矿管理和复垦法》（Surface Mining Control and Reclamation Act，SMCRA），同时建立了地面采矿控制和复垦执行办公室（Office of Surface Mining Control and Reclamation and Enforcement，OSM）来执行该法规。SMCRA 创建了两个方案：一个是对正在开采的煤矿进行监管，另一个是对废弃矿区土地进行复垦，同时成立了露天采矿办公室、内政部办公机构，颁布相应规章，为国家的监管工作和复垦工作提供资金，并确保国家监管方案的一致性。SMCRA 中规定建立土地复垦基金和土地复垦保证金制度，前者负责对废弃矿区土地进行复垦，后者则是督促矿主闭坑后进行复垦的有效手段。当时的复垦重点主要集中在露天矿的挖损地和矸石山，复垦地主要用于植树和种草，或作为湿地加以保护，开始偏重于生态恢复。这一时期，苏联则以林业复垦为主，通过植树来改善矿区脆弱的生态环境。对于未被污染积水的矿区，在充分考虑地下水位年际变化及土壤保水性等因素后，在条件适宜地区进行渔业养殖及水上运动设施建设等项目。德国当时比较注重生态和影响陆地景观发展这一问题，土地复垦的重点向这一方向转移。与此同时，澳大利亚大多数矿山开始实施复垦计划，进行矿区土地复垦。1988年加拿大也出台了矿区土地复垦制度，其土地复垦制度主要包括土地复垦计划和土地复垦财务担保两项内容。

　　到20世纪90年代，随着可持续发展战略的实施，矿区的可持续发展也受到了极大的关注，重构生态系统的要求受到重视，矿区损毁土地的复垦方向逐渐转为生态复垦。与此同时，科学技术的进步使RS（remote sensing，遥感）、GIS（geographic information system，地理信息系统）、GPS（global positioning system，全球定位系统）、网络等技术的应用领域不断扩展，在土地复垦工作中也逐渐开始使用。美国土地复垦工作者通过相关试验得出：在洼地滩区，橡树因其能忍耐密实的土壤和季节性积水生长较为良好，被用作湿地复垦的主要树种；在复垦土地上植树种草，来恢复矿区生态环境。德国北莱茵地区复垦目标从以林、农业复垦为主转向建立休闲用地、重构生物循环体系和保护生物物种方面，形成混合型土地复垦模式：农林用地、水域及微生态循环体协调、统一地设立在一起，从而为人、动物和植物提供了较大的生存空间。目前欧美发达国家已建立较为完善的土地复垦理论体系，土地复垦技术方法也不断进步并且仍在探索中，相关土地复垦法律也已逐步健全，如表10-6所示。

表10-6　工业化国家矿区土地复垦历程及其特点

阶段	土地复垦理论	主要技术	复垦目标	主要特征
初探阶段：第二次世界大战之前	认识到矿区废弃地及其危害，提出土地复垦	矿区废弃物简单处理或埋压、污染地覆土	便于农业利用	少量零散的探索性研究工作
实施阶段：第二次世界大战至20世纪70年代	提出土地复垦概念，在复垦作物选择上开展研究，制定法律法规	土地平整，裂缝填充，客土植树种草	农业、林业等以经济利用为主	普遍重视矿区废地复垦，开展示范矿区复垦的科学研究
大发展阶段：20世纪70～80年代	各国陆续出台了相关的法规，发展土地复垦理论	回填、土壤重构，修筑相关农地设施，鱼塘设施	农业、林业、渔业、牧业、旅游业，因地制宜恢复并重构景观	理论研究活跃，土地复垦工作步入正轨并规模化实施
持续发展阶段：20世纪90年代以来	健全法规，可持续发展理论应用于矿区废地复垦	生物技术、化学技术及计算机、RS、GIS、GPS等高新技术应用	林地、草地、湿地的生态复垦、矿区旅游业	注重矿区可持续发展，运用高新技术开展生态复垦

　　1. 澳大利亚矿区建设及其表土剥离再利用借鉴

　　澳大利亚是世界上重要的矿业大国，其矿产品收入占全澳大利亚商品出口总收入的50%以上，澳大利亚的矿业生产在对经济发展做出巨大贡献的同时，也对区域环境和土壤资源造成诸多负面的影响。为此，澳大利亚政府从20世纪中期以来就一贯重视矿山废弃土地的复垦工作，并在矿区土地复垦与生态恢复的实践过程中制定了一系列政策和法规，以确保将矿业生产对生态环境和土壤资源的破坏降到最低程度。其具体措施主要如下。

1）制订与矿区生态环境相协调的矿业开发计划。矿业开发与矿区复垦均有长期、短期规划，其将矿区复垦规划纳入矿业发展规划之中，并与矿山开采同步实施，在矿山的生产过程中除了正在进行的开采方面有矿石、岩石或土壤裸露之外，矿区大部分区域均被绿色植被覆盖，并使矿渣稳定化，以防止矿区生态环境质量恶化。例如，位于澳大利亚昆士兰州北部滨海区域的韦帕铝土露天矿，其铝土矿露天开采规划就包括：划定开采区单元并兴修矿区道路、清除待开采区自然植被、搬移土壤层并堆置待用、铝土矿开采、采用土壤回填复垦采空区、雨季之前通过施肥和飞机播种方式恢复植被，形成了完善且有效的铝土矿采空区土地复垦/表土剥离再利用的模式，如图10-23所示。铝土矿露天开采与采空区土地复垦同步进行，一方面减小了开采活动对矿区土壤和植被的影响，另一方面使局部被破坏的土地得到及时的恢复。

图10-23 澳大利亚韦帕铝土矿开采区域与土地复垦景观

2）实行公众参与的矿山开发环境影响评价制度。澳大利亚矿山开发环境影响评价的核心一般是针对从探矿—施工—运输线路—开采—复垦至最终关闭整个过程中可能出现的生态环境问题和社会关注的问题，将引发这些问题的潜在环境因素纳入矿山生产规划和决策过程之中，并且矿产开发商必须让可能会受影响的人参与，与他们讨论尽可能减小或避免这些影响的策略，以达到从源头上减缓矿山开发活动对区域生态环境的影响。以矿区及其所在流域系统为中心，邀请矿区及其相关流域内的公众共同参与矿山开发与矿区土地复垦。例如，位于澳大利亚西南威尔士州西部荒漠边缘区的布罗肯希尔银矿和铅锌矿，自 19 世纪末期大规模开采以来，在矿山开发过程中始终保持矿渣的半密闭堆放和矿区地表的相对平整，以缓解矿山开发对生态环境的影响。同时，在淡水资源紧缺的情况下，适度复垦矿区废弃土地，如图 10-24 所示。

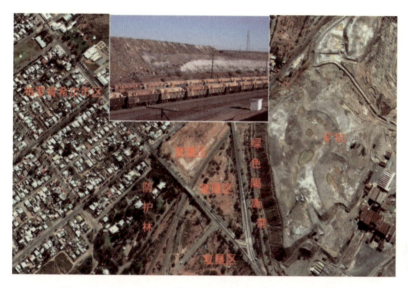

图 10-24　澳大利亚布罗肯希尔金属矿区开采与复垦景观

　　3）研发实行切实可行、有效的矿区土地复垦/表土剥离及再利用的措施。澳大利亚众多矿区土地复垦一般是在明确矿区土地利用方式与生态环境重建方向的基础上，采用高科技支持、多专业联合技术投入、综合复垦模式，其具体步骤包括：首先明确矿区土地复垦的目的和生态环境建设的重点；其次在综合考察矿区及其外围地质地貌、水文与土壤特征的基础上，设计并实施有效的矿区复垦土方工程，以有效地控制矿区土壤侵蚀、土壤风蚀或矿渣泥石流灾害的发生；最后，采取矿区土地平整、压实、客土回填、营造肥沃的土壤层、飞机播种的方式，以恢复矿区生态系统的稳定基质和植被。

　　4）建立规范有效的矿区环境管理与环境监测系统。澳大利亚矿区资源开发与环境管理方面具有先进理念与技术措施，从区域整体性和时间持续性方面构建了矿业规划与环境保护规划、生产过程与土地复垦过程、经济效益与生态环境效益相互协调的矿业环境管理系统，使环境管理成为矿业生产的日常工作。其环境管理系统包括矿业组织的承诺，环境政策，环境影响评价制度，与社区公众磋商机制，宗旨和目标，环境管理计划，相关资料文件汇编，运作和应急程序，责任和报告模式，培训与环境影响、遵守规章和检查审计、排放行为监测。

这些均从不同途径确保了矿业开发具有良好的环境行为，改善了公司和社会的关系，减少了成本和法律责任的危险性。另外，澳大利亚还有定期的环境监测、检讨和修改环境管理计划的规定，以确保在矿业开发的各个阶段实施最佳的生态环境保护。由于世界各国的资源禀赋与国情、自然环境本底、社会经济发展程度与土地利用方式、法规与社会管理、人口数量与生产生活习俗等方面存在差异，因此各国在表土剥离和再利用方面的研究和实践具有一定的个性特点，但也在许多方面呈现较为一致的特征。纵观各国的表土剥离和再利用，追求经济效益、社会效益或生态效益是开展此项工作的主要目的。但随着经济社会的发展，特别是可持续发展理念下人们生态环境保护意识的不断增强，表土剥离和再利用工作日益重视生态效益，并且贯穿此项工作的全部过程。这些国家在矿产资源综合利用管理上的经验，对如何加强和改进我国矿产资源综合利用提供了有益的借鉴。

2. 基于北京市门头沟区土地开发整理构建循环农业模式

土地开发整理是指依据土地利用总体规划对农村地区田、水、路、林、村进行综合整治；对在生产建设过程中挖损、塌陷、压占、污染破坏的土地和洪灾、滑坡崩塌、泥石流、风沙等自然灾害损毁的土地进行复垦；对滩涂、盐碱地、荒草地、裸土地等未利用的宜农土地进行开发利用。当今国际土地开发整理的发展趋势：一是强化农业基础设施建设，提高区域农业综合生产能力及其农产品的市场竞争能力；二是改善农村生态环境质量，创建可持续的清洁化农业生产模式；三是通过优化区域土地利用结构以美化土地景观，通过发展绿色、生态、可控环境农业创建国家级现代农业科技示范园区。由此可见，土地开发整理已成为构建可持续农业生产模式，促进区域社会经济与生态环境协调发展的重要措施。自 2000 年以来，国家持续大规模地实施了众多的土地开发整理和土地整治项目，这些项目在增加耕地面积、提高耕地质量、改善农用地基础设施、促进农村社会经济快速发展等方面发挥了重要的作用。在对北京市门头沟区雁翅镇土地开发整理项目区域进行持续调查观测的基础上，利用地形图（digital elevation model，DEM）与 SPOT（systeme probatorie dobservation dela tarre，地球观测系统）遥感影像编绘项目区土地景观图，并通过土壤调查与采样化验分析，阐明土地开发整理项目在构建循环农业模式、保护区域水资源等方面的作用。

项目区位于北京市门头沟区雁翅镇的镇边城沟内，其地理坐标为 115°49′59″E ～ 115°51′26″E，40°7′7″N ～ 40°8′33″N，海拔为 650 ～ 720m。项目区的地貌属于北京西山的石灰岩质浅山沟谷区，其特征是地表起伏大，山地陡峭，地表多裸露灰岩或白云质灰岩区；山脚平缓区有厚层（3 ～ 5m）的第四纪黄土堆积层；镇边城沟是永定河支流漱河的支流，属于季节性河流，其沟谷宽阔且起伏不大，地表多为松散的石灰岩质砾石层，山脚厚层的黄土堆积物与宽阔而平坦的沟谷构成了土地开发的有利条件。

项目区气候类型属于暖温带半干旱半湿润季风性气候区，其年平均气温 9.5℃左右，年均降水量约 500mm，其中 6～9 月降水量占 75% 左右，另外项目区也是北京西山重要的暴雨区，暴雨降水总量为 90～150mm，故水土保持将是土地开发整理的重要内容。该区域即镇边城沟谷中的土壤为洪冲积砾质粗骨土，其土层薄、质地粗、漏水漏肥；沟谷两岸山地属于典型华北石质山坡，坡地多石灰岩裸露。只有在平缓坡地才分布有厚层的碳酸盐褐土或褐土性土，故土地开发整理应采取客土垫地等工程措施。

在土地利用结构上，项目所在区域以旱作农业（春玉米、谷子）、干果（核桃或山杏）种植及零散的畜牧业为主，其特征是自然条件差、水资源缺乏、农业基础设施薄弱，是北京市山区的典型发展滞后区，其与东侧 20km 外平原区构成了北京市自然环境条件与社会经济发展空间梯度巨大的样带。据北京市城市规划和土地利用总体规划，项目所在区域为北京市水源涵养及生态防护林与沟谷绿色生态农业带，如图 10-25 所示。因此，利用土地开发整理绿色富农措施构建循环农业模式，将下游城市的资金技术与上游山区的自然资源有机协调起来，缓解上游生态破坏与土地退化对下游的危害，防止下游城市废弃物对山区环境的污染，这也促进了区域经济发展与和谐社会建设。

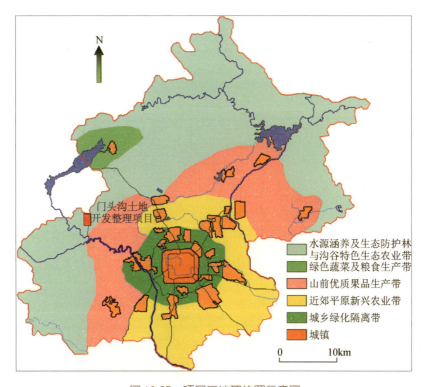

图 10-25　项目区地理位置示意图

该区域原为沟底荒滩 84.57hm²，占总开发整理面积的 78.60%，地表为松散的砾质堆积物，局部有厚度为 10～30cm 的砾砂质土状物，残存有零星的山杏或核桃树；在沟谷两岸狭窄的河流阶地上有 19.44hm² 园地，土壤多为碳酸盐褐土（阳坡）和普通褐土（阴坡），其熟化土层为 30～40cm，种植耐旱的山杏。在土地开发整理过程中主要采取了平整土地与客土垫地、兴修农田水利等工程措施，修建了厚度为 100cm、高为80～100cm、长为 60～90m 的干砌石垒堰 120 条，建成壤质土层厚度为 60～90cm、田块面积为 0.6～1.2hm² 的相连地块约为 120 块，总面积为 99.30hm²。在沟谷东侧地势较低处按 20 年一遇的防洪标准修建了一条长为 4000m、深为 2.5m、宽为 7m 的主排洪沟；在沟谷西侧的山前地带修建了一条长 4000m、深 1.5m、宽 2.5m 的次排洪沟，用于汇集西侧山地的洪水；又在其下游一侧修建了 4 个 150m³ 的蓄水池。另外还修建了相关的水利、道路、电力设施。在综合分析项目区自然环境与社会经济条件、村民耕作习惯与区位市场等因素的基础上，依照北京城市规划与土地利用总体规划确定的发展方向，即水源涵养及生态防护林与沟谷特色生态农业生产带，创建了项目区的循环农业模式，如图 10-26 所示。

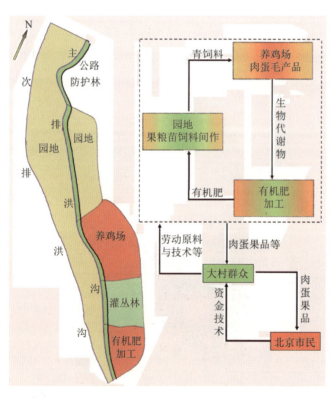

图 10-26　基于土地开发整理的循环农业模式示意图

经整理后的沟底荒滩，土地利用类型为园地，以种植纸皮核桃套种饲料、发展苗圃等形成混农林业生产系统（agroforestry system）。已有的研究成果表明，城郊混农林业有以下特点：①经济效益高。由于项目区靠近城镇，其果品销售具有巨大的潜在市场，同时发展以休闲与采摘为特色的观光旅游业，经济效益相当可观。该区域的生产实践表明，在丰产期的纸皮核桃年产值可达 3000～5000 元/亩。②社会效益高。混农林业生产可以安置较多的劳动力，同时以果品、饲料、苗木生产为核心的运输、加工、销售产业也得到了快速发展，表现出显著的社会效益。③生态环境效益高。项目区原来的土地利用模式以旱作为主，种植冬小麦或玉米，过去调查表明，种植的冬小麦 6 月中旬收割之后，雨季 6～7 月田间土壤松散且裸露，极易造成严重的水土流失；夏玉米 10 月下旬收割之后，在干燥且多大风的冬春季，松散裸露的土壤则成为区域大气颗粒物的重要来源。而混农林业生产一方面减少了园地土壤耕作强度；另一方面增大了田间终年的植被覆盖度（冬季有林木代谢物覆盖），不仅能极大地缓解雨季水土流失的发生，也能防止冬春季土壤风蚀的发生，对本区域及下游下风向区域的北京市都具有显著的生态环境效益。

在土地开发整理过程中，山前缓坡风积黄土堆积区厚度为 2～4m 的壤质黄土被取走垫地之后，留下了由砾质坡积物与黄土组成的人工台地，并且这里地形较高又缺乏水源，使该土场难以作为农用地利用。根据当地实际情况和村民意愿，确定在土地开发整理项目区中靠近公路背风向阳的取土场区修建养鸡厂和有机肥加工厂，两者之间有大片的灌丛林地相隔离，又有道路相互贯通。这样养鸡厂所需的部分饲料特别是青饲料可以由园地套种的饲料供给，养鸡厂所有的生物代谢物全部运送到较远的有机肥加工厂进行堆沃灭菌并与适量粉煤灰混合制成优质有机肥，供园地施用和外销。这样就形成了种植业与养殖业有机集成的高效循环农业模式，如图 10-27 所示。

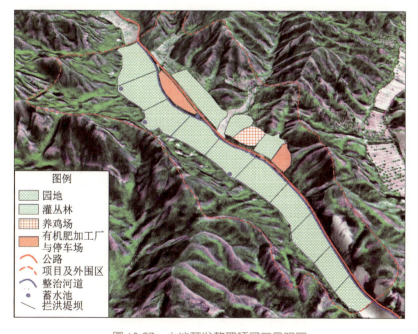

图 10-27　土地开发整理项目区景观图

在华北及北京西部石质山区暴雨引发的水土流失与洪涝危害是土地开发整理必须防范的重要自然灾害。为此在土地开发整理及后期循环农业模式构建过程中，运用DEM和遥感影像从整体上设计了水土保持与洪流利用的工程措施，如整治河道、修建蓄水池和拦洪堤坝。同时，对项目区经过耕作利用的园地与未开发整理的河道荒滩地进行同步土壤调查与采样分析，结果表明，砾质荒滩地经过开发整理、两年培肥（施用鸡粪有机肥）和耕作利用已经形成了轻壤质土层厚度为 65 ～ 80cm，表土层有机质含量为 6.00 ～ 10.00g/kg，土壤体积密度为 1.35 ～ 1.56g/cm³，土壤孔隙度为 41% ～ 49%，土壤 $CaCO_3$ 含量为 22.6 ～ 65.5g/kg，土壤 pH 介于 8.10 ～ 8.40 的能够保持水土肥的优质土层。根据华北石质山区坡地产流模型及其暴雨特征研究成果，北京市门头沟山区一日最大降雨量在 90 ～ 150mm，石质山地产生径流则在 22 ～ 80mm。该区经开发整理形成了园地 99.3hm²，其外围石质山坡荒地 252.5hm²，如果研究区遇日90mm 的大暴雨，那么沟谷园地累计降水总量约 893.7m³，由石质山坡荒地径流进入沟谷园地的总水量达 474.03m³，99.3hm² 园地土壤饱和可储存水总量为 2117.0 ～ 3114.1m³（假设暴雨前园地土壤体积含水量增加 15% ～ 20%），这时项目区不会有明显的水土流失现象发生；如果研究区遇特大暴雨，日降雨量高达 150mm，那么沟谷园地累计降水总量约为 1489.5m³，由石质山坡荒地径流进入沟谷园地的总水量达2020.0m³，这时启用项目区外围 4 个 150m³ 的蓄水池，项目区可能有 200 ～ 800m³的洪水沿整理的河道下泻，园地因有众多的拦洪堤坝体系，其被雨水和洪水饱和的土壤也不会发生大规模的水土流失。据实地观察，经历 2005 年和 2006 年夏秋的多次大暴雨的洗礼，土地开发整理区内的园地、拦沙堤坝、整治的河道均未出现土壤侵蚀和被洪水冲刷的迹象，说明该土地开发整理项目具有一定的水土保持功能，随着园地土壤的不断熟化和核桃林木的不断生长壮大，其水土保持能力还将进一步得到加强。

北京市门头沟区土地开发整理项目及其循环农业生产模式自 2004 年春季初步建成以来，经过不断地调整与改善，2007 年园地纸皮核桃开始大量挂果，预计每亩可获纯收入 3000 元左右，家禽养殖业与有机肥加工业也取得了显著的经济效益。其具体表现为：①构建北京郊区基于土地开发整理的循环农业模式，给资源缺乏、占地面积广的山区农业生产提供新的发展思路，即合理利用生产链，因地制宜，改变传统的单向流动线性形态的传统农业经营模式。②土地整理的初级目标是增加可利用土地的面积，更高级的目标则是提高土地的生产能力，改善生态环境，降低生产成本等。循环农业与土地整理项目的有机结合就是试图使土地整理的效果向更高的目标发展，这两者可以充分发挥各自的优势，使循环农业模式成为高效的农业模式，土地整理的效果更加显著。③项目区由于土地开发整理的循环农业规模较小，如进行大规模经营，除发挥区域资源优势外，应引导和强化农民商品意识和市场观念，建立以市场为导向的农业生产特色。由此可见，基于土地开发整理构建的循环农业生产模式，对于华北石质山区农民脱贫致富奔小康，增强农村和农业生态系统抵御自然灾害的能力，改善区域生态环境质量具有重要的示范作用。

10.6.3　表土剥离的政策依据与实施步骤

为了贯彻落实"十分珍惜和合理利用土地，切实保护耕地"的基本国策，有效实施耕地占补的面积数量与质量等级的双平衡，在进行科学规划、监测、评价的基础上，合理地利用非农建设占用耕地区耕作层或表土层的土壤资源，其依据的法规包括以下内容。

1）《中华人民共和国土地管理法》和《中华人民共和国农业法》。

2）《基本农田保护条例》。

3）2015年《中共中央　国务院关于加大改革创新力度加快农业现代化建设的若干意见》中提出的"全面推进建设占用耕地剥离耕作层土壤再利用"。

4）2011年国土资源部《土地复垦条例实施办法》：对可能被损毁的耕地、林地、草地等，应当进行表土剥离，分层存放，分层回填，优先用于复垦土地的土壤改良。表土剥离厚度应当依据相关技术标准，根据实际情况确定。表土剥离应当在生产工艺和施工建设前进行或者同步进行。

根据上述法规和政策要求，应该按照下列程序实施建设占用耕地区的耕作层土壤剥离与再利用。

1）待剥离耕地表土的勘察与评价：依据乡镇土地利用总体规划、城镇建设规划及其建设项目规划，综合确定建设占用耕地的范围（包含建设项目占用、外围施工占用耕地），聘请具有耕地质量等级调查评价经验的专业机构与专家，进行调查观测采样与化验分析，监测建设占用耕地区耕地的质量等级、耕地耕作层特性、耕作层土壤健康状况（耕作层土壤中重金属污染物、持久性有机污染物、抗生素等污染物的含量）。对于未遭受污染及环境质量状况良好的耕地表土，参照所在地土地整治规划及其资源环境条件，综合确定待剥离土壤层次的厚度、剥离方式（0～30cm表土层整体剥离，或0～30cm与30～60cm土壤的分层剥离、分层存放，分层回填），并测算待剥离表土总量；对已遭受污染的耕地表土，应聘请土壤环境学专业技术人员，设计研发必要的防护措施，剥离、修复处理被污染的土壤，严防二次污染的发生。

2）剥离表土回填-造地场地生态环境影响评价：依据所在地土地综合整治规划，综合确定剥离表土分层回填堆造耕地区域或暂时堆放位置的自然环境、社会经济条件与土地利用现状，借助北京市房山区耕地质量等级监测评价软件系统预估表土回填堆造耕地的质量等级及其未来利用效益，综合评价表土回填堆造耕地对区域环境的影响，以及所面临的潜在性（耕地遭受侵蚀、洪水、泥石流等灾害）风险及其相应防范对策与技术措施。

3）建设占用耕地表土剥离实施：结合实地调查观测资料，规划设计建设占用耕地区表土剥离具体实施的路线图；雇用小型液压式铲车与有覆盖运输车辆，依据剥离实施路线图采用递进式-固定厚度-推铲式剥离，并将剥离表土转车覆盖运往临近回填地或堆土场（防止运输过程中表土被遗撒，尽量避免雨天或者雨后及时作业，在表土剥离过程中应及时清除可能出现的自然或者人工侵入体）。

4）剥离表土回填营造耕地：依据区域土地整治规划所设定的土地整治（如土地复垦、未利用土地开发、中低产田整理）的区域及其环境条件，营造必要的防护（防止洪水侵袭、防护林网）与土地平整（防止土壤遭受侵蚀）等基础设施区，按照相关土地整治规程及其相应的技术方法分层堆填剥离的表土并进行适度的碾压，使土壤体积密度维持在 $1.25 \sim 1.30 \text{g/cm}^3$，这样就形成了具有保水保肥且耕作性能良好、厚度超过 60cm 的轻壤质或黏壤质新造耕作土壤层。

5）表土回填营造耕地质量等级监测评价：在对表土回填营造耕地进行调查观测的基础上，借鉴表土回填营造耕地所在乡镇、县市的耕地质量等级调查评价相关基础数据（如标准耕作制度分区、制定作物与标准作物、产量比系数、光温/气候生产潜力、耕地利用系数、耕地利用经济系数等），运用所在省市自治区耕地质量等级调查评价方法、指标参数及其权重，综合评价具有全国统一可比性的耕地质量等级（自然等、利用等和经济等），并将相关耕地质量等级及其参数汇总至省、市、自治区耕地质量等级数据库之中。

6）编写表土剥离及回填工作报告和技术报告：系统总结实施表土剥离-回填再利用工作的经验，综合评估该工程实施对于保障所在乡镇耕地面积数量与质量等级双平衡的效应，提出未来改进或者提升建设占用耕地表土剥离-回填再利用的具体措施。

10.6.4　北京市房山区表土剥离的实践

1. 建设占用耕地概况

根据《北京市房山区青龙湖镇土地利用总体规划（2005—2020）》和相关建设规划，此次建设占用耕地位于青龙湖镇青龙头村，其耕地类型为旱地，面积为 66 亩；该地块规划用途为村镇建设用地区的新增建设用地。2016 年 7 月实地调查表明：该地块土地利用现状为耕地，种植玉米、豆类、马铃薯和蔬菜，如图 10-28 和图 10-29 所示。

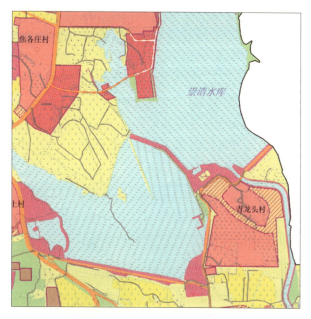

图 10-28　房山区青龙湖镇青龙头村建设占用耕地地块规划图

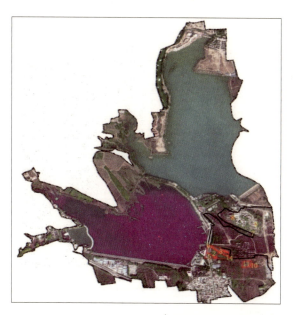

图 10-29　房山区青龙湖镇青龙头村建设占用耕地遥感影像图

2. 建设占用耕地质量等级监测评价

根据《北京市 2014 年度耕地质量等别更新评价报告》的相关耕地质量等级信息数据库,北京市房山区青龙湖镇青龙头村旱地的质量等级为国家级自然等 8 等、国家级利用等 8 等、国家级经济等 8 等。在该地块采用梅花布点法,进行布点实地考察并采集 0 ～ 50 cm 的土壤剖面中上部样品，经土壤现场诊断分析发现，该地块位于原河流低阶地或河滩地，因早年修建水库大坝免受洪水，故具有较长的耕作种植的历史。该旱地地表相对平整，耕作层土壤有机质含量虽然不高，但具有深厚 0 ～ 60cm 厚度的壤质土壤层次，具有实施表土剥离的便利条件和丰富的壤质表土资源，如表 10-7 所示。从宏观层面上来看该耕地属于高等（5 ～ 8 等）耕地，具有实施表土剥离回填再利用的经济价值、社会与生态效益。按照剥离表土 0 ～ 30cm 计算，66 亩耕地共计可剥离出约 13200m³（约为 16896t），如果按照剥离与搬运过程中可能有 3% 的损失率计算，可回填再利用表土约为 12804m³（约为 16390t）。

表 10-7　北京市房山区青龙湖镇青龙头村建设占用耕地质量等级状况 [1]

耕地质量指标	属性	
耕地类型	旱地	建设开工前耕地景观
标准耕作制度	冬小麦 - 玉米	
地形	山前台地	
田面坡度	2°～ 5°	
有效土层厚度	60 ～ 100cm	
土体构型	均质轻壤	
表土层质地	轻壤质	
土层 TOC 含量	6.0 ～ 12.4g/kg	
表土蒙氏颜色	10YR5/2 灰棕色	
表土 pH	7.58 ～ 7.74	
表土层全 N 含量	1.8 ～ 2.2g/kg	
表土速效 P 含量	4.2 ～ 6.0ppm	
表土层全 K 含量	275 ～ 330ppm	耕地土壤剖面观测与土壤剖面标本样品展示
心土层 $CaCO_3$ 含量	5.5 ～ 9.7g/kg	
国家级自然等指数	2890	
国家级利用等指数	1528	
国家级经济等指数	1520	
国家级自然等	8.78	
国家级利用等	8.36	
国家级经济等	8.40	
粮食综合产能	632kg/ 亩	

注：1ppm 表示百万分之一。

3. 建设占用耕地土壤环境质量状况监测与评价

（1）耕地 / 土壤周边环境状况调查观察

土壤是自然环境的重要组成要素和人类社会发展的基本资源，即土壤具有资源与

---

[1] 耕地质量等级及其属性指标数据源于《北京市 2014 年度耕地质量等别更新评价报告》部分耕地土壤性状数据实地调查观测与化验分析数据。

环境的双重特性。从资源科学的角度来看,土壤作为人类劳动的对象和基本生产资料,人类依据自身生存和发展的需求来调节、改造和利用土壤资源,如化肥、农药的大量施用,地膜的大量使用及污水灌溉等土壤利用活动。但是人类认识具有局限性,土壤资源具有复杂性,因此人类对土壤的各种调节、改造和利用活动必然会引起土壤物质组成、性状及其功能的变化,其中有利的变化促进了土壤肥力、缓冲性能和自净能力的不断提高,不利的变化则会导致以土壤侵蚀、土壤污染为特征的土壤退化的发生。从环境科学角度来看,土壤是地表环境中物质能量迁移转化的枢纽和人类社会活动的场所,故造成土壤污染的污染物种类复杂多样且来源也极为广泛,包括工业污染源、意外事故污染、医院及科研院所废物、交通运输污染源、城市河道下游、固体废物堆放场地等。北京市房山区青龙湖镇青龙头村及其耕地位于小清河支流刺猬河上游出山口河段的右岸,且毗邻 1960 年修建成的崇青水库 / 青龙湖水库,青龙湖公园是距京城最近的"一盆清水"。青龙湖公园山清水秀,林木茂盛,绿草如茵,空气清新;青龙头村以上的刺猬河段及其流域之内有著名的潭柘寺、常乐寺和马鞍山等以自然风景与传统文化为特色的旅游区,现代及其历史上未见有大规模的工矿企业。这里地处北京西山的山前地带,濒临京城,因此人口城镇化突出,也使这里成为常住人口稀少,以生态涵养林、传统农业、林果、蔬菜(且菜地外围还有小型的农家沤肥池)和生态旅游等产业为特色的景观格局,区域及其外围地区未见有大型养殖场、有机化工厂、造纸厂等,因此该耕地土壤不存在遭受持久性有机污染物污染的可能。再加上我国于 20 世纪 80 年代就已经禁止使用难以降解的有机氯农药,因此房山区青龙湖镇青龙头村耕地土壤中已不存在有机氯农药污染的风险。据《2015 年北京市环境状况公报》,该地块濒临的崇青水库 / 青龙湖的水质为地表水Ⅲ类,可以适用于集中式生活饮用水地表水源地二级保护区、鱼虾类越冬场、洄游通道、水产养殖区等渔业水域及游泳区,这也表明该耕地及其外围环境未遭受污染,耕地土壤处于健康状态。

(2)耕地 / 土壤环境质量(重金属含量)监测与评价

依据 2016 年国务院发布的《土壤污染防治行动计划》中的"实施农用地分类管理,保障农业生产环境安全""实施建设用地准入管理,防范人居环境风险""开展污染治理与修复,改善区域土壤环境质量"等,国土资源部在实施建设占用耕地表土剥离回填再利用过程中,应该首先监测土壤中守恒性污染物——重金属含量状况,以防止被重金属污染土壤的二次转移及二次环境污染,确保耕地土壤健康。因此,依据《土壤环境质量　农用地土壤污染风险管控标准(试行)》(GB 15618—2018),在北京市房山区青龙湖镇青龙头村建设占用耕地地块内,运用梅花布点法采集耕地表土层(0~30cm)土壤样品各 1000g,编号标记并密封保存于清洁的样品袋中,在专业实验室及时将上述耕地表土层样品冷冻干燥,检出土壤中的植物根系及其侵入体,将土壤样品过孔径为 18 目(1.000mm)清洁的尼龙土壤筛,分别称量土壤质量,记录、标记并保存初处理过的土壤样品;然后采用四分法称取初处理后的土壤样品 5~10g,运

用玛瑙将 5 ～ 10g 土壤样品研磨并全部过 150 目（0.100mm）的尼龙土壤筛。使用浓酸 HNO_3+H_2O_2+HF 混合消解法处理土壤样品中的重金属：运用精密电子天平精确称取过 150 目的土壤样品 40mg，置于 50mL 的聚四氟乙烯消解罐中，加入 2mL HNO_3 和 0.2mL H_2O_2，随后置于电热盘上 60℃保温 12h，再敞口 120℃蒸 2h（直到样品基本呈现固态状）。加入 1mL HNO_3，电热盘上 60℃下保温 2h，待其自然冷却后加入 2mL HF，电热盘 60℃保温 2h。超声 20min 后，将盛有样品的消解罐放入高压釜中在 190℃的烘箱中消解 48h（完全消解后样品基本澄清）。在烘箱中冷却后取出，将消解罐放置在电热盘上 120℃蒸干至一滴。将样品继续超声 20min 后用超纯水定容至 80mL 后将样品密闭送入超净实验室，运用 ICP-MS 电感耦合等离子体质谱仪（NexION 300X，美国）或 ICP-AES 电感耦合等离子体原子发射光谱仪（SPECTRO ARCOS EOP，美国）测定土壤样品中重金属元素含量，其测量结果、北京市土壤环境背景值和《土壤环境质量 农用地土壤污染风险管控标准（试行）》（GB 15618—2018）综合比较如表 10-8 所示。

表 10-8　房山区青龙湖镇青龙头村待剥离表土重金属含量观测　　（单位：mg/kg）

项目 / 编号	QL01	QL02	QL03	QL04	QL05	背景值[1]	国标[2]	土壤圈[3]
银 /Ag	0.04	0.05	0.04	0.05	0.06	0.07 ～ 0.15	—	0.04 ～ 0.25
砷 /As	16.47	15.38	17.52	16.06	14.35	6.2 ～ 13.7	25.0	0.10 ～ 95.00
镉 /Cd	0.14	0.15	0.17	0.18	0.16	0.05 ～ 0.19	0.60	0.06 ～ 1.10
钴 /Co	8.69	12.87	9.24	11.06	9.52	8.0 ～ 15.4	—	0.10 ～ 70.00
铬 /Cr	56.27	58.16	59.87	57.24	58.69	40.2 ～ 73.8	250	5.0 ～ 120.0
铜 /Cu	59.87	61.35	64.87	62.09	63.17	14.9 ～ 27.3	100	13.0 ～ 70.0
汞 /Hg[4]	0.03	0.06	0.04	0.02	0.03	0.20 ～ 0.40	3.4	0.01 ～ 1.40
锰 /Mn	423.15	465.24	457.32	472.06	439.87	342 ～ 712	—	270 ～ 525
钼 /Mo	1.54	1.63	2.08	2.48	2.52	2.3 ～ 7.0	—	0.01 ～ 17.0
镍 /Ni	28.69	30.18	27.43	26.57	25.81	17.0 ～ 42.0	190	0.2 ～ 450.0
铅 /Pb	58.12	56.32	54.18	52.41	55.24	13.5 ～ 23.9	170	3.0 ～ 189.0
锑 /Sb	0.78	0.81	0.77	0.75	0.84	0.80 ～ 1.43	—	0.3 ～ 9.5
硒 /Se	0.07	0.12	0.16	0.21	0.16	0.08 ～ 0.56	—	0.06 ～ 0.38
铊 /Tl	0.38	0.42	0.39	0.44	0.41	0.30 ～ 0.46	—	0.02 ～ 2.80
钒 /V	51.24	50.68	49.87	52.46	54.18	60.3 ～ 96.6	—	18.0 ～ 115.0
锌 /Zn	75.24	73.61	76.18	74.24	75.56	50.9 ～ 88.5	300	17 ～ 125

青龙头村建设占用耕地表土中重金属含量，与全国潮土背景值、土壤环境质量二级标准、全球土壤相关值比较均达标，表土处于健康状态

[1]《中华人民共和国土壤环境背景值图集》，中国环境科学出版社，1994。

[2]《土壤环境质量　农用地土壤污染风险管控标准（试行）》（GB 15618—2018）。

[3] 根据 Alina Kabata-Pendias 和 Mukherjee（2007）整理。

[4] 重金属 Hg 含量仅供参考。

4. 剥离表土回填再利用场地综合评价

依据《北京市房山区青龙湖镇土地利用总体规划（2005—2020）》中的土地整治规划图、青龙湖镇土地利用现状图和地形图，在综合考虑剥离表土的搬运成本与交通条件、表土回填再利用场地的自然环境条件的基础上，综合确定青龙湖镇青龙头村东南侧的大面积设施农用地块西侧的自然保留地实施表土回填-营造耕地区域，其面积 30 ～ 45 亩。此表土回填再利用方案，不仅表土回填再利用过程中的运输距离较小（运输费用较小），还能为被占用耕地的青龙头村增加适当的设施农用地，扩大了实施农用地的生产经营规模，进一步提升了土地利用系数和经济系数。

拟定实施表土回填-营造耕地区域——青龙湖镇青龙头村东南侧的大面积设施农用地块西侧的自然保留地，这里在大地形上处于刺猬河右岸的低阶地及河漫滩之上，由于在该河段上游约 900m 处就是崇青水库／青龙湖的大坝，因此位于崇青水库大坝下侧刺猬河河段的低阶地与河漫滩均不受洪水威胁。这里地形平坦，具有相对便利的灌溉条件和较为丰富的灌溉水源，但由于原有的耕地或园地因土壤有效土层浅薄、土壤质地粗疏性强，多被弃耕成为自然保留地。但也有经过土地综合整治建成的高产、稳产、高收益的设施农用地，故在此区域实施表土回填再利用不仅具有显著的经济效益，促进农村经济发展，还能够适度扩大区域设施农用地规模，优化区域土地利用格局，具有显著的社会效益和生态效益。

5. 剥离表土回填营造耕地质量等级监测评价

根据《北京市农用地分等技术报告》，在全国标准耕作制度分区中，房山区青龙湖镇属于全国Ⅱ黄淮海区中的Ⅱ 1 燕山太行山山前平原区，其标准耕作制度及制定作物分别为一年两熟、小麦和玉米。依据北京市具体情况，将房山区青龙湖镇划分为北京市农用地分等因素指标控制区中西部山地区。在耕地质量等级评价过程中，按照耕地主要自然属性状况，针对指定作物冬小麦和指定作物夏玉米生长发育适宜性，经专家集体研讨选取指标、指标分级、指标赋值、指标权重，如表 10-9 和表 10-10 所示。

表 10-9　青龙湖镇所在的西部山地区"小麦-分等因素-自然质量分"记分规则表

分值	有效土层厚度	表土质地	剖面构型	土壤有机质含量	地形坡度	灌溉保证率	砾石含量
100	无限制	重壤土	1 级	≥ 4.0%	< 2°	充分满足	1 级
90	—	黏土	2 级	3.0% ～ 4.0%	2°～ 5°	基本满足	2 级
80	厚层	中壤土	3 级	2.0% ～ 3.0%	5°～ 8°	一般满足	—
70	—	轻壤土	4 级	1.0% ～ 2.0%	—	—	3 级
60	中层	砂壤土	5 级	0.6% ～ 1.0%	8°～ 15°	—	—
50	—	砂土	6 级	<0.6%	—	—	—
40	—	—	7 级	—	—	无灌溉条件	4 级
30	薄层	砾质土	—	—	15°～ 25°	—	—
20	—	—	—	—	—	—	—
10	< 30	—	—	—	≥ 25°	—	—
权重	0.20	0.15	0.12	0.11	0.11	0.22	0.09

表 10-10　青龙湖镇所在的西部山地区"玉米-分等因素-自然质量分"记分规则表

分值	有效土层厚度	表土质地	剖面构型	土壤有机质含量	地形坡度	灌溉保证率	砾石含量
100	无限制	中壤土	1 级	≥4.0%	<2°	充分满足	1 级
90	厚层	重壤土	2 级	3.0%～4.0%	2°～5°	基本满足	2 级
80	—	黏土	3 级	2.0%～3.0%	5°～8°	一般满足	—
70	—	轻壤土	4 级	1.0%～2.0%	—	—	3 级
60	中层	砂壤土	5 级	0.6%～1.0%	8°～15°	—	—
50	—	砂土	6 级	<0.6%	—	—	—
40	—	砾质土	7 级	—	—	无灌溉条件	4 级
30	薄层	—	—	—	15°～25°	—	—
20	—	—	—	—	—	—	—
10	<30	—	—	—	≥25°	—	—
权重	0.21	0.15	0.12	0.11	0.12	0.20	0.09

　　通过查阅相关资料和实地调查观测，青龙湖镇青龙头村东南侧设施农用地块西侧——刺猬河右岸的低阶地及河漫滩之上大面积自然保留地，其地表平坦并生长有茂密的杂草与灌木；其地表土壤及其下覆洪冲积沉积物层次深厚，具有地表二元结构的特征，局部还残留有曾挖沙的遗迹。房山区青龙湖镇所在的西部山地区冬小麦、玉米-分等因素-自然质量分"记分规则，初步构建了青龙湖镇青龙头村自然保留地块的土地属性，如表 10-11 所示。按照《北京市农用地分等技术报告》确定的指标、权重及其评价方法，分别评价得出房山区青龙湖镇青龙头村自然保留地块的冬小麦自然质量分为 0.396、夏玉米自然质量分为 0.401，得出该自然保留地自然质量分值为 0.398。

表 10-11　青龙湖镇青龙头村自然保留地的土地主要属性状况表

冬小麦						
分值	有效土层厚度	表土质地	剖面构型	土壤有机质含量	地形坡度	灌溉保证率	砾石含量
60	中层	砂壤土	5 级	0.6%～1.0%	8°～15°		
50	—	砂土	6 级	<0.6%			
40	—	砂砾质	7 级			无灌溉条件	4 级
30	薄层	砾质土	—	—	15°～25°		
权重	0.20	0.15	0.12	0.11	0.11	0.22	0.09
土地——冬小麦自然质量分为 0.396							

续表

夏玉米							
分值	有效土层厚度	表土质地	剖面构型	土壤有机质含量	地形坡度	灌溉保证率	砾石含量
70	—	轻壤土	4 级	1.0%～2.0%	—	—	3 级
60	中层	砂壤土	5 级	0.6%～1.0%	8°～15°	—	—
50	—	砂土	6 级	<0.6%	—	—	—
40	—	砾质土	7 级	—	—	无灌溉条件	4 级
30	薄层	—	—	—	15°～25°	—	—
权重	0.21	0.15	0.12	0.11	0.12	0.20	0.09

土地——夏玉米自然质量分为 0.401

注：红色框中属性指标为青龙头村自然保留地块的土地属性调查观测值范围。

按照房山区青龙湖镇土地整治规划图，以及经专家综合确定的剥离表土回填再利用的技术方案，考虑到青龙头村自然保留地原有的土壤属性状况，首先对自然保留地采取机械推填加以平整稍加压实，使堆填土层的土壤体积密度维持在 1.25～1.30g/cm³；然后将剥离表土均匀地堆填在经过平整压实的自然保留地之上，堆填表土的厚度维持 45cm，并稍微碾压形成整体厚度在 80cm 左右的壤质土层，然后修建必要的农田基础设施如灌溉水渠、田间道路、防护林网及其相关设施等，这样就可以利用搬运来的约 12804m³（约 16390t）表土营造约 42.7 亩优质设施农用地，根据表土性状及其相应的表土回填整治工程，其优质农用地的主要属性如表 10-12 所示。

表 10-12　青龙湖镇青龙头村表土回填营造的设施农用地主要属性状况表

分值	有效土层厚度	表土质地	剖面构型	土壤有机质含量	地形坡度	灌溉保证率	砾石含量
100	无限制	重壤土	1 级	≥4.0%	<2°	充分满足	1 级
90	—	黏土	2 级	3.0%～4.0%	2°～5°	基本满足	2 级
80	厚层	中壤土	3 级	2.0%～3.0%	5°～8°	一般满足	—
70	—	轻壤土	4 级	1.0%～2.0%	—	—	3 级
60	中层	砂壤土	5 级	0.6%～1.0%	8°～15°	—	—
50	—	砂土	6 级	<0.6%	—	—	—
权重	0.20	0.15	0.12	0.11	0.11	0.22	0.09

表土剥离区原旱地-冬小麦自然质量分为 0.722；表土剥离区原旱地自然等指数为 2890，国家级自然等 8.78，利用等 8.36，经济等 8.40；综合产能 632 kg/ 亩。表土回填-营造耕地-冬小麦自然质量分为 0.827；表土回填-营造耕地自然等指数为 3308，国家级自然等 7.76，利用等 7.38，经济等 7.42；综合产能 724kg/ 亩。
按照综合产能测算，剥离表土回填-营造耕地相当于增补 50 亩旱地。

6. 编写表土剥离及回填工作报告和技术报告

耕作层是耕地的精华和生产能力的源泉所在，开展耕地耕作层土壤剥离是一项民生工程、生态工程和抢救性工程；建设占用耕地耕作层表土剥离与回填再利用是一项利国利民的"科技创新工程"，也是严格保护耕地、实现耕地占补数量与质量双平衡，推进生态文明建设，实现资源最大效益化的重大发展战略。

北京市房山区青龙湖镇建设占用耕地表土剥离-回填营造耕地的过程可以归结如下。

1）建设占用耕地概况。

2）建设占用耕地质量等级监测评价。

3）建设占用耕地土壤环境质量状况监测与评价：① 耕地／土壤周边环境状况调查观察；② 耕地／土壤环境质量（重金属含量）监测与评价。

4）剥离表土回填再利用场地综合评价。

5）剥离表土回填营造耕地质量等级监测评价。

6）编写表土剥离及回填 工作报告和技术报告。

综上所述，实施建设占用耕地表土剥离-回填营造耕地工程，属于投资少、见效快的土地整治工程，只要在专业技术人员的调查观测与采样分析的基础上，设计适当的表土剥离措施与营造耕地工程及其防护措施，在建设项目开始实施的过程中同步进行，就可以取得显著的经济、社会与生态效益。

主要参考文献

毕宝德, 2001. 土地经济学 [M]. 北京：中国人民大学出版社.

陈百明, 周小萍, 胡业翠, 等, 2008. 土地资源学 [M]. 北京：北京师范大学出版社.

陈长蘅, 1935. 商榷我国土地与人口问题之初步比较研究及国民经济建设之政策 [J]. 地理学报 (4)：23-66.

陈德明, 俞仁培, 1996. 作物相对耐盐性的研究：Ⅱ. 不同栽培作物的耐盐性差异 [J]. 土壤学报, 33 (2)：121-128.

陈同斌, 韦朝阳, 黄泽春, 等, 2002. 砷超富集植物蜈蚣草及其对砷的富集特征 [J]. 科学通报, 47 (3)：207-210.

程锋, 王洪波, 郧文聚, 2014. 中国耕地质量等级调查与评定 [J]. 中国土地科学, 28 (2)：75-82.

杜鹏飞, 刘孝盈, 2012. 中国土壤风蚀速率实测研究述评 [J]. 水土保持研究, 19 (6)：275-281.

范树印, 2016. 土地整治项目设计实务 [M]. 北京：中国大地出版社.

高以信, 李明森, 1995. 青藏高原土壤区划 [J]. 山地研究, 13 (4)：203-211.

格拉西莫夫 H H, 马溶之, 1958. 中国土壤发生类型及其地理分布 [J]. 土壤专报 (32)：1-52.

龚子同, 1999. 中国土壤系统分类：理论·方法·实践 [M]. 北京：科学出版社.

龚子同, 2014. 中国土壤地理 [M]. 北京：科学出版社.

龚子同, 陈鸿昭, 王鹤林, 1996. 中国土壤系统分类高级单元的分布规律 [J]. 地理科学, 16 (4)：289-297.

郭华东, 王力哲, 陈方, 等, 2014. 科学大数据与数字地球 [J]. 科学通报, 59 (12)：1047-1054.

郭艳丽, 台培东, 韩艳萍, 等, 2009. 镉胁迫对向日葵幼苗生长和生理特性的影响 [J]. 环境工程学报, 3 (12)：2291-2296.

国土资源部农用地质量与监控重点实验室, 2016. 中国农用地质量发展研究报告 [M]. 北京：中国农业大学出版社.

国土资源部土地整理中心, 国土资源部土地整治重点实验室, 2008. 全国土地开发整理重大工程实施方案纲要研究 [M]. 北京：地质出版社.

胡存智, 2013. 中国耕地质量等级调查与评定 [M]. 北京：中国大地出版社.

黄瑞采, 1953. 关于华南土壤发育和分布规律的认识 [J]. 土壤学报, 2 (3)：137-147.

贾开基, 1937. 马克思的地租论 [J]. 复旦学报 (2)：1-21.

蒋德明, 黄会一, 张春兴, 等, 1992. 木本植物对土壤镉污染物吸收蓄积能力及其种间差异 [J]. 城市环境与城市生态, 5 (1)：26-30.

蒋冬梅, 李效顺, 曲福田, 等, 2015. 中国耕地非农化趋势及其对碳收支影响的模拟 [J]. 农业工程学报, 31 (17)：1-9.

柯正谊, 王建弟, 李子川, 2011. 土地调查方法原理 [M]. 北京：科学出版社.

李炳元, 潘保田, 程维明, 等, 2013. 中国地貌区划新论 [J]. 地理学报, 68 (3)：291-306.

李培军, 刘宛, 孙铁珩, 等, 2006. 我国污染土壤修复研究现状与展望 [J]. 生态学杂志, 25 (12)：1544-1548.

李天杰, 赵烨, 张科利, 等, 2004. 土壤地理学 [M]. 3 版. 北京：高等教育出版社.

练力华, 2014. 中国环境地理学 [M]. 北京：中央编译出版社.

林玉锁, 2007. 土壤环境安全及其污染防治对策 [J]. 环境保护 (1)：35-38.

刘善建, 司志明, 1981. 中国农业水利简明区划 [R]. 北京：水利部内部资料.

骆永明, 章海波, 赵其国, 等, 2005. 香港土壤研究：Ⅰ. 研究现状与展望 [J]. 土壤学报, 42 (2)：314-322.

马溶之, 1957. 中国土壤的地理分布规律 [J]. 土壤学报, 5 (1)：1-19.

马溶之, 陈家坊, 1960. 水稻丰产的土壤环境及其调节 [J]. 科学通报, 5 (2)：362-362.

梦华, 2014. 国学精粹 [M]. 北京：中国华侨出版社.

内蒙古草场资源遥感考察队, 1987. 内蒙古草场资源遥感应用研究 [M]. 呼和浩特：内蒙古大学出版社.

邱维理, 谢云, 章文波, 等, 2014. 全国农用地分等作物生产潜力指数研究 [M]. 北京：中国大地出版社.

全国农业区划委员会, 1981. 中国农业资源与区划要览 [M]. 北京：测绘出版社.

山西省农业区划委员会遥感试验组, 教育部高等院校山西遥感协作组, 1981. 陆地卫星象片太原幅农业自然条件目视解译系列图 [M]. 北京：科学出版社.

石玉林, 1980. 关于我国土地资源主要特点及其合理利用问题 [J]. 自然资源 (4)：1-10.

苏绍玮, 陈尊贤, 2008. 台湾台北市关渡平原砷污染稻田土壤砷型态划分研究 [C]. 中国土壤学会第十一届全国会员代表大会暨第七届海峡两岸土壤肥料学术交流研讨会论文集（下）：5.

王晖，2002. 盘古考源 [J]. 历史研究（2）：3-7.

王静，2006. 土地资源遥感监测与评价方法 [M]. 北京：科学出版社.

王万茂，2010. 土地资源管理学 [M]. 2 版. 北京：高等教育出版社.

王云森，1979. 中国古代土壤分类简介 [J]. 土壤学报，16（1）：1-8.

席承藩，1950. 黄泛区冲积土的层次排列与土壤生产力的关系 [J]. 土壤学报（2）：103-105.

夏立江，李楠，沈德中，等，1998. 原位生物修复治理汞害的机制及作用 [J]. 环境科学进展，6（3）：48-52.

谢剑，李发生，2011. 中国污染场地的修复与再开发的现状分析（节选上）[J]. 世界环境（3）：56-59.

熊毅，李庆逵，1990. 中国土壤 [M]. 2 版. 北京：科学出版社.

杨卫东，陈益泰，2008. 不同杞柳品种对镉（Cd）吸收与忍耐的差异 [J]. 林业科学研究，21（6）：857-861.

杨卫东，陈益泰，屈明华，2009. 镉在旱柳中亚细胞分布及存在的化学形态 [J]. 西北植物学报，29（7）：1394-1399.

姚振镐，1950. 陕西武功附近土壤之固氮作用 [J]. 土壤学报，1（2）：77-82.

张凤荣，2011. 土地保护学 [M]. 北京：中国农业出版社.

张甘霖，龚子同，骆国保，等，2001. 国家土壤信息系统的结构、内容与应用 [J]. 地理科学，21（5）：401-405.

张荣祖，李炳元、张豪禧，等，2012. 中国自然保护区区划系统研究 [M]. 北京：中国环境科学出版社.

张妍，2008. 清代农业技术与土地资源配置研究述评 [J]. 古今农业（1）：76-86.

赵其国，2003. 发展与创新现代土壤科学 [J]. 土壤学报，40（3）：321-327.

赵其国，龚子同，1988. 土壤地理研究法 [M]. 北京：科学出版社.

赵烨，1999. 南极乔治王岛菲尔德斯半岛土壤与环境 [M]. 北京：海洋出版社.

赵烨，2012. 土壤环境科学与工程 [M]. 北京：北京师范大学出版社.

赵烨，2015. 环境地学 [M]. 2 版. 北京：高等教育出版社.

赵烨，李强，陈志凡，等，2008. 通过种植陆地棉修复土壤中重金属污染的实验研究 [J]. 北京师范大学学报（自然科学版），44（5）：545-549.

赵烨，杨燕敏，王黎明，2006. 面向环境友好的土地资源管理模式研究：北京市土地规划实施管理与土地开发整理 [M]. 北京：中国环境科学出版社.

赵烨，岳建华，徐翠华，等，2005. ^{137}Cs 示踪技术在滦河源区栗钙土风蚀速率估算中的应用 [J]. 环境科学学报，25（4）：562-566.

郑度，等，2008. 中国生态地理区域系统研究 [M]. 北京：商务印书馆.

郑景云，尹云鹤，李炳元，2010. 中国气候区划新方案 [J]. 地理学报，65（1）：3-12.

中国环境监测总站，1994. 中华人民共和国土壤环境背景值图集 [M]. 北京：中国环境科学出版社.

中国科学院青藏高原综合科学考察队，1985. 西藏土壤 [M]. 北京：科学出版社.

周慧珍，1994. 海南岛土壤与土地数字化数据库及其制图 [M]. 北京：科学出版社.

周建，张凤荣，王秀丽，等，2014. 中国土地整治新增耕地时空变化及其分析 [J]. 农业工程学报，30（19）：282-289.

周廷儒，刘培桐，1956. 中国的地形和土壤概述 [M]. 北京：三联书店.

朱蓬青，1961. 论人类活动对于土壤生成发育的影响及其在土壤分类制中的反映 [J]. 土壤通报（6）：1-5.

AHMAD I, HAYAT S, PICHTEL J, et al, 2005. Heavy metal contamination of soil: problems and remedies[M]. Enfield: Science Publishers Inc.

ANGELOVA V, IVANOVA R, IVANOV K, 2004. Bioaccumulation and distribution of heavy metals in maize, oat and sorghum plants, grown in industrially polluted region[J]. Industrial crops and products, 19 (3):197-205.

APPENROTH K J, KRECH K, KERESZTES Á, et al, 2010. Effects of nickel on the chloroplasts of the duckweeds Spirodela polyrhiza and Lemna minor and their possible use in biomonitoring and phytoremediation [J]. Chemosphere(78): 216-223.

BAKER A J M, BROOKS R R, 1989. Terrestrial higher plants which hyperaccumulate metal elements: a review of their distribution, ecology and phytochemistry [J]. Biorecovery, 1: 81-126.

BAKER A J M, BROOKS R R, PEASE A J, et al, 1983. Studies on copper and cobalt tolerance in 3 closely related taxa within the genus caryophyllaceous from Zaire[J]. Plant and soil, 73(3): 377-385.

BARCELÓ-OLIVER M, TERRÓN A, GARCÍA-RASO A, et al, 2004. Ternary complexes metal [Co(II), Ni(II), Cu(II) and Zn(II)]-ortho-iodohippurate (I-hip)-acyclovir. X-ray characterization of isostructural [(Co, Ni or Zn)(I-hip)$_2$(ACV)(H$_2$O)$_3$] with stacking as a recognition factor[J]. Journal of inorganic biochemistry, 98(11): 1703-1711.

BEINROTH F H, ESWARAN H, REICH P F, et al, 1994. Land related stresses in agroecosystems[M]// VIRMANI S M, KATYAL J C, ESWARAN H, et al. Stressed ecosystems and sustainable agriculture. New Delhi: Oxford and IBH Publishing Co.

BHANDARI A, SURAMPALLI RY, CHAMPAGNE P, et al, 2007. Remediation technologies for soils and groundwater[M]. Reston: American Society of Civil Engineers.

BOUMA J, 2010. Advances in agronomy[M]. San Diege: Elsevier Inc.

BRAIMOH A K, VLEK P L G, 2008. Land use and soil resources[M]. London: Springer Science，Business Media B.V.

BRENNAN M A, SHELLEY M L, 1999. A model of the uptake, translocation, and accumulation of lead (Pb) by maize for the purpose of phytoextraction [J]. Ecological engineering, 12(3-4): 271-297.

BROUWER R, SPANINKS F A, 1999. The validity of environmental benefits transfer: further empirical testing[J]. Environmental & Resource Economics, 14(1): 95-117.

CARTER M R, GREGORICH E G, 2006. Soil sampling and methods of analysis[M]. New Delhi: New India Public.

CERTINI G, SCALENGHE R, 2006. Soils: basic concepts and future challenges[M]. Cambridge: Cambridge University Press.

CHANEY R L, 1983. Plant uptake of inorganic waste constituents[M]//MARSH P J F, KLA J S. Land treatment of hazadous wastes. Park Ridge: Noyes Data Corporation: 50-76.

CHEPIL W S,WOODRUFF N P, 1963. The physics of wind erosion and its control[J]. Advances in agronomy (15): 211-302.

CHERIAN S, OLIVEIRA M M, 2005. Transgenic plants in phytoremediation: recent advances and new possibilities[J]. Environmental science & technology, 39(24): 9377-9390.

CHIANG H C, LO J C, YEH K C, 2006. Genes associated with heavy metal tolerance and accumulation in Zn/Cd hyperaccumulator arabidopsis halleri: a genomic survey with cDNA microarray[J]. Environmental science & technology, 40(21): 6792-6798.

CLEMENS S, 2001. Developing tools for phytoremediation: towards a molecular understanding of plant metal tolerance and accumulation[J]. International journal of occupational medicine and environmental health, 14(3): 235-239.

CLEMENTS B W, CASANI J A P, 2016. Disasters and public health[M].2nd ed. London: Elsevier Inc.

CLEMENTS C B, POTTER B E, ZHONG S Y, 2006. In situ measurements of water vapor, heat, and CO_2 fluxes within a prescribed grass fire [J]. International journal of wildland fire, 15(3):299-306.

CLIFFORD N, FRENCH S, VALENTINE G, 2010. Key methods in geography[M]. 2nd ed. London: SAGE Publication Ltd.

CONKLIN A R, 2014. Introduction to soil chemistry: analysis and instrumentation[M]. New Jersey: John Wiley & Sons, Inc.

COSENTINO S L, COPANI V, TESTA G, et al, 2015. Saccharum spontaneum l. ssp. aegyptiacum (willd.) hack. a potential perennial grass for biomass production in marginal land in semi-arid Mediterranean environment[J]. Industrial crops and products, 75 (B): 93-102.

CUMBLEY R, CHURCH P, 2013. Is "big data" creepy?[J]. Computer law & security review, 29 (5):601-609.

DORAN J W, ZEISS M R, 2000. Soil health and sustainability: managing the biotic component of soil quality[J]. Applied soil ecology,15(1):3-11.

DYER C, 2007. Heavy metals as endocrine disrupting chemicals[M]//GORE A. Endocrine-disrupting chemicals: From basic research to clinical practice. Totowa: Humana: 111-133.

ERNST W H O, 1996. Bioavailability of heavy metals and decontamination of soils by plants [J]. Applied geochemistry, 11(1-2): 163-167.

ESWARAN H, BEINROTH F B, VIRMANI S M, 2000. Resource management domains: a biophysical unit for assessing and monitoring land quality[J]. Agriculture, ecosystems & environment, 81(2):155-162.

ESWARAN H, AHRENS R J, RICE T J, et al, 2003. Soil classification: a global desk reference[M]. New York: CRC Press.

FODOR N, MATHENE-GASPAR G, NEMETH T, 2012. Modeling the nutrient balance of the soil-plant system using the 4m simulation model [J]. Communications in soil science and plant analysis, 43(1-2):60-70.

GIL D, SONG I Y, 2016. Modeling and management of big data: challenges and opportunities [J]. Future generation computer systems, 63: 96-99.

GINZKY H, DOOLEY E., HEUSER I L, et al, 2017. International yearbook of soil law and policy[M]. London: Springer International Publishing AG.

GUPTA D K, HUANG H, YANG X E, 2010. The detoxification of lead in Sedum alfredii H. is not related to phytochelatins but the glutathione[J]. Journal of hazardous materials, 177(1-3): 437-444.

HARTEMINK A E, 2019. The depiction of soil profiles since the late 1700s [J]. CATENA, 79(2): 113-127.

HASEGAWA H, RAHMAN I M M, RAHMAN M A, 2016. Environmental remediation technologies for metal-contaminated soils[M]. Tokyo: Springer.

HONACHEFSKY W B, 2001. Ecologically-based municipal land use planning[M]. New York: CRC Press.

HUYNH T T, LAIDLAW W S, SINGH B, et al, 2008. Effects of phytoextraction on heavy metal concentrations and pH of pore-water of biosolids determined using an in situ sampling technique[J]. Eevironmental pollution, 156(3): 874-882.

IMESON A, 2012. Desertification, land degradation and sustainability: paradigms, processes, principles and policies [M]. Chichester: Wiley-Blackwell.

JENSEN J K, HOLM P E, NEJRUP J, et al, 2009. The potential of willow for remediation of heavy metal polluted calcareous urban soils[J]. Environmental pollution, 157(3): 931-937.

JOHN R, AHMAD P, GADGIL K, et al, 2008. Effect of cadmium and lead on growth, biochemical parameters and uptake in Lemna polyrrhiza [J]. Plant soil and environment, 54(6): 262-265.

KABATA-PENDIAS A, MUKHERJEE A B, 2007. Trace elements from soil to human[M]. Berlin: Springer.

KABATA-PENDIAS A, PENDIAS H, 2001.Trace elements in soils and plants[M]. 3rd ed. Boca Raton : CRC Press LLC.

KOMÁREK M, TLUSTOŠ P, SZÁKOVÁ J, et al, 2007. The use of maize and poplar in chelant-enhanced phytoextraction of lead from contaminated agricultural soils[J]. Chemosphere, 67: 640-651.

KANG S, POST W, WANG D, et al, 2013. Hierarchical marginal land assessment for land use planning[J]. Land use policy, 30(1):106-113.

KAPUR S, ERSAHIN S, 2014. Soil security for ecosystem management[M]. New York: Springer.

KLANG-WESTIN E, ERIKSSON J, 2003. Potential of salix as phytoextractor for Cd on moderately contaminated soils[J]. Plant and soil, 249(1): 127-137.

KOMÁREK M, TLUSTOŠ P, SZÁKOVÁ J, et al, 2007. The use of maize and poplar in chelant-enhanced phytoextraction of lead from contaminated agricultural soils[J]. Chemosphere, 67: 640-651.

KOVÁCS M, VALICSEK Z, JUDIT T, 2009. Multi-analytical approach of the influence of sulphate ion on the formation of cerium(III) fluoride nanoparticles in precipitation reaction [J]. Colloids and surfaces (352): 56-62.

KRUPENIKOV I A, 2006. Decembrists about land, soil, and agriculture[J]. Eurasian soil science, 39(2): 218-224.

KUZOVKINA Y A, VOLK T A, 2009. The characterization of willow (salix L.) varieties for use in ecological engineering applications: co-ordination of structure, function and autecology[J]. Ecological engineering, 35(8): 1178-1189.

LAL R, 1998. Soil Quality and agricultural sustainability[M]. New York: CRC Press.

LEGROS J P, 2013. Major soil groups of the world: Ecology, genesis, properties and classification[M]. Boca Raton: CRC Press.

LIANG H M, LIN T H, CHIOU J M, et al, 2009. Model evaluation of the phytoextraction potential of heavy metal hyperaccumulators and non-hyperaccumulators[J]. Environmental pollution, 157(6):1945-1952.

LOKERS R, KNAPEN R, JANSSEN S, et al, 2016. Analysis of big data technologies for use in agro-environmental science[J]. Environmental modelling & software, 84: 494-504.

LOMBI E，SLETTEN R S, WENZEL W W, 2000. Sequentially extracted arsenic from different size fractions of contaminated soils[J]. Water, air, and soil pollution，124(3-4) : 319-332.

LOSCH M, HEIMBACH P, 2007. Adjoint sensitivity of an ocean general circulation model to bottom topography[J]. Journal of physical oceanography, 37(2): 377-393.

LYNCH C, 2008. Big data: how do your data grow?[J]. Nature, 455(4): 28-29.

MARCHIOL L, ASSOLARI S, SACCO P, et al, 2004. Phytoextraction of heavy metals by canola (brassicanapus) and radish (raphanus sativus) grown on multicontaminated soil[J]. Environmental pollution, 132(4): 21-27.

MCCARTY L B, RAY HUBBARD JR L, QUISENBERRY V, et al, 2015. Applied soil physical properties, drainage, and irrigation strategies[M]. Berlin: Springer.

MEERS E, VANDECASTEELE B, RUTTENS A, et al, 2007. Potential of five willow species (salix spp.) for phytoextraction of heavy metals[J]. Environmental and experimental botany, 60(1):57-68.

MILBRANDT A R, HEIMILLER D M, PERRY A D, et al, 2014. Renewable energy potential on marginal lands in the United States[J]. Renewable & sustainable energy reviews, 29 (7): 473-481.

MUELLER L, 2015. Novel methods for monitoring and managing land and water resources in siberia[M]. Cham: Springer Water.

MUELLER L, SAPAROV A, LISCHEID G, 2014. Novel measurement and assessment tools for monitoring and management of land and water resources in agricultural landscapes of central Asia[M]. New York: Springer.

National Soil Survey Center, 2015. Illustrated guide to soil taxonomy version[R]. Nebraska: U.S. Department of Agriculture, Natural Resources Conservation Service.

NICHOLS R, 2016. Soil taken from a healthy ecosystem can help restore a degraded one [J]. Science, 353(15): 203.

OLAY A K, 2007. Soil genesis, classification survey and evaluation[M]. New Delhi: Atlantic Publishers & Distributors.

PASCAL V, DUBOIS L, LYSKAWA J, et al, 2007. New concept to remove heavy metals from liquid waste based on electrochemical pH-switchable immobilized ligands[J]. Applied surface science, 253(6): 3263-3269.

PIJANOWSKI B C, BROWN D G, SHELLITO B A, et al, 2002. Using neural networks and GIS to forecast land use changes: a land trans-formation model [J]. Computers environment and urban systems, 26: 553-575.

POLLARD A J, REEVES R D, BAKER A J M, et al, 2014. Facultative hyperaccumulation of heavy metals and metalloids[J]. Plant science, (217-218):8-17.

POSCHENRIEDER C, TOLRA` R P, BARCELO´ J, 2005. A role for cyclic hydroxamates in aluminium resistance in maize [J]. Journal of inorganic biochemistry, 99(9): 1830-1836.

PRINCE S P, 2001. Mulberry-silkworm food chain: a templet to assess heavy metal mobility in terrestrial ecosystems[J]. Environmental monitoring and assessment, 69(3):231-238.

PURAKAYASTHA T J, CHHONKAR P K, 2010. Phytoremediation of heavy metal contaminated soils[M]. Berlin: Springer.

RANDOLPH J, 2004. Environmental land use planning & management[M]. Washington: Island Press.

RASCIO N, NAVARI F, 2011. Heavy metal hyperaccumulating plants: how and why do they do it? And what makes them so interesting?[J]. Plant science, 180 (2):169-181.

RICHARDS B K, STOOF C R, CARY I J, et al, 2014. Reporting on marginal lands for bioenergy feedstock production: A modest proposal[J]. Bioenergy research, 7(3): 1060-1062.

ROBINSON B H, MILLS T M, PETIT D, et al, 2000. Natural and induced cadmium-accumulation in poplar and willow: Implications for phytoremediation[J]. Plant and soil, 227(1): 301-306.

SCHAETZL R J, ANDERSON S, 2015. Soils: genesis and geomorphology[M]. New York: Cambridge University Press.

SHERAMETI I, VARMA A, 2010. Detoxifcation of heavy metals[M]. Berlin: Springer.

SHERAMETI I, VARMA A, 2015. Heavy metal contamination of soils: monitoring and remediation[M]. Cham: Springer.

SOMANI L L, 2008. Micronutrients for soil and plant health[M]. Udaipur: Agrotech Public.

STOLTZ E, GREGER M, 2002. Accumulation properties of As, Cd, Cu, Pb and Zn by four wetland plant species growing on submerged mine tailings[J]. Environmental and experimental botany, 47(2): 271-280.

The National Committee on Soil and Terrain, 2009. Australian soil and land survey field handbook[M]. 3th ed. Melbourne: Csiro Bublishing.

THENKABAIL P S, 2016. Land resources monitoring, modeling, and mapping with remote sensing[M]. Boca Raton: CRC Press.

TOWHID O K, 2014. Soil degradation,conservation and remediation[M]. London: Springer.

UNEP & International Resource Panel, 2014. Assessing global land use: Balancing consumption with sustainable supply[R]. United Nations Environment Programmes.

USTAOGLU E, PERPIÑÁ C, JACOBS-CRISIONI C, et al, 2016. Economic evaluation of agricultural land to assess land use changes[J]. Land use policy, 56: 125-146.

VAN BRUGGEN A H C, SHARMA K, KAKU E, et al, 2015. Soil health indicators and fusarium wilt suppression in organically and conventionally managed greenhouse soils[J]. Applied soil ecology, 86: 192-201.

VERMA S K, 2015. Management of degraded lands and soil health[M]. New Delhi: Biotech Books.

WANG H, 2015. Soil quality, soil fertility and land management[M]. New York: Callisto Reference.

WALLANDER H, 2014. Soil: reflections on the basis of our existence[M]. London: Springer.

WIERZBIKA M, ANTOSIEWICZ D, 1993. How lead can easily enter the food chain: a study of plant roots[J]. Science of the total environment, 134(1):423-429.

WIESHAMMER G, UNTERBRUNNER R, GARCIA T B, et al, 2007. Phytoextraction of Cd and Zn from agricultural soils by salix ssp and intercropping of salix caprea and arabidopsis halleri[J]. Plant and soil, 298(1-2): 255-264.

WILD A, 2003. Soils, land, and food: managing the land during the twenty-first century[M]. Cambridge: Cambridge University Press.

WUBS E R J, VAN DER PUTTEN W H, BOSCH M, et al, 2016. Soil inoculation steers restoration of terrestrial ecosystems[J]. Nature plants, 2(8): 16107.

ZHOU L Y, ZHAO Y, WANG S F, et al, 2015. Cadmium transfer and detoxification mechanisms in a soil-mulberry-silkworm system: phytoremediation potential[J]. Environmental science and pollution research, 22: 18031-18039.

ZOBECK T M, 1991. Soil properties affecting wind erosion[J]. Journal of soil and water conservation, 46(2): 112-118.